解读原生态

苗侗文化遗产

田野寻踪

山地文化与传统知识

村落景观与旅游开发

文献与口述历史

苗侗文坛 52

MIAODONG WENTAN

主　　编◎李文明
执行主编◎吴佺新

知识产权出版社
全国百佳图书出版单位

图书在版编目（CIP）数据

苗侗文坛.52 / 李文明主编. —北京：知识产权出版社，2016.8
ISBN 978-7-5130-4236-9

Ⅰ. ①苗… Ⅱ. ①李… Ⅲ. ①苗族—民族文化—中国—文集 ②侗族—民族文化—中国—文集 Ⅳ. ①K28-53

中国版本图书馆CIP数据核字（2016）第137415号

责任编辑： 王金之　　**责任校对：** 潘凤越
装帧设计： 韩建文　　**责任出版：** 刘译文

苗侗文坛（52）

主编　李文明　执行主编　吴佺新

出版发行：知识产权出版社有限责任公司　　网　址：http://www.ipph.cn
社　址：北京市海淀区西外太平庄55号　　邮　编：100081
责编电话：010-82000860转8176　　责编邮箱：563887210@qq.com
发行电话：010-82000860转8101/8102　　发行传真：010-82000893/82005070/82000270
印　刷：北京嘉恒彩色印刷有限责任公司　　经　销：各大网上书店、新华书店及相关专业书店
开　本：720mm×1000mm 1/32　　印　张：11.875
版　次：2016年8月第1版　　印　次：2016年8月第1次印刷
字　数：342千字　　定　价：38.00元
ISBN 978-7-5130-4236-9

目 录

解读原生态

原生态民族文化中蕴藏的和谐之音

刘必强

关键词

原生态民族文化 蕴藏和谐之音 习俗

作 者

刘必强 黔东南州文体广电局退休职工

邮 编

556000

黔东南民族原生态文化中，可借鉴和弘扬的和谐文化品种众多，蕴藏丰富，体现在习俗方面的有节日、环保、建筑、生育；体现在口头传统方面的有贾理、嘎百福、侗族“白话”、谚语、歌谣以及族训、族规等，这些和谐之音，倡导敬畏自然、保护环境、正派、勤劳、敬老、助人为乐、乐善好施等，具有促和谐、稳社会、睦邻里、讲团结的作用，是我们构建和谐社会的精神源泉。

多民族聚居、苗族文化与侗族文化交相辉映的黔东南，民间口头文学浩如烟海，苗族的唱腔艺术及不同地域和支系的舞蹈、服饰、节日、习俗、工艺、吊脚楼建筑艺术与侗族闻名遐迩的多声部复调音乐大歌、琵琶歌；鼓楼、花桥为代表的建筑艺术；服饰、风情等互为辉耀，组成苗侗原生态文化的主体特色。黔东南民族原生态文化中，可资借鉴和弘扬的和谐文化品种众多，蕴藏丰富，值得很好地发掘、研究和整理传播。

一、节日习俗

黔东南传统的民族节日活动中，包括众多社交、联谊、团结的节日内容。

如从江小黄的老人节，就是专为老人们回顾青年时光而设的节日。节期，男女老人均可聚在一起，到专为老人而设的老人坡上唱歌叙旧，回顾青年时代的恋爱时光，儿女们必须为老人们的叙旧活动提供方便并安顿食宿，从精神层面关爱他们，让老人们体会到真正的天伦之乐，安享晚年……

侗族传统的“吃乡食”（月也）活动，是指在年节、吹芦笙或农闲时，寨与寨之间集体进行的唱侗歌、演侗戏、踩歌堂、交友、访亲等活动。它以增进友谊，促进寨邻与族人的和睦团结为目的，是侗族社会和谐友爱的重要纽带。

“月也”作为一种节令性、集体性民俗活动习俗，是增进族群、姓氏、村寨间团结的一种传统方式，也是传承和发展侗族民间文化的一种载体。《宋史·西南溪洞诸蛮》载：“农隙时，至一二百人为曹，手相握而歌，数人吹笙于前导之。”又明代刘钦所著《渠阳边防考》载：“千人团哗，百人合款，纷纷籍籍不相兼统，徒以盟约要约，终无法度相縻。”说明侗族“月也”活动在宋代以后已较为盛行。

二、环保习俗

千百年来，苗族先民们在雷公山一带披荆斩棘，垦殖了连天的层层梯田，呵护了苍苍莽莽的大森林。他们与大自然和谐相处，并尊以敬畏之心，取之于斯，护之于斯，创造了丰富多彩的山地文化。苗族崇拜自然，与大自然和谐共处，甚至将某些名木古树视为“神树”“保寨树”，逢年过节或遇不测，虔诚祭祀。苗族有《祭词》说：“祭了保寨树，火就不烧寨，水也不冲田，家家打谷一百二十仓，人人活到一百二十岁。”

苗、侗村民自古就有朴素的环境保护意识，房前屋后多种果树，村头村尾种有枫香、楠木、古柏、水杉、银杏、杏梓、酸枣等。他们对天然林决不乱砍滥伐，对植树造林情有独钟。生了孩子要种树，死了老人要种树，将植树造林视为生生不息、繁荣昌盛的象征。如天柱县抱塘村，村中现存古碑七通，其“永禁碑记”，碑文阐明禁止偷伐杉木，议定“或入山窃砍，或临溪偷裁，种种弊端，遗害不小”。“凡杉木只许全根条子生理，不许腰截栋子出售。”“凡拖木经过田内，必架木檩；不准人进溪淘沙，致坏水堤田坎。如违，公同送官究治。”由16个自然寨的村民商议的禁碑，立于清道光拾一年（公元1831年），表明了抱塘村前辈保护山林农田，重视自然环境的良好风尚。

抱塘村村民历来有保护生存环境的优良传统，三百年前该村祖先就立下村规民约：一旦哪家失火，只能齐心协力救火，不准先救财物。山林火灾发生，全村人都要舍命扑灭。故几百年来村里从未发生火灾，而村寨四周莽莽苍苍的万亩森林郁郁葱葱，它印证了人与自然和谐生存的道理。

该县的三门塘村，现存各种古碑刻300多通，主要为修路碑、架桥碑、修渡碑、建庙碑、修庵碑、办学碑、土地碑、凉亭碑和指路碑等。最惹人注目的是村口复兴桥碑群和喇赖石拱桥碑群，碑文记载了疏通渡口、架桥诸事。碑中对联耐人寻味：如“锡杖勤飞惟念行人病涉，慈航普渡永无过客迷津”“巩固如金城多承祖德，坦平若鹊渡联济行人”。还有妇女捐资修井碑，当时妇女在经济政治上没有地位，可她们却能冲破世俗，为自我歌功颂德，实在令人称奇。

在三门塘村前寨后，房前屋旁，仅石板围砌的水井就有15口，其中有名的井是大坪寨数十级石阶下边的“溥博渊泉”，又叫大坪井，因井边立有乾隆五十六年（公元1791年）的“溥博渊泉”碑而得名。碑文记载了大坪寨人集资修砌水井、架石槽、建井亭、铺石阶、美化家园等事。还有两处妇女捐资修建的井。一处在小寨雄闷，称“雄闷井”；一处在大兴团闷心旋，叫“闷心旋井”。当地侗族妇女分别于宣统二年（公元1910年）、三年（公元1911年）刊刻“修井路碑记”和“重修井碑记”碑于井旁，碑文记载了当地妇女捐资修井和路诸事。推敲碑文，不得不佩服这些妇女乐善好施，热心公益事业的义举。

锦屏县文斗村，亦有500年林木经营历史，300年前，居住在这里的人们即开始有意识地进行生态环境保护，寨内有珍稀树种600多株，包括国家重点保护的原生树种红豆杉、银杏、楠木、香樟和能摆桌围坐十人喝茶的空心银杏树等。这里同样留存多块清代环保古碑，碑文规定：“不拘远近杉木，大小树木，不许大人小孩砍削，如违罚银十两”“此木蓄禁，不许后代砍伐，留以壮丽山川”等。

三、建筑习俗

以占地面积最少、吊脚民居为特色的杆栏式建筑，是苗、侗民族敬畏自然、融入自然的文化创造。他们扎根深山密林，创建家园，逐渐形成以占地面积最少、吊脚民居为特色的数百个山地村落，散布于黔东南各地。苗族村民修建房屋，充斥着对树木的敬畏与崇拜。如：砍伐中柱，择吉日进行，砍伐之前，先用酒、鱼之属朝东祭大树，而后才砍伐，并以倒向东方为吉。如起墨、上梁均须选择吉日，并要用酒、鱼，面向东方祭祀。郎德一带苗族村民选择地基十分慎重，欲在某地建房，要先取其地泥土置于酿制甜酒的坛内，若甜酒酿成，甘甜可口，则视为可行，否则弃之别择。

雷公山苗族民居十分讲究朝向，一般大门要朝山坳而开、不能对坡，一来怕高坡挡财路，二来可免冲撞众人，于己不利。民间有“坟对坡尖房对坳”之说。依照习俗，五谷进仓，苗年一过，是聚众建房之时。除掌墨师外，参与建房人都会尽力帮忙，房主只管吃喝，不给报酬。立房架和上梁同天进行，全族人聚集相助，齐心协力把新房立起来，亲戚朋友带着礼品前来庆贺。

大凡苗族村寨，寨中都有四通八达的大道连通每家每户，大寨一般2～3条，小寨也有1条，寨中路径均多用石块铺就，干净整洁。如西江苗寨，1280余幢民居次第排列，依山而建、气势磅礴、宏伟非凡，犹如天宫楼阁，主寨建筑覆盖了两座山坡，寨中道路纵横交错，将依山而建的宏大苗寨巧妙连通每家每户，实是极为少见的和谐建筑奇观。

这里的禾晾架，大多保留“绑扎式”做法；猪牛圈也大多使用“井干式”装修；吊脚楼住房，虽然都是“穿斗式”，但有些粮仓却是“干栏式”建筑。苗岭山区雷公山麓苗族建筑，对研究建筑文化发展史，具有重要文物价值，堪称“山地建筑博物馆”。雷公山麓苗寨内外比比皆是的“保爷桥”，既是生殖崇拜的产物，也是鼓励公益善举的结果。苗岭山区的公共建筑，诸如游方场、铜鼓坪、芦笙堂、山寨门等，则是社会交际和民族和谐文化的特殊物化。

侗寨肇兴的村民则把自己的寨子喻为船，据说建寨之初，便以模仿龙船的形态来布置寨的格局。从中显示出侗族人对古越人龙舟文化的族姓记忆，肇兴五个寨团，侗语分别称高懈、殿邓、登格、闷、拍。五寨犹如一条大船。高懈是船头，故鼓楼要矮，只修七层；殿邓和登格是船舱，鼓楼要高大，重檐分别修了十一层和十三层；闷寨作为船篷，鼓楼顶部同其他鼓楼的尖顶不同，修成了歇山顶；拍寨是船尾，鼓楼须高大，层数上比船篷要高。这样的格局，寓船平衡稳当，所以至今人们认为，肇兴寨的兴旺皆因如此布局而来。

肇兴大寨建有五座鼓楼，每座鼓楼附近又各配有一座花桥和一座戏楼。这些公共性建筑组成的建筑空间，自然成为寨中五大寨团各自的中心，是传承侗族传统文化的场所，亦是展示侗族建筑文化的所在。

肇兴的五座风雨桥，在不到200米长的肇兴河上依序横跨，构架均为三间四架的穿斗木结构，明间的屋架较两侧高，形成桥顶的中央屋面部分升高呈檐状，其中有仁、义两寨的两座风雨桥与鼓楼相接，成为村寨地域空间范围界定的标志。寨中的五座戏楼，均建于鼓楼坪上，专为年节时演唱侗戏所设，充分体现出侗族人注重和谐的理念。

四、贾　理

苗族传统的理词“贾理”，是苗族的习惯法，其中包含大量的古代案例，是判定对错、调解纠纷的依据。如传唱在清水江流域苗族聚居区的一首苗族神话叙事歌仰阿莎，最早的版本就是源于苗族古老理词“贾”中的“日、月案”，说的是清水姑娘与太阳、月亮的爱情纠葛。美丽迷人的仰阿莎，在云与风的帮助下，与情感炽热的太阳成了家。然而好赌的太阳外出经商，三年不归，冷落了仰阿莎。太阳家中的长工月亮，与仰阿莎朝夕相处，日久生情，温柔体贴的月亮终于不顾一切，与仰阿莎双双私奔。气急败坏的太阳得知消息，赶回家中，请来了理老辩理，结果，太阳只得到江山赔偿，失去了仰阿莎，月亮虽然失去了江山，却得到了美丽的仰阿莎，过上了夫妻恩爱的日子。可见“贾理”的主体精神与当代社会崇尚的公平、公正、正义的原则是相通的，历史上的确也起到规范社会行为，构建和谐村寨的作用。在一些边远地区，“贾理”至今仍在直接用于民间非诉讼调解，成为现行法规的有益补充。

五、嘎百福

苗族的“嘎百福”亦是以说唱故事的方式，寓理于其中，帮人调解纠纷，劝人和解的口头文学。苗族迁徙到黔东南后，相对安定，得以休养生息，生产发展，但同时也出现了很多社会问题。苗族民众一是依靠氏族组织加强内部团结，二是靠区域民约规范社会秩序，三是靠群众进行自我教育，发展社会文明解决，这样便促进了“嘎百福”的产生。人们把社会上的好人好事和坏人坏事编成说唱形式，亦唱亦白，讲述故事，用以惩恶扬善，提高人们的道德品质，指导人们的言行，如《香嘎果和谷久芹》《邱固丢和娥漾游》《榜纠弓和刁香良》等均是调解夫妻不和的故事；《迪雄和媛榜》《久高和葆娜》是调解婆媳不和睦的故事；《可香久》《两兄弟和两姊妹》是反映优良品德的故事，等等。

六、节制生育

从江县占里村是一个对控制人口、节制生育方面有着超前、独特认识和理解的典型侗寨。据统计，1951年占里人口762人，50年后的2002年全村人口仍是762人，在无重大自然灾害及其他因素情况下，占里村半个世纪实现人口的零增长，被誉为“中国计划生育第一村”。占里侗民恪守天人合一的古老生育观，坚持每对夫妻只生“一男一女”；并以侗歌为训“崽多无田种，女多无银两”“一棵树上一窝雀，多了一窝就挨饿”。他们感悟人地矛盾、控制人口增长的朴素认识，逐步形成了人口增长与土地容量相适应的生育观，并将其发展成为一种自觉行为。这种朴素的认识观念，反映出占里人对人口与经济社会协调发展的先知先觉与对社会矛盾的深刻认识，使我们不禁为之感叹。据传几百年前，占里有一寨老是当地的草医，养有多个儿子，儿子们成年以后，为田地、房子大打出手，反目成仇，谁也不愿赡养其父。其父思来想去，认为都是多子惹的祸。为此，他专心研究控制生育的草药、偏方，穷其余生。去世前，他终于研制出一种草药，能有效预防生育，使占里人始终遵循古训，实现节制生育。占里人节制生育还有一个重要原因就是“对石盟誓”，他们以“起款”形式约束自身行为。每年农历二月初一和八月初一，是占里侗民纪念祖先迁徙日和对石盟誓日。在寨老的带领下，即将结婚的男女青年集中到鼓楼坪边的盟誓石周围杀猪烧香祭拜石头，喝生血酒对石发誓，以遵守祖宗制定的“款词”。由寨老口述，未婚男女跟着念，其中“……客有客家理，侗有侗规章，生崽有安排，夫妻生一双。哪家要多生，财产充公赶他出寨门，那人不信反款约，轻罪全家出村寨，重罪全族得罪光……”款约十分严格，侗家人对“盟誓款约”极为重视，一旦盟誓永不违背。几百年来，这项习俗一直沿袭至今，已成为占里人牢固的行为规范，成了独有的人口生育文化内容的一个重要方面。

占里人崇尚男女平等，提倡自由恋爱，注重与环境协调。村民身体素质、智商状态良好，被称为长寿村，占里人大多属晚婚晚育，而且一孩与二孩之间至少间隔五年以上。由于是自由恋爱，一旦组成家庭，感情牢固，全寨至今没有离婚现象。他们认为“一树不二春，一人不二带”，即一棵树一年不能两次发芽，一人不能带两家孩子。

七、侗族“白话”

侗族北部方言区民间流行的“白话”，亦是一种带韵的说念韵语，其中包含大量夸奖与人为善，为人处世的至理名言。如草鞋烂了丢路边，兄弟烂了是血缘。财喜与和气联姻，勤俭同福气结缘。荒年无亲，旱年无神。财帛伤身，酒色伤神。穷莫信命，病莫信神。人有三成人，知怕成人，知羞成人，知难成人。财轻和人，律己服人，量宽得人，身先率人。不耐烦，干不得事；不忍气，做不得人。树直人用，人直人逢。吃亏不失众，奸狡无人逢。安贫不为荣，治穷是英雄。宁可人穷，不可志穷。寨边无林，十寨九贫。无病休嫌瘦，家安莫怨贫。只见赌棍脱裤，不见赌棍脱贫。能无求者天不贱，能知足者天不贫。夫妻平安家和顺，清水拌饭也甘心。积金积银当积德，问富问贵先问心。刻薄不赚钱，忠厚不蚀本。勤俭治家之本，和顺齐家之本，谨慎保家之本，读书兴家之本，忠孝传家之本。大不正，小不敬。怕不如爱，爱不如敬。客无亲疏，来者当敬。口贱逗人恨，力贱得人敬。只叫人穷，莫叫山穷。千棕万桐，永世不穷。河长不断，山大不穷。夜里做贼不富，日里待客不穷，等等。

民族杂居地区的端公中的佛、道二派，亦常常演唱大量劝善、劝敬老、劝爱幼、劝夫妻恩爱，劝戒赌、戒偷、戒嫖、戒诉讼，劝妯娌团结的经歌。

八、族训·族规

天柱宗祠中所奉行的族训中的八个字为：孝、弟、忠、信、礼、义、廉、耻。族规二十八条为：先国课，孝父母，友兄弟，和夫妇，信朋友，敬叔伯，肃闺门，睦宗族，守耕读，尊班辈，务侍老，励士子，重祭祀，和乡里，训子弟，务勤俭，严奸盗，戒赌博，敦行谊，存廉耻，禁反葬，惩小忿，远奸佞 ，慎婚姻，正妻妾，请过继，随严母，守丧礼。天柱白市新舟吴氏先祠训语十三条，内容为：（1）爱国家以惜寸土；（2）睦民族以防外欺；（3）完税粮以尽义务；（4）讲国法以敬愚顽；（5）和乡里以息争论；（6）笃宗亲以昭团结；（7）重农桑以足衣食；（8）尚节俭以惜财用；（9）尊父母以尽孝道；（10）训儿孙以禁非为；（11）重研读以培人才；（12）遵丧礼以尽人伦；（13）尊师长以尽忠心。清水江一带的各族宗祠，除祭祀先祖、敬仰前人、族中议事、处罚不当族人、晾晒谱牒、开展娱乐活动外，还有一重要功能就是在族人中教化子孙，严肃族规。因此，宗祠中的族训、族规，亦有促和谐，稳社会，睦邻里，讲团结等作用。

九、谚　语

谚语方面的和谐内容亦十分广泛，如有渴望乡村安宁，生活有序，立规兴寨的；有诗赞诚实守信、德行修养、荣耻分清的；有提倡家庭和睦，人际互爱互敬的；有恭维以诚待人，团结互助，谦让等社会公德的。如：水帮水成浪，土帮土成墙（侗族）。人心齐，山可移，人心散事难办（苗族）。踩鼓要齐步，结寨要同心（苗族）。人多讲出理，谷多舂出米（侗族）。蚂蚁齐心转得磨，喜鹊齐心斗得蛇（侗族）。先人后己，处处有理；先己后人，处处淘神。做事不依众，累死也无功（侗族）。心眼正，人尊敬；心眼歪，人走开（侗族）。金银难买好名声（苗族）。心中有去的地方，走路才不错方向。自认作泥块，必将被人踩。宁可不得，留下清白。人知礼仪，天下能去。情愿挑水卖，饿死不偷菜。源头水不断，正直人常在（苗族）。刀好不在把，人好不在话（苗族）。学好十年功，学坏一阵风。做老的要正，做小的要直（苗族）。做人要明如镜，做事要平如秤。为人应当心术正，穷莫乱来富莫乱横（侗族）。昂首挺胸空谷穗，俯首勾腰果实沉（侗族）。无知者自夸，识广者自谦（苗族）。智者律己，愚者责人（侗族）。说好莫翘尾，就坏莫翘嘴（苗族）。独柱立房不成房，多柱立房一大间（苗族）。纵有遮天手，难封众人口（侗族）。人同心，木变金（侗族）。小错不纠，大错难收（侗族）。有吃不夸口，无吃也不怄（苗族）。量大屋大，心宽屋宽，等等。

十、传统歌谣

在各族群众中流传着许多传统歌谣，其中有很多歌词都是劝人向善、和谐相处的。《打闹歌》就是其中十分有趣的一首歌谣。《打闹歌》大量地赞扬人性之美，赞美和同情母亲，如对唱中有人唱道：换工莫换两娘母/喂奶耽搁大晌午/别人看见不好说/主人看见气鼓鼓。于是，另外的歌手便这样接唱：换工应换两娘母/人人都有这段苦/十年八年儿成人/娃娃长成再来补。这就把做母亲的将来也预见在歌中，保护了母子，又启发了旁人。《打闹歌》中有大量赞美劳动，歌颂勤劳致富的歌。如：田园耕歌把世盖/五谷丰登多愉快/前仓拿来自己吃/后仓抬到市上卖。

另外，《打闹歌》中的“警世劝善歌”，更是宣扬人伦道德、处世立身的农村百科全书，如“劝育儿女歌”这样唱道：混沌初开乾坤奠/坤道成女乾成男/阴阳相和雨泽变/夫妻配合永远传/代代相承脉不断/水流木本发存念/人人来自母身边/望儿立身居贵显/父母恩情实难报/好比地阔与天高/十月怀胎受磨难/三年哺乳恩难断/父精母血育儿满/生下才知是女男……

“劝孝敬父母歌”中这样唱道：父母养育恩非浅/罔报之德比昊天/孝敬父母是正道/借账还账理当然/父衰母老儿孝敬/好比借贷还利钱/父母随要随时到/莫推今天与明天/人到老年不长久/六旬之上血气残/树老心空根将腐/人老不能转少年/孝敬父母要趁早/好似太阳未落山/太阳落山明天见/父母过逝不转还/生前不孝死后孝/泪水哭干也枉然，等等。

“劝孝敬公婆”中亦有这样的唱段：公婆好比佛两座，媳妇好比是阿罗/堂前活佛不朝拜/何向灵山拜弥陀/妻敬公婆夫敬你/此理为甚不思索/哥嫂客来要让座/说话要分弟与哥/轻言细语莫发火/不可高声应公婆/大伯小叔若有错/念在丈夫莫操戈/小姑在家不久坐/纵有不对也让过/公婆话多不是错/当家曾受这搓磨/骂你当作风吹过/和颜笑识老少乐/孝顺媳妇人称颂/老少同唱太平歌……

“训子成人歌”中告诫父母，娇惯孩子的苦果，歌中唱道：奉劝世间父母们/人人都有爱子心/溺爱若是不教训/将来定是害儿身/世间多少忤逆子/都是小时娇惯成/儿子骂人父母喜/说是儿子人精灵/娃娃打架来争论/大人护短追上门/儿子这回得撑腰/下回惹祸更充狠/莫说儿小骨头嫩/由他使性由他横/这等父母真愚蠢/不知棍棒出好人/教子从小懂礼义/见人作揖把礼行/遇到长者要恭敬/尊老爱幼把理明/儿女幼年未变性/父母管教他肯听/长大成人习性定/好比树大掰不伸/家规不教国法教/后悔不及千古恨/严父家规多教训/国法负担也减轻，等等。

还有“劝节俭歌”“劝好嫖歌”“劝好赌歌”等，对于农村群众来说，无疑具有极大的警世劝善作用，对于劝人学好，稳定农村社会秩序，促进家庭和睦等方面，均有积极的作用。苗侗等群众中流传大量的各类歌谣、童谣，均包含劝人正派、勤劳、敬老、助人为乐、乐善好施等和谐之音，这些蕴藏于民族民间的和谐文化，是我们构建和谐社会取之不尽的精神源泉，值得很好的珍视和挖掘利用。

侗族原生态文化的传承模式及当前的传承危机

杨明兰

关键词
侗族原生态文化 传承 发展 传承危机

作　者
杨明兰 凯里学院副研究员

地　址
贵州省凯里市

邮　编
556000

侗族是中华民族大家庭的一员，具有悠久的历史和光辉灿烂的文化。千百年来，侗族原生态文化由于自身优势及依托客观社会环境得以不断地传承和发展，在世界文化发展史上谱写了辉煌的篇章。但时至今日，侗族原生态文化的传承和发展遇到了前所未有的困难，面临着传承危机。侗族原生态文化是如何传承和发展的？当前的传承危机表现在哪些方面？又如何面对当前的传承危机？现就上述问题提出一孔之见，供有关部门参考并就教于行家。

一、侗族原生态文化的内涵及主要内容

侗族原生态文化，即侗族民间产生和流传的传统文化，它主要指侗族民间在漫长的封建社会及其以前的社会形态下产生和流传的物质文化和非物质文化。侗族是一个古老的民族，也是一个社会经济发展十分迟缓的民族，农业社会形态经历了漫长的历史时期。唐宋时期，侗族先民即完成了氏族社会向阶级社会的过渡，跨入了封建社会，形成了自己的民族共同体，进入了农业文明时期，并创造了稻作经济、杆栏民居、踩堂多耶、盟款组织等物质文化和非物质文化。千百年间，侗族民间传统文化依存的客观社会环境多有变化，但由于侗族社会经济发展迟缓，直至1949年以前，侗族大部分地区社会经济发展仍停留在男耕女织、自给自足的农业社会形态阶段，封建社会生产关系仍是社会关系的主流，许多地区甚至还保留着比较浓厚的原始社会的遗风。侗族民间传统文化赖以产生和流传的经济基础和社会条件尚完整保存，侗族传统文化不仅得以保存和流传，还得到不断充实和丰富，并形成了自己独具特色的民族文化体系。如侗族民间广为流传的鼓楼文化、款文化、萨文化、歌谣文化、节日文化、戏曲文化、民居文化、饮食文化、服饰文化、丧葬文化、“厄也”文化、民间文学、民间工艺美术、民间医学、民间哲学、伦理学等物质文化和非物质文化，都是侗族民间在封建社会及其以前的社会形态下产生和流传的传统文化。为了表述的方便和统一，并不至于造成概念的模糊和紊乱，这里把基于封建社会及其以前的社会形态下产生和流传的侗族传统文化，统称为侗族原生态文化。

侗族原生态文化博大精深，种类繁多，其中具有代表性的有鼓楼文化、款文化、信仰文化、歌谣文化及“厄也”文化。

（一）鼓楼文化

鼓楼是侗族地区的一种民俗建筑物。它采用榫卯穿斗木结构，整

个建筑不用一钉一铆。其楼一般采用四根粗大挺直的杉木为立柱，直通楼顶，它没有统一的设计图样，但有一定规律。其平面为偶数角，有正方形、六边形、八边形；立面为奇数重檐，有三层、五层、七层……十几层。鼓楼外一般辟有宽广的楼坪，正中设有火塘，火塘四周有宽大的长凳，有的还有靠背长椅，顶层置有长筒形的皮鼓一面，并有专人管理。

鼓楼是同一父氏家庭成员共建、共有、共管、共用的民用建筑。一般一个村寨只有一座鼓楼，但也有四五座的。村寨鼓楼的多少，是由族姓的多少决定的。鼓楼是侗族建筑艺术的结晶，是村寨和氏族的标志，是侗族村民和氏族成员开展政治、军事活动，举行庆典活动、社交活动、文化娱乐活动及传播文化知识的场所，是展示和体现民族群体意识的场地。总之，鼓楼文化已经远远超出了建筑艺术的范围，而成为一种把侗民族的物质文化和非物质文化融为一体的标志性文化和象征性文化。

（二）款文化

款文化是侗族社会特有的制度性文化和观念性文化。历史上，侗族地区一般由若干个村社组成小款，若干个小款组成大款，史称为“合款”或“盟款”，这就是侗族历史上长期实施的侗款制度。侗款制对外是抵御外来压迫和掠夺的社会军事组织，对内是维护侗族地区正常生产、生活的社会政治组织。款组织内部制定有款规款约，即俗称的习惯法。合款村社或地区，依靠习惯法规范人们的行为，调解山林、土地、水利等民事纠纷，处理违法案件，在合款村社或地区实行内部自治。这种合款制度就产生和形成侗族特有的制度性文化。在合款制度下，侗族地区不仅形成内部自治需要的各种款规款约，还以款约为核心形成各种形式的款词，如：有描绘英雄人物的款词，有再现侗族社会历史变迁的款词，还有祖先崇拜、道德规范、生产生活习俗等各类丰富多彩的款词。这种款词又作为一种文学样式出现而成为一种观念性文化。总之，侗族款文化即包含有它特有的社会政治制度方面的文化，还有文学等观念性方面的文化。侗族款文化成为侗族原生态文化中一颗璀璨的明珠。它对侗族社会经济的发展，对于侗民族共同心理素质、思维方式及生活习惯的形成都有着重要的影响。

（三）信仰文化

侗族较有影响的信仰文化有萨文化与傩文化。在历史发展长河中，侗族尚无完整意义的宗教。民间的宗教信仰尚停留在自然崇拜和祖先崇拜阶段。人们认为万事万物皆有神灵。日常生活中十分敬畏和尊崇鬼魂和神灵，而特别尊崇始祖母神“萨岁”，在南侗地区尤甚。出于这种情况，在南部侗族地区就形成以尊崇始祖母神为核心内容的萨文化。

萨，即萨岁，侗族传说中的始祖母。原为一个聪明、漂亮、勤劳、善良的侗族姑娘，但屡遭封建恶势力的欺凌和迫害。为求得个人解放和幸福及乡邻的安宁，她团结群众与恶势力进行了不屈不挠的斗争，献出了自己的生命。人们为了纪念她，每年都定期举行纪念活动。这些活动都有一定的仪式和程序，还要陈设各种祭品，有的地区还形成独特的节日——萨岁节。以这种对萨岁的尊崇和祭祀活动为基本内容就逐渐形成一种萨文化。

傩为以迎神、愉神、降神为主要内容的宗教巫术活动。侗族尚无完整意义的宗教，但明清以后，佛、儒、道教开始传入侗区，并与侗族原生巫术文化相结合，经漫长历史时期的移植、改造和交汇融合，在侗族地区形成一种特有的信仰文化——傩文化。时至今日，这种傩文化仍在北部侗区的天柱、三穗、镇远、岑巩、新晃、芷江、会同、洪江等地流行。

侗族傩文化分为文道和武道两个门类，皆有专门的神职表演人员。文道表演者称“道士”，武道表演者称“老师”。一般神职人员只从事一项傩文化表演，但也身兼文武两道的。侗族傩文化活动频繁，种类繁多，新中国成立前，北侗民间流行的傩文化活动有收魂、谢土、开财门、祭邪、送白虎、酿星、酿关、架桥、开阴锁、打保福、抬煞、送雷神、送天狗、送替死鬼、还愿、扫寨、冲傩、开路、运匕、做道场、千人缘、万人缘、玉皇会等二十多种，各种傩文化活动都有固定的程序和仪式。总之，各种傩文化活动具有厚重的历史底蕴和丰富的文化内涵，是侗族传统文化的精品。

（四）歌谣文化

侗族是喜歌善歌的民族，并深入侗族人民的日常生活之中。在千里侗乡，几乎处处闻歌声，事事用歌唱。因此，侗乡有“诗的家乡，歌的海洋”的美誉。总之，侗族民间蕴藏和流传着厚重的歌谣文化。

歌谣文化是侗族的主体文化，它不仅与侗族民间的社会生活息息相关，紧密相连，在社会生活中有极其重要的作用，而且还在一定程度上影响乃至制约着其他民族文化的传承和发展。

歌谣文化是侗族代表性文化，是侗族原生态文化的精品，特别值得一提的是侗族大歌。这种无伴奏、无指挥多声部合唱歌曲，演唱时，每首歌曲由领唱者先行领唱一句，而后众人随声合唱，节奏自由，缓急有序，高低音协调，和声完美，歌声洪亮，气势磅礴，开阔畅朗，给人以襟怀舒畅之感，在国内外乐坛有“天籁之音”的美誉，曾多次造访欧洲，轰动西方乐坛。

（五）“厄也”文化

“厄也”是侗语的音译，有人们之间集体作客和集体迎客的意思，是侗族地区特有的一种交往方式，它因“联姻”的需要而产生，因“盟款”的需要而发展，又随着社会的需要而不断充实、丰富，最终超出“厄也”习俗本身形成一种综合性的民族文化——侗族“厄也”文化。

“厄也”文化是侗族交往方式衍生的民族文化，因交往规模、交往对象及活动内容方面的不同，侗族民间“厄也”方式主要有地区间交往、青年男女之间交往、芦笙队之间的交往、侗戏班之间的交往、龙灯队之间的交往及抬官人等多种，即民间所称的“鸡尾客”“相思客”“芦笙客”“戏客”“龙灯客”和“官客”。“厄也”活动过程中实施的“拦路迎宾”“踩堂多耶”“鼓楼对歌”“炉旁谈唱”“合宴待客”和“拦路留客”等程序化礼仪具有丰富的文化内涵和显明的民族特色。

“厄也”文化是侗族文化的一种重要的载体，它承载着民族文化的方方面面，关联诸多民族文化领域，如鼓楼文化、款文化、信仰文化、歌谣文化、芦笙文化、戏曲文化、龙灯文化、饮食文化、服饰文化以及婚姻家族等诸多的民族文化。“厄也”活动不仅为展示民族文化提供了广阔的舞台，还把诸多的民族文化粘联为一个大的有机联系的综合文化体系。这为弘扬民族文化创造了十分有利的条件。

二、侗族原生态文化的传承特点及传承人

侗族原生态文化的传承方式主要有父子传承、师徒传承和社会传承三种方式，而主要形式是社会传承。侗族原生态文化的传承具有社会化的特点。

在漫长的历史时期，侗族人民没有自己的文字，也没有专门的教育机构和教学人员，民族原生态文化的传承主要由熟悉本民族文化的寨老、款首、巫师、歌师、戏师、乐师、活路头、芦笙头、罗汉头和姑娘头及能工巧匠口耳相传或口手相传。他们是民族文化的传承人，是民族民间教育的执教者，其中主要的有：

（一）寨老

历史上侗族地区各地均有以寨子为单位的寨老组织。寨老作为一寨之长，对内主持召开成员大会，制订和重申乡规民约，调处家庭、婚姻、山场、水利纠纷及盗窃、抢劫等案件；对外代表本寨与邻寨共同处理有关事宜。他们不脱离劳动，没有固定的报酬，大多是自然形成的。因侗族具有聚族而居的特点，多数村寨皆为同姓同宗的成员，各寨寨老一般皆兼为族长。他们一般辈分较高，年龄较大，生产生活经验丰富，办事公道，热心公益，熟悉乡规民约，能说会道，活动力强，在群众中有较高的威望，既是村寨成员的头人，又是村寨成员的师长。

（二）款首

款首即款组织的领导成员，他们多是一些不脱产的成员，由款众从各村寨的自然领袖中直接选举产生。在款首中又有自己的自然领袖，他们联系面广，知识丰富，熟悉合款地区的历史文化，通晓合款地区的习惯法和伦理道德准则，有较强的组织才能，在款众中有很高的威望。在生产劳动中，他们往往是生产能手；在对敌作战中，他们既是指挥官，又是带头冲锋陷阵的勇士；在处理内部事务中，他们又是有勇有谋、能言善辩、敢作敢为、秉公办理的公仆。他们既是款组织活动的组织者、指挥者，又是原生态文化的教育者和人们道德和行为规范的楷模。

（三）巫师

巫师是指伴随侗族信仰文化而出现的占卜师、算命师、巫婆、师公、老师、道士等不脱离生产的神职人员，是侗族民间的文化人。他们往往集医师、歌师、戏师、舞蹈家、武术师和文学家为一身，通晓侗族民族的史诗、传说、故事、歌舞、戏剧，懂得一定医药知识，还有一些武术真功和魔术技巧，被侗族民间视为与魔鬼打交道的使者和能人。人们认为他们能预卜凶吉，驱鬼除魔，消灾赐福。巫师在社会上深受人们的尊重，是侗族原生态文化的教育者，在传播和发展侗族原生态文化中起着重要的作用。

（四）歌师

侗家人人爱唱歌，侗族民间经常开展歌咏活动，在全民推崇并广泛参与的歌咏活动中，培养和造就了一代代歌师。他们天资聪敏，多才多艺，不仅能演唱叙事歌、礼俗歌、劝世歌、坐夜歌、玩山歌、儿歌、大歌等多种民歌，还会演唱古歌和款词，有的还会演侗戏、讲故事、说唱故事、吹木叶、吹芦笙或演奏琵琶、牛腿琴。他们既是民间歌队的组织者和领导者，又往往是歌队的歌王和歌后及编创人员。总之，他们是侗族民间人们信赖的朋友和十分尊敬的师长。

（五）戏师

侗戏等民间戏剧在侗乡广为流行，许多村寨都建有戏班，新春佳节或七月二十赶歌场等重大节日的庆典中，各个村寨往往组织戏班登台演出，或走村串寨巡回演出，以资娱乐，戏师既是民间戏班的领班、编导和演员，也往往是著名的歌师、琴师或说唱艺人，他们是侗族民间多才多艺的文化人，是普及和传播民族文化的重要方面军。

（六）罗汉头和姑娘头

罗汉头、姑娘头，即侗族男女青年的自然领袖。他们懂得较多的民族文化知识，能歌善舞、豁达开朗、精明能干，有较强的交际能力和组织协调能力。他们既是青年男女开展行歌坐月、谈情说爱、集体作客等交际联谊活动的组织者和积极参与者，又是侗戏班、大歌队、芦笙队等业余文化组织的骨干和开展各种文化娱乐活动的积极分子，也是青少年之间开展互教互学活动的主持人。总之，他们是侗族民间普及和传播民族文化的一支重要力量。

（七）能工巧匠

木匠、篾匠、银匠、芦笙制作师傅、剪纸艺人及挑花刺绣能手等能工巧匠是侗族民间工艺美术和建筑艺术制品的设计者和制作人，是侗族民间工艺美术及建筑艺术方面的行家和里手。他们既是侗族民间文化的生产者和创造者，也是侗族民间文化的传承人及施教者，是延续和发展侗族物质文化及非物质文化方面的一支重要力量。

三、侗族原生态文化传承的主要途径

侗族原生态文化主要是采取家庭传承和社会传承的形式进行的，而更主要的是采取社会传承的形式。侗族原生态文化的传承具有社会化的特点，它紧密结合侗族民间的日常生产生活活动，以鼓楼为中心的政治、经济、文化活动，以及款组织活动、宗教祭祀活动、节日庆祝活动和民间经常开展的歌咏活动进行。

（一）日常生产生活活动

日常生产生活活动是侗族原生态文化传承的途径之一。侗族社会是一个传统的农业社会。个体劳动和家庭经营是侗族社会的主要生活方式。结合个体家庭劳动实践和日常生活活动进行文化教育是侗族原生态文化传承的途径之一。侗族男孩长到十来岁，即跟随父兄参加放牧、割草、耕田和栽秧等农业生产劳动，女孩长到十来岁即跟随母亲及同伴学习挑花、刺绣和纺纱织布等女工。长辈们还注意通过起造、嫁娶、丧葬等日常活动及民间人情交往对青少年进行生活礼仪和生产知识教育；通过民间谚语、俚语、格言等对青少年进行生产知识、劳动观念和伦理道德教育；通过日常生产生活进行行动教育和口头教育。

（二）以鼓楼为中心的政治、经济、文化活动

以鼓楼为中心的政治、经济、文化活动也是侗族原生态文化传承的重要途径。鼓楼是侗族建筑艺术的结晶，是侗寨的象征和政治、经济、文化活动中心。侗寨村民常在这里商讨政治、军事、经济大事，调解民事纠纷，审理违法犯罪案件；常在这里迎客送宾、踩堂哆耶、唱歌对歌；常在这里练歌习歌，刚款、刚锦；常在这里吹芦笙，演侗戏或开展其他文化娱乐活动。侗族村民，尤其是青少年，通过参加鼓楼的各项活动，受到本民族政治生活原则的方式、习惯法和伦理道德观念、生活礼仪、生产知识等多方面的教育，接受了民族文学艺术的熏陶，增长了知识和才干，促进和推动了民族文化的传承和发展。

（三）款组织活动

款组织活动，也是侗族原生态文化传承的途径之一。侗族款组织常有立款、开款、聚款、讲款四种活动。立款，即合款村寨或地区栽岩（立岩）盟誓，订立款规款约。开款，是款众按照款规款约处理违法犯罪行为；聚款，是合款村寨地区遇到外敌入侵时所采取的军事行动及其他重大事件所采取的相应行动；讲款，即宣讲款规款约的内容。款组织的每项活动都是对款众及青少年进行教育的重要时机和场所。讲款活动则更是直接的教育活动。侗族款组织很重视对群众的教育。春耕秋收之际都要集中款众宣讲款约，俗称“二月约青，八月约黄”。宣讲款词时款众集中于款坪，首先举行庄严的仪式，然后再由款首宣讲。每当款首讲完一段款词，款众便齐声合应“是呀！”气氛十分严肃，给款众一种不可违反的感觉。通过款组织的各项活动，款民及青少年一代知晓了合款村寨和地区的政治生活原则的方式、伦理道德规范和

民间的习惯法及其他文化知识，对民族素质的提高及侗族地区良好社会风尚的形成，发挥了重要作用。

（四）宗教祭祀活动

宗教祭祀活动也是侗族原生态文化传承的一条渠道。侗族民间认为万物有灵，鬼魂观念较重，疾病、天灾、人祸等自然现象或社会异常现象出现，都认为是神差鬼使，故凡大小事，如起造、搬迁、求子、保胎、育婴、求雨、治病、消灾、丧葬、祭祀等活动，都要举行巫术活动。每举行大型的宗教祭祀活动，围观者成百上千，乃至上万，人们耳濡目染，受到了宗教文化的熏陶和教育。宗教教育，对人们的思想起着消极麻痹作用，但宗教活动往往体现了扬善除恶的理念，显示出侗族人们借助想象征服和支配自然力的强烈愿望，同时又往往把宗教意识同对大自然和人类社会的认识融为一体，客观上起到传播社会生活知识和文化科学知识的作用，并促进了侗族信仰文化的产生和发展。侗族的许多英雄史诗、祭词、祭歌、神话，还有祭词、舞蹈、戏曲、音乐等就是在祭祀活动中产生和发展起来的。

（五）节日庆典活动

节日庆祝活动也是侗族原生态文化传承的重要渠道。侗族有丰富多彩的民族节日，如斗牛节、吃新节、芦笙会、赶歌会、侗年、春节等。每逢节日，人们穿着节日盛装，享用美味佳肴，还举行各种庆祝活动，如踩堂哆耶、唱歌对歌、演唱侗戏、斗牛、摔跤、刚款、刚锦、玩龙灯、抢花炮、抬官人、赛芦笙等文化娱乐活动和联谊活动。多姿多彩的民族节日，是服饰、银饰、饮食、乐器等物质文化的展示会，是诗歌、舞蹈、音乐、美术等精神文化的比赛场和交流园地，是民族道德准则和行为规范的示范场所，是民族体育运动的竞技场，是民族共同心理、共同感情、共同风俗习惯集中表达的场所。总之，侗族民间节日庆祝活动实为侗族物质文化和精神文化的综合性的大型博物馆，它成为向侗族群众及青年一代进行原生态文化教育的综合性的大课堂。侗族许多原生态文化正是通过民族节日活动得以代代相传并不断发扬光大的。

（六）交际联谊活动

交际联谊活动亦为侗族原生态文化传承的重要途径。侗族人际交往频繁。每逢起造、嫁娶、添人、增寿及老人过世等红白喜事，亲朋及近邻都要前往道贺或表示哀悼，村寨之间常集体作客，或举行“抬官人”“玩龙灯”等联谊活动。处于婚恋时期的青年男女之间，在“月堂”“花坡”中的人际交往则更加密切，人们在交际联谊活动中，唱歌、跳舞、吹芦笙、演侗戏，愉悦了生活，交流了思想，传递了感情，增进了友谊，也对青少年进行了原生态文化教育，从而促进了歌舞、戏剧、民间音乐等原生态文化的发展。如侗族礼俗歌、生活歌、情歌、念词和诵词，就是在各种交际联谊活动中产生和发展起来的。

（七）歌咏活动

歌咏活动亦为侗族民间文化传承的重要途径。歌咏活动是侗族民间广泛参与并普遍推崇的文化活动。人们把能歌善唱视为智慧和能力的象征，能歌善唱的歌师和歌手普遍受到人们的尊重，歌唱中显露才华的孩童也往往会受到人们的赞扬，因此，侗族民间历来有小孩从小学歌，父母在家教歌，歌师走寨传歌的传统。小孩从牙牙学语起就开始学歌，启蒙老师就是他们的父母，孩童长到十一二岁，则师从歌师学歌，侗家歌师不仅不计报酬热心向本村本寨的孩童及青少年教歌，还常常应邀走村串寨四处传歌。为了提高歌咏能力及歌咏水平促进歌咏活动的正常开展，许多村寨，尤其是大歌流行的村寨往往建有业余的歌班或歌队，组织村民及青少年开展教歌学歌传歌唱歌活动，这大大促进了歌谣文化的传承和发展。以大歌主要流行地区黎平、从江交界的“六洞”地区为例，这些地区历来有“年长的教歌，年轻的唱歌，年幼的学歌”的传统风尚，各个村寨不仅经常开展群众性的歌咏活动，还普遍建有业余的歌队组织。各个村寨的歌队一般按氏族或房族组队，组织村民及青少年开展歌咏活动。他们先按性别组成男歌队和女歌队，然后按年龄组成儿童歌队、少年歌队、青年歌队、壮年歌队和老年歌队。平时，这些歌队在歌师的指导下学歌、唱歌，开展业余歌咏活动。时逢节庆、联谊等重大活动则代表氏族和村寨参加对歌、赛歌及其他歌咏活动。这些歌队以青年歌手为骨干，并实施自然的晋升和淘汰制度，青年男女结婚生子或三十岁以上自觉离开青年歌队而进入壮年歌队，而少年歌队的成员则随着年龄的增长和歌咏经验的丰富及水平的提高而自然晋升为青年歌队的成员，成为青年歌队新的中坚和骨干。由于大歌主要流行地区这种阶梯式的组队方式及实施有进有出的晋升淘汰机制，使大歌得以青春永存，代代相传。故长期以来，这一地区都是大歌流动最盛，名声最高的地区，他们的歌队演唱活动不仅遍布侗语南部方言区的各个侗族村寨，还多次组队参与国内外的重要的文艺演出，并广泛受到好评，为地区、为民族、为国家争得了荣誉。

四、当前侗族原生态文化的传承危机

在漫长的历史时期，侗族原生态文化得以传承和发展，但新中国成立后，尤其是改革开放以后，由于国家社会经济的发展和政治制度的变化，侗族地区男耕女织、自给自足的农业社会已为工农结合城乡一体化的社会主义市场经济所代替，侗族原生态文化失去了依存的社会环境，传承和发展面临着前所未有的困难和危机。

当前侗族原生态文化的传承危机是多方面的，本文不可能一一论述，这里仅就前述的几项代表性文化存在的危机略加说明。

（一）鼓楼文化方面存在的危机

鼓楼文化存在的危机首先表现在鼓楼作为有形建筑呈现萎缩之势方面。

目前，全国侗族主要聚居区黔东南尚存鼓楼600余座，约有1/3是建于清末和民国初年的，由于年代久远、风雨的长期侵蚀和一些人为的因素，许多鼓楼已经严重毁损，行将倒塌。在侗乡，由于开发的不断深入，乱砍滥伐现象严重，原始森林逐年减少，可供修建鼓楼的树木越来越少，也客观地造成修建鼓楼的困难。同时，能够修建鼓楼的匠人也越来越少。过去凡有鼓楼的村寨多有建筑鼓楼的匠人，现在许多村寨都没有了，据有关部门最近统计，侗区鼓楼最多的黎平县，全县能够建造鼓楼的匠人仅有20余人。建造鼓楼匠人的减少也增加了鼓楼有形建筑萎缩的趋势。

鼓楼文化的危机还表现在鼓楼的文化功能日趋削弱和消失方面。鼓楼是侗寨政治、经济、文化中心，是侗家人集会、议事、讲授民族历史、演唱民族歌谣，迎客送宾或开展其他大型文化活动的场所。新中国成立以来，尤其是改革开放以来，由于社会政治环境的变化和市场经济的冲击，鼓楼的上述社会功能正在发生变化。许多村寨，集会议事更多的在村委会或居住宽敞的人家进行；青年一代对于民族历史、民族歌谣渐渐失去兴趣，而喜欢上了流行歌曲；由于侗区人口出现了大批向城市流动的倾向，侗寨青年人大批外出打工，村寨之间集体作客或开展其他大型联谊活动的机会大大减少，鼓楼作为侗寨大歌队、芦笙队迎客送宾的场所的出现概率也大大减少。总之，鼓楼的文化功能已大大削弱或消失，鼓楼在许多村寨成为一种过时的物质摆设，使鼓楼文化呈现了深层次的危机。

（二）款文化方面存在的危机

当前，侗区款组织已为侗区的人民政权组织所代替，款组织作为村社自治组织在侗区已经不复存在；大小款首已为侗区各级行政长官所代替，款首作为侗族合款村社或地区的组织者和领导者的社会职能已不复存在，他们对合款村社或地区民众的号召力、影响力及垂范作用也大为减弱或消失；由各种款规款约组成的侗族习惯法已为国家的各种法律条文所代替，侗族习惯法作为侗族地区人民的行为规范及调处民事纠纷及处理违法案件方面的社会功能已大为减弱，乃至完全丧失。上述变化都是社会发展所必然，是侗族地区社会进步的表现。但由于款组织不复在，款首社会职能的削弱及消失，尤其是侗族习惯法作为侗区人民的行为规范及调处民事纠纷及处理违法案件方面的社会功能已大为减弱，乃至完全丧失，产生了一些负面影响，尤其是在社会风气方面。

长时期来，侗族地区社会经济发展缓慢，人民生活水平不高，但由于款组织活动经常组织，款规款约得以代代相传，村与村、人与人之间的关系比较和平、融洽，人们谦恭礼让、团结互助、敬老尊贤、诚实守信，社会秩序比较安定。在广大侗区，偷盗、抢劫事件很少发生，很多村寨的池塘和稻田里养有鱼，没有人偷捕；禾谷挂在禾晾上没有人偷；木头、柴火堆在大路旁没有人偷扛；牛儿在荒山野岭长期放养没有人赶走。时至今日，由于款组织的变化及社会功能的消失，侗族习惯法的影响日益削弱，侗区偷盗诈骗事件时有发生，乃至出现抢劫、杀人、拐卖妇女儿童等严重违法犯罪案件。侗乡失去了昔日的宁静。

（三）歌谣文化面临的危机

习歌、唱歌、传歌的人多数年龄偏大是歌谣文化面临危机的一个重要方面。习歌、善歌，也乐于传歌是侗族人民的优良传统，但当前习歌、唱歌、传歌的人大为减少而且年龄偏大，侗族人民这一优良传统面临了危机。有关部门对黔东南大歌流行情况的调查说明了这种倾向。历史上，在“六洞”“九洞”“十洞”等侗族大歌主要流行地区人口有20多万，这些村寨男女老少几乎都会唱大歌。“文革”前，20万人中70%左右的人能唱大歌；到了21世纪的初年，20万人口中就只有30%左右的人能唱大歌了；据大歌之乡小黄、增冲、巨洞、述洞、岩洞、肇兴等几个大型侗寨的调查，“文革”前，这些村寨95%的村民都会唱大歌，但时至今日，这些村寨会唱大歌的除小黄村仍至95%以外，增冲、岩洞、肇兴三村只达50%，述洞村只有20%，最低的巨调村仅有10%的人能唱大歌了。这些村寨能唱大歌的人逐渐减少，歌师也大为减少并且年龄偏大。巨洞村目前仅有男女歌师8名，年龄最大的75岁，最小的50多岁；增冲村的30多名歌师中除一名19岁的年轻人外，其余全是40岁以上的人；岩洞村40多名歌师中，最大的年纪已达90岁，最年轻的也有38岁；肇兴的20多名歌师最大的90岁，最小的35岁；述洞村虽然还有40多名歌师，但都是40岁以上的人，且由于村里年轻人外出打工的多，唱歌的人少了，这些歌师很少教歌，更不到外地传歌。上述情况表明，侗族大歌的传承的后续力量普遍出现了断层现象。

侗族歌谣文化的危机还表现在“花坡”或歌场大大减少或消失方面。

在较长的历史时期，侗族地区“花坡”、歌场遍布，青年男女常在这里唱歌、对歌，或举办大型的歌会，开展交际联谊活动，以此结识朋友，建立感情，赢得爱情与幸福，大大推动了歌谣文化的传承和发展。但新中国成立后尤其是改革开放以后，由于现代文化生活的影响，侗族地区青年男女的交际联谊活动，不再单纯依靠“花坡”和歌场进行，许多青年，尤其是那些外出打工的青年的交际活动，更多地依靠影院、舞厅、歌厅、酒吧、网吧或其他现代文化娱乐设施进行。“花坡”和歌场作为青年男女交际联谊场所的社会功能逐渐消失，一些历史上著名的歌场，几年、十几年，甚至几十年没有举行一次像样的歌会，歌谣文化失去了传承和发展的土壤。

（四）信仰文化方面存在的危机

历史上，侗区代表性的信仰文化——萨文化与傩文化曾十分繁荣。但新中国成立后，由于极“左”思潮的影响，侗族的萨文化和傩文化一直处于被打压的状况，长期面临着生存危机。改革开放后，实现了思想路线方面的拨乱反正，侗族信仰文化的处境大大改善，尤其是萨文化不仅取得了生存的合法权利，有的地区还举行了学术讨论会进行专题研究或举办萨文化节，面向社会推介萨文化，使萨文化的传承和发展迎来了新机。但由于人们认识的偏颇，侗族傩文化至今仍未赢得合法的生存环境，尚被人们视为“封建迷信”，仅在民间半公开活动，使傩文化的传承存在严重的危机。这种危机的表现是傩文化的表演人员大大减少，另一方面傩文化活动种类大大减少，规模缩小。过去，北侗地区的村寨都有一两名从事傩文化表演的道士或老师，现在许多村寨都没有了，傩文化面临失传。过去，北侗地区的傩文化方面从事的法事活动有近三十种，而目前民间流行的傩文化活动不足十种。当前，民间除老人过世要举行开路、拜忏、踩灯、运七、做道场等傩文化活动外，其他傩文化活动很少进行。过去，天柱蓝田侗乡十年八年要为社会上的孤魂野鬼做道场（万人缘），但新中国成立60多年来民间再也没有进行这方面的傩文化活动了。

（五）“厄也”文化面临的危机

“厄也”文化为侗族民间群体社交衍生的民族文化。侗族青年男女联谊联姻的需要是“厄也”活动开展的原动力。长期以来，“厄也”文化流行区的侗族青年男女多借助“厄也”活动提供的机遇和平台，开展交际联谊活动，缔结美满的婚姻。但改革开放以后，由于市场经济的冲击，大批侗族青年男女外出打工，他们的联谊活动不再借助“厄也”活动提供的场所开展，他们的婚姻也不再依靠“厄也”这座鹊桥缔结，“厄也”活动失去了开展的原动力。这样，在许多世世代代经常开展“厄也”活动的侗族村寨几年、十几年，甚至更长的时期也没有开展一次像样的“厄也”活动。有的地区和村寨虽然开展一些“厄也”活动，但往往规模减小、程序简化、内容缩水。过去，“厄也”文化流行地区村寨开展“厄也”活动时，村寨几乎倾寨出动，做客的人员成百上千，双方的芦笙队、歌队、耶队、戏班、说唱艺人及武术表演者皆热情参与，要先后开展芦笙表演、武术演练、讲款、讲锦、多耶、对歌等文化娱乐活动和联谊活动。现在，村寨之间开展的“厄也”活动，集体作客的人大都只有数十人、上百人。由于“厄也”活动的中坚和骨干中的大批青年人外出打工，各个村寨大歌队、侗戏班、芦笙队等队伍中的演出人员大量流失，乃至名存实亡，一些村寨有限开展的“厄也”活动往往仅局限于演侗戏、唱歌、对歌等活动，许多文化娱乐活动和民俗活动皆难以见到了。有的村寨开展的“厄也”活动，甚至连“厄也”过程中必须开展的鼓楼对歌活动也难以维继。按传统习俗，开展“厄也”活动时，主客双方歌队要在鼓楼里唱几天几夜的大歌。但现在“厄也”过程中进行的鼓楼对歌活动，往往对唱几个回合，则显得江郎才尽，无歌以对，而草草收场。上述事实表明，侗族“厄也”文化也出现了深层次的危机。

五、传承和发展侗族原生态文化的对策和建议

（一）建立侗族文化博物馆和生态保护圈

侗族原生态文化是中华民族文化和世界文化的瑰宝，保护和发展侗族原生态文化，对增加中华民族文化及世界文化的多样性方面有着重要的作用。但由于侗族原生态文化依存的社会基础已不复存在，侗族原生态文化走向消亡已为社会的一种发展趋势。为减缓侗族原生态文化消亡的步伐，保护和抢救民族文化遗产，笔者建议应以一些侗族

原生态民族文化还保留得比较完整的乡镇村寨为依托，建立一批单项或多项的侗族文化博物馆，如鼓楼文化博物馆、款文化博物馆、歌谣文化博物馆、萨文化博物馆及傩文化博物馆，等等，并在此基础上，建立三五个或更多的侗族文化保护圈，制订并实施相关的扶持保护政策，对侗族原生态文化的生态环境及文化内涵进行保护，以期实现对侗族原生态文化的传承和发展。侗族聚居区地跨黔、湘、桂、鄂四省区，地域辽阔，各个侗区虽有相同的文化因子，但由于地域不同，环境各异，各地侗族文化也有各自的差异。为了保护不同地域、不同环境的侗族文化，从而从整体上更好地保护侗族文化，笔者建议当前侗族地区首先应当建几个代表性文化保护圈，即黎从榕毗邻地区的南侗文化保护圈，天柱、锦屏、剑河毗邻地区的北侗文化保护圈，湘、黔、桂三省区毗邻地区文化保护圈。实践表明，建立侗族文化博物馆和生态保护圈是一项长期的工作，有一个渐进的过程，侗区政府在这一问题上应从长计议，科学规划，并逐步实施。目前，一些侗区已被列入省级、国家级风景名胜区，一些侗族乡镇和村寨被上级有关部门或国家命名民族文化乡镇和村寨，还有一批侗族非物质文化被列入省级、国家级及世界的非物质文化遗产，这为创建单项或多项的民族博物馆及生态保护圈创造了必要的条件。相关地区、乡镇或村寨应当努力应用有关的优惠政策及经济扶持率先开展建立单项或多项的侗族文化博物馆及生态保护圈的有关工作，加快侗族文化博物馆及生态保护圈的建设，以期对侗族原生态文化实施更有效的保护。

（二）建立健全民族文化传承人的聘任奖励制度

在较长的历史时期，侗族民间的文化传承人是侗族社会的强者和能人。他们有较高的社会地位和经济地位，有比较稳定和优裕的生活。新中国成立后，尤其是改革开放以后，由于社会制度的变革，社会环境的变化及市场经济的冲击，侗族民间的寨老、款首、巫师、歌师、戏师、工匠等文化传承人或因固有的职位被新的社会职位代替，或因固有的社会职能被新的社会职能更新，或因文化环境的变化对相关职业的需求而减少，或因人们认识的偏颇受长期的打压，或因固有的技艺已为新时期新的技艺所超越或淘汰，其社会地位、经济地位和生活水平皆有不同程度的降低，这很不利于侗族原生态文化的传承和发展。为了调动广大民族文化传承人的积极性，促进侗族原生态文化的传承和发展，广大侗区应建立和推广民众文化传承人的认证和聘任制度。凡被相关部门或侗族民间公认为侗族文化传承人的人，都应聘任为一定级别的侗族文化传承人，并给予相应的经济待遇，工作突出、成绩卓著的，还应给予一定的奖励，借以恢复和提高侗族文化传承人的社会地位、经济地位和生活水平，促进侗族原生态文化的传承的发展。目前，一些侗区已经认证聘任了一些民族文化传承人，但数量有限，范围也不够广泛，已经聘任的文化传承人多为歌师、戏师等一类传承人，款首、寨老、巫师一类传承人几乎没有认证和聘任。当前，侗乡寨老、款首一类传承人名义上似乎已不存在，但许多侗寨尚有一些自然领袖，他们一般辈分较高、年龄较大、天资聪敏、豁达干练、热心公益、办事公道，有的还是著名的歌师、戏师或说唱艺人，有较多的民族文化知识，也懂得乡规民约，并有较强的组织能力和协调能力，在调处村寨民事纠纷及治安案件，组织村寨开展联谊活动及节日庆祝活动等集体活动等方面都起着重要作用，在侗族民众中有较高威望。总之，他们身上较多地体现了侗族的传统美德及民族形象。笔者认为，他们之中的一些代表人物宜聘为民族文化传承人，或者按照时下的称呼，把他们聘为地区、乡镇或村寨的形象大使，以发挥他们在传承和发展侗民族优秀文化，尤其发挥他们在弘扬侗族人民的传统美德方面的垂范作用。这里还需强调指出，侗区有关部门还应打破思想禁锢，大胆地认证乃至聘任一批巫师（师公、祭师、老师、道士等）为侗族民间文化传承人，让他们的法事活动取得合法地位，公开从事各种法事活动或根据文化市场和旅游市场的需要，从事产业化经营，以减缓侗族信仰文化，尤其是傩文化迅速消亡的趋势，求得信仰文化的传承和发展。

（三）把侗族原生态文化引入现代学校教育

长时期来，侗族原生态文化的传承拘泥于社会教育这种固有的传承模式。实践表明，这种传承模式已越来越不适应新时期民族文化传承的需求。要适应新时期民族文化传承的需求，必须改变主要依靠社会教育这种旧有的传承模式，开启新的依托现代学校教育的传承模式，把民族文化引入大、中、小学课堂，有计划、有步骤地对青少年进行系统的民族文化教育，以利民族文化的传承和发展。近年来，侗区一批中、小学把民族文化引入学校课堂，既推动了汉文化教育的普及，又促进了侗族原生态文化的传承和发展，他们成功的经验应该总结推广，力争侗区中小学都开设侗族语言、侗族文学、侗族音乐、侗族体育、侗族工艺美术课，以借助现代学校这种新模式推动侗族原生态文化的传承和发展。当前，国家的一些高等民族院校和其他高等院校也相继开设了侗族语言、侗族文学、侗族历史、侗族民间艺术等相关专业的课程，这大大开启了侗族原生态文化传承的新门道，特别值得一提的是贵州大学开设了侗歌班，凯里学院开设了民族文化传承班，积极推进对侗族音乐，特别是加强对世界非物质文化代表作——侗族大歌的教学和研究工作，在传承和发展侗族原生态文化方面做出重要贡献。期盼相关高等院校再接再厉，继续前进，认真总结教学经验，充实教学内容，改进教学方法，在传承和发展侗族优秀文化方面做出更大的贡献。为确保现代学校教育成为传承和发展侗族文化的重要阵地，笔者还建议实行民族自治地区有关部门应制订相关的法律条文，让侗族文化进入大中小学教育制度化经常化，以使侗族优秀文化得到不断的传承和发展。

（四）大力发展民族文化产业

文化传承和发展的实践表明，一种文化只有不断提高在现实生活中使用和展示的频率，才能得到较好的保存和发展。在这方面，云南丽江纳西族人民提供了成功范例。改革开放以来，尤其是近十几年来，丽江纳西族人民适应丽江古城观光旅游业的发展，坚持走民族文化产业化和文化产业市场化的道路，组织各种专业文化表演团队，展开多项文化表演活动，并通过电影、电视等现代传播媒介大力宣传和推介本民族文化，不仅使本民族文化得到较好的保存，还给本民族文化提供了一个空前大发展的机遇。如东巴教原为纳西族民间原始宗教，各种宗教活动仅在民间分散进行，在文化市场缺乏应有的魅力。改革开放以来，尤其是近十几年来，丽江纳西族人民根据旅游市场需要组织了专门的东巴文化表演团体，为游客提供商业表演，每年门票收入就是一个巨大的数额，并连年增加。东巴文化产业的发展，不仅使东巴文化得到了较好的保存，还得到了前所未有的发展。目前，5000多万字的东巴经已全文出版发行，而原仅民间流行的原生宗教也公开走向了文化大舞台，其业余从业的东巴文化表演人员也成为专业的表演人员。据业内人士介绍，目前丽江两个大型的东巴文化表演团体从业人员则达6000多人。借鉴兄弟民族的成功经验，侗族地区应努力适应文化市场和旅游市场的需要，大力发展歌舞、戏曲、电影、电视、餐饮、民间工艺美术等文化产业，以推动侗族原生态文化的传承和发展。为了推动侗族地区文化产业的有序发展，侗区人民政府及有关部门，一定要努力弄清当地文化资源的家底，科学制订文化产业规划，并在此基础上努力打造自己的文化品牌，建立文化支柱产业。改革开放以来，侗族大歌已经走出侗乡，走向全国，走向世界，在国内外的一系列演出大获成功，每每得奖，在中外乐坛产生了极大的轰动效应，并申请世界文化遗产获得成功。当前，我们一定要充分把握好侗族大歌申遗成功的大好机遇及在中外乐坛所产生的轰动效应，集中人力、物力、财力，及时打造一台侗族歌谣文化的精品占领文化市场和旅游市场。笔者坚信，如果我们侗家人能像广西人打造《印象刘三姐》，云南人打造《云南印象》《丽水金沙》，东北人打造二人转那样，打造自己的文化品牌，推出自己的文化精品，建立起自己的文化支柱产业，我们侗民族优秀文化的传承和发展一定能够开创一个崭新的局面。

关于侗族文化保护、传承的现代性视野和『原生态』实践的思考

刘宗碧

关键词

侗族文化　保护与传承　现代性视野
“原生态”实践

作　者

刘宗碧

凯里学院法律与政治学院教授

贵州原生态民族文化研究中心研究员

地　址

贵州省凯里经济开发区开元大道3号

邮　编

556000

当代侗族文化保护与传承问题的提出，实质上是遭遇了“现代化”和“全球化”而产生的，即是一个“现代性问题”。那么，侗族文化能拒斥现代化吗？显然不能。从主体角度看，文化保护与传承就是维护民族自己的传统并运用于生产、生活，因而文化传承的根本就在于在实践中“构制传统”。侗族文化也当如此。“原生态文化”现象的本质在于它创造性运用的实践性，而不是实证主义所追逐的“原汁原味”的静态保护。侗族文化被归结为“原生态文化”，应科学把握它的实践本质，进而正确开展活动。

一个民族区别另外一个民族的核心要素就是文化，因而在西方学者中许多人把民族定义为“文化共同体”，今天关于民族的发展问题，人们又把它归结为“文化的保护与传承”。诚然，文化关涉民族的存亡，十分重要。但是，文化不仅是一个综合的概念，包括从物质到观念的各种内容，而且是一个历史概念，包括发展进程的阶段性，因而文化问题具有历史性。这样，今天关于侗族文化的保护、传承在历史的视野上，它基于现代化进程的背景发生，实质是一个“现代性”的问题。为此，对侗族文化保护与传承应有“现代性”的视野。其次，关于民族文化的认识和实践，在当下中国提出“原生态”的方向，侗族文化也被纳入进去，这与侗族文化的保护与传承又有何关系呢？它属于“现代性”的问题吗？笔者就这些关联和问题试作思考并提出一些看法，以求教于方家。

一、侗族文化的保护与传承是一个什么样的当代问题

从今天可考的历史看，侗族产生于隋唐时期，按此计算，侗族的产生和形成已有1000多年的历史，因而从时间上看，侗族也是一个伟大的民族了。一个民族的产生和发展，在实践上需要长期的文化构建和积累，需要塑造和形成自己的传统并发扬光大，否则这个民族就不会存在。从这样的角度看，就侗族形成以来，侗族文化在相当长的时间内是处于发展和不断壮大之中的。但是，社会发展到今天，却对我们提出和要求解决侗族文化的保护与传承问题，这意味着什么呢？显然，发生了需要对一个民族的文化进行保护与传承的呼吁，这是一种危机预感和呼救。一个需要呼救的文化，显然，这难道不是一种文化在生存上发生了问题吗？侗族文化何以到了这种程度呢？一千多年的侗族发展史从未有过这样的问题？今天为什么会有这样的问题？今天，我们谈论侗族文化的保护与传承，如果不在这个层次上寻找答

案，那么我认为我们的思考就尚未深入。

诚然，侗族文化何以要保护？对这个问题梳理和解答的起点，那就是它当下发生了什么问题？直接地说，就是我们前面提到的“侗族的生存和发展到底遇到了什么问题”。而对此的反应，现实表现的一种方式就是目前学界提出了“侗族文化生态保护”的思路，并上升为一种“政治实践”。当前，我们湘黔桂侗学界向国家提出建立“湘黔桂三省坡侗族文化生态保护实验区”就是上述思路的具体体现，也是侗族文化保护与传承的一种试验。显然，无论如何，这是我们侗族的“文化自觉”，是具有积极意义的。但是，何以会发生上述问题并需要我们去建立文化生态保护区呢？“文化生态保护”基于什么样的价值选择呢？这在理论和实践上，都需要我们深入回答。

在我国，民族文化问题的目前状况，在基本认识上，人们归结为两个词、四个字，即“流失”与“断层”；也就是说，少数民族文化已处于“流失”与“断层”之中，侗族文化的保护与传承也是基于这样的语境来理解的。当然，这也是一种事实。那么，关于原因的分析，人们又提出两个基本概念，即“现代化”和“全球化”。这就意味着，“现代化”和“全球化”是“少数民族文化”发生“流失”和“断层”的“祸根”。从现有的文献分析，无疑我们对侗族文化的保护与传承也是基于这样的一种视野。而这样一种逻辑，其实隐含了一种态度，即否定并拒斥“现代化”和“全球化”。问题就这么简单和可以否定“现代化”吗？或者说少数民族文化及侗族文化不需要“现代化”或可以不参与“现代化”吗？

诚然，“现代化”和“全球化”都是当下发生的事实。从理论上看，现代化是指从生产方式到人的发展、社会关系以及文化观念等的近现代整体变迁，这是从区别于古典社会来谈的社会变化，它包括工业化、市场化、城镇化、世俗化、民主化等为主题的一系列的新生产、生活方式的产生，一些人在文化层面上理解为是对理性主义、科学主义的崇尚和实践的结果，并以对古典的超越而概述为“现代性”，现在学界关于现代化的文化概念就常用它。而“全球化”，一般是当作一个经济概念去理解和使用的，主要指资本主义生产方式的全球渗透和推广现象。发生的实质是资本主义形式的现代化结果，即它是以资本主义为形式的现代化过程的副产品，因而，在西方召开“七国集团”会议时，常常发生反“全球化”的抗议活动。如何对待现代化和全球化，人们可以自由表达自己的利益立场和态度，但是，在事实上它是不能拒斥与阻挠的。现代化是历史进程，具有必然性。就此，马克思在《德意志意识形态》中提出的“个人的世界性历史存在”[1]的理论里就已包含了这种判断。今天，就我们社会主义国家的建设也没有排除“现代化”，而是提出“社会主义的现代化道路”。当然，历史的发展是矛盾着的，即并不是说“现代化”本身没有矛盾。实际上，正如它的“全球化”发展而出现的“同质化”趋势对“文化的多样性”破坏就是其中的问题。这样，从目前的理性思考看，不是不需要或能够拒斥现代化，而是如何积极应对现代化进程中全球化所带来的问题。

侗族文化的保护与传承的提出，显然是遭遇了“现代化”和“全球化”问题。那么，侗族文化能拒斥现代化吗？显然不能。那么，从肯定现代化的角度看，那就是侗族文化如何实现为“现代化”的问题，对之可概述为“侗族文化的现代性问题”。为此，笔者才提出“侗族文化的现代性视野”这一命题并引出本文的论题。

二、侗族文化在当代何以保护与传承

从上述看，侗族文化的问题是遭遇了“现代化”和“全球化”，本质上是“侗族文化的现代性问题”，也就是说，侗族文化如何使自己实现向现代性的过渡和重构。笔者认为，这就是侗族文化在当代何

[1] 参见《马克思恩格斯选集》（第1卷），人民出版社1995年版。

以要进行保护与传承的起因和工作核心。

这里把侗族文化的保护与传承归结为它的现代性问题，但如何具体地把握它并上升为实践策略，这是问题的又一关键。对此，目前，人们并不明白。

关于“文化”的理解，近代以来我们常受传统逻辑实证主义的桎梏，一般都是从“客体”的视角并当作“实体对象”去理解的；也就是说，一说到“文化”，人们就把它当作可以去领会和操作的某种对象。产生这个倾向，与形式逻辑通过“定义”来把握问题的方式有关，因为“定义”中实现内涵揭示的前提是对“外延”的界定，在“外延”的界定中前提性地把“文化”处理为“对象”，即“文化”一出场就被“客体化”了。如我国对文化的定义，一般是指人类创造的物质文化成果和精神文化成果的总和。这种定义，当然关涉到“人”，但不是以“主体”及其活动去理解，而是从主体活动的“结果”去理解的。显然，“文化”常常是以“客体出场的”，予以了一种“他者”的逻辑规定。对于这种认知形式，马克思批评为形而上学“抽象直观”。“抽象直观”，在方法论上属于“解释世界”的哲学范畴，而不是“改变世界”的“唯物史观”。按照唯物史观 “改变世界”的立场去把握事物时，对“对象、客体、感性”，必须理解为“感性的人的活动”，即理解为“人的实践活动”。关于“实践”理解，它不是单纯的对外在自然界的改造（生产），而实质上是人以自己对外在自然界的改造作为中介来改造自己的过程，使自己更好地得到生存与发展。因而，马克思指出：“环境的改变和人的活动或自我的改变的一致，只能就更作是并合理地理解为革命的实践。”[1]实际上，客体无法离开主体而存在，它是主体活动的关联对象及其产物，因而，在客体的社会性上必须把它归结为主体活动和发展去把握。关于“文化”也应如此。文化的本质不是某些外在的客体，而是人自我

[1] 参见《马克思恩格斯选集》（第1卷），人民出版社1995年版，第55页。

发展的实践活动或生产行为，是人以自己对物质世界的改造、利用作为中介来实现自己的生产并表现为社会过程和观念把握的一种特有形态。为此，关于侗族文化，它并不是一个离开侗族人们及其生产活动的独立的某种东西，而是根植于侗族人们的生产、生活之中以及形成特定观念的活动现象。

我们得出上述这一结论，意在说明侗族文化的当代保护与传承，不是有一种在侗族人民生产、生活活动之外的某种“客体”需要保护和传承，即不是有什么可以游离于侗族这个“主体”之外的某种“文化客体”需要去保存和传承，所谓保护和传承就是使侗族人民的生产、生活方式得以延续，使既有的生产、生活方式形成生命力并发扬光大。而它们归结“主体”去理解，就是让侗族人民按照自己的方式生产、生活，这就是文化保护、传承的实质和真正的立足点。否则，从“客体”去理解和把握，那只能是都市里的“博物馆式的保护”，把“文化”当作“客体”进行“静态保护”，变成“死了的文化”了。

文化保护与传承，就是维护自己的传统并实现为当代的生产和运用于生活。因而，文化传承的秘密就在于“构制传统”。而当下侗族文化保护、传承的任务，就是如何在现代化的背景下构制我们侗族的传统。何谓传统，中国社会科学院陈筠泉先生给出了一个很好的概述，他说：传统就是过去的文化积淀在当代的体现。[1]这个概述是一种“关系性”的表达：一方面，它是指“过去的文化积淀”，即传统是由长期的历史积淀而形成的；另一方面，“传统”不是定格在某一历史时间的东西，而是指“当代的体现”，是一种活的形态，用海德格尔的话来说就是“上手的东西”。侗族文化的保护、传承就是要使我们一千多年积淀下来的“传统”在当代还能继续“活着”“运用着”，并构筑在我们当今的生产、生活之中。而当今我们的生产、生

[1] 参见陈筠泉：“现代性问题与文化研究”，载《黑龙江社会科学》2006年第5期。

活方式是什么？从目前社会转型和发生变迁的时代看，就是“现代化”的内容，表达为工业化、市场化、城镇化、世俗化和民主化等形式的生产和生活。这样，侗族文化的保护与传承，就是如何让“传统”实现和获得“现代性”的形式。因而，所谓“当下传统的构制”就是传统的现代化构制，实质就是实现文化传统的创造性转换。关于“传统的现代性构制”，在中国不是没有先例，“汉文化”的近代变革，就是以与西方文化和近现代文化相碰撞、交流为形式而发生的。其中，以语言为例看，从古代汉语向现代汉语的转型，经历了白话文、简化字和注音运动以及《马氏文通》的语法改造等，这是汉文化在语言方面发生近现代的“传统构制”，而且可以说，现代汉语的产生是汉文化实现了的“传统的现代性构制”的成功范例。侗族文化面向“现代化”，必然地要进行“传统的现代性构制”，否则就谈不上保护，更谈不上传承、发展。当然，侗族文化的保护与传承，涉及侗族文化的各个层面。而如何实现“侗族传统的现代性构制”，这是文化实践的策略问题，需要深入探讨，这里只提出这个观点。而文化保护与传承，目前学界有一个“原生态”的概念，侗族文化业被纳入进去，为此，下面主要就侗族文化与“原生态”实践的关系谈谈自己的看法。

三、如何理解和对待侗族文化保护、传承与“原生态”实践的关系

文化的保护与传承是在具体的实践活动中完成的。但是，对文化本质的理解不一，文化实践活动中采取的策略也不一样。传统的西方逻辑实证主义研究，对文化客体化处理而把文化“实体化”并通过“属性”归结的方式来揭示其本质，从而文化被予以“还原主义”进行确认和规定，这种文化操作的实践形态就是赋予其“本真性”或“原生性”来追求，进而使所谓“原汁原味”的保持变成文化实践

的价值导向，以致关于民族文化的保护与传承就认为是保持其“原汁原味”。这种实证主义或本质主义的逻辑是有西方理性主义崇尚作为背景的，并在自然科学领域的相对适用性中获得可靠的支撑，使任何学术都受其影响。我们知道，实际上今天在我国产生了少数民族文化的保护与传承问题，其本质是少数民族文化的现代性问题。这个现实问题的发生又体现为“原生态文化”的实践活动。关于“原生态文化”实践，对于少数民族而言，它在本质上“是少数民族地区人们以自己的文化资源的重构来参与近现代进程的重要形式”。[1]我们提出“原生态文化”概念只是对这种现象的概括。“原生态文化”活动与“非物质文化”保护等其他文化实践策略的区别在于，它直面市场，是面对市场的文化重构（生产）。关于这一点，无论是电视台的各种原生态歌曲演唱活动，还是如云南省杨丽萍的“原生态舞”表演，以及少数民族地区以旅游开发而命名的各种“原生态活动”，它们在表层看是文化艺术现象，但实质上是包含以经济为目的的再生产。“原生态文化”实践并不像“物质文化保护”那样把文化当作单一目的去保护，而是与市场接轨的，所以发生现有的一些商品以“原生态”命名来促销。显然，它们是文化的商品化和文化产业化的操作。因此，“原生态文化”是一种文化实践行为，即文化的经济活动，而不是指一种所谓的“原生性”文化客体对象。如果说有一种对象为“原生态文化”的话，那么请问又如何把它与少数民族的民间文化、“非物质文化”和各种传统物质文化区别开来呢。实际上，“原生态文化”在学术研究或实践运用上关涉的“客体”与民族民间文化关注的对象是没有区别的。那为什么在民族民间文化之外还要制造一个“原生态文化”概念出来呢？这涉及文化的“实际生产”和“学术把握”之间的间距问题。“原生态文化”概念源于文化实践活动，这是少数民族文化的现代性重构，它是以文化为资源的经济再生产形式，体现为以文

[1] 参加刘宗碧：“‘原生态文化’问题及其研究的理论辨析”，载《原生态民族文化学刊》2009年第3期。

化传统的内容并通过旅游来实现“差异性体验的跨文化消费”活动。“原生态文化”概念是少数民族文化的商品化符号，即文化消费的一个广告词。

当然，这种商品化的符号建构，也不无道理，因为“跨文化的消费”的起点在于“差异性体验”，“差异性”源于不同的传统，“原生性”的追求在于确认“传统”，从而显现“差异性”，进而建构其“跨文化体验的消费”条件。“原生态文化”作为一种“文化实践行为”，一般在传统实证主义的学科里是不能被接受的，以致目前它仍然没有学科归属。但是，在学界的研究中，人们恰恰又采取传统实证主义道路，把它归结为具有某种“客体化”的“实体对象”去确认，企图从民族民间文化中去界定“原生态文化”，并建构“原生性”“原真性”“原始性”“原初性”这样的“本质性”概念，并以此说明问题，但又始终未能说明。这样一种学术路径与实际的“原生态文化”实践之间就形成了距离，我认为这样的学术研究没有真正弄清问题。

侗族文化的保护、传承必然要面对现代化，从而作为少数民族文化，其采取“原生态文化”实践的形式就是对之进行当代生产的重构，是属于现代的，是一种文化创造活动，值得肯定。今天，我们侗族的鼓楼、风雨桥成为旅游景点的装饰，侗族大歌成为旅游消费的节目，这不是原本农耕文明意义上的规定。就此，无论多少民族学家、人类学家把它批评为“伪民俗”，但它以这种形态的前进是不可阻挡的，其实质在于文化不能通过束之高阁来保持自身。文化归结为通过人的实践发展来理解，它就是人的实践发展的一种形式而已。人们面向未来，“原生态文化”实践不过是人们以现代的市场方式来生产和消费自己传统文化，因而它是社会分工性的文化生产行为和经济活动。

那么，在这个前提下来理解侗族文化的保护、传承问题，首先我们认为侗族文化被纳入“原生态文化”，并不意味着侗族文化是某种客体化了的“原生态文化实体”；其实，侗族文化被归结为

“原生态文化”理解，在于它的实践性，应这样对待。基于此，现在我们侗学界提出了建立“湘黔桂三省坡侗族文化生态实验区”，我认为如果是从适应现代化和采取重构性保护，那是可行的，但如果简单地理解为是为了保护某种文化的“原汁原味”，使其一成不变，那是不可能的。当然，坚持实践和发展的立场来对待文化并不是丢弃传统，而是创造性地构制传统和运用传统，是实现“过去文化积淀在当代的体现”。因此，对“构制传统”来说不是静态保护问题，而是如何使传统创造与生成和运用问题。侗族文化保护与传承要有现代性的视野，要避开当前“原生态文化”进行实证研究的那种误区，科学地把握“原生态文化”实践的实质和正确地开展“原生态文化”实践活动。

苗侗文化遗产

保护文化遗产 守候精神家园
——浅谈九洞侗族村寨的保护、合理利用与开发

栗周榕

关键词
文化遗产 保护 开发

作 者
栗周榕
黔东南州非物质文化遗产保护中心主任

邮 编
556000

加强文化遗产的保护，直接关系到一个地方的竞争力和知名度，也是建设社会主义先进文化、贯彻落实科学发展观和构建社会主义和谐社会的必然要求。任何事物都不是一成不变的，它会随着时代的发展而改变。针对珍贵的文化遗产，如何保护、挖掘、整理、传承、利用与发展，是摆在我们面前亟待解决的一件大事。保护文化遗产的终极目的毫无疑问是促进人类社会的和平与发展，这在一定程度上深化了我们对人类社会历史发展规律的认识。合理的利用和开发也应是保护的一种手段。笔者在九洞侗族村寨进行调查后认为，保护与合理利用是相辅相成、互相依赖的。如果说只进行单一的保护，不合理利用，在现代化进程飞速发展的今天，显得尤为无力。在保护的前提下合理利用，让老百姓尝到保护文化遗产带来的甜头，才能达到自觉自愿保护文化遗产，达到永续保护的目的。

一、九洞的名称及范围

九洞，历史上是一个基层行政组织，又是其管辖下的各村寨的联合组织，也就是一个小范围的“联款”。1940年以前属黎平县，以后划归从江县。

九洞又叫“九洞款”，由上半款和下半款组成。所谓上半款，当地人称之为“上千二”，即是说上半款有一千二百户；下半款称之为“下九百”，由九百户组成。全款号称二千一百户。“上千二”包括信地、高传、吾架、增盈、德桥5个寨。“下九百”包括往洞、平楼、贡寨、孔寨、朝利、增冲、德秋、厦网、托苗、牙现10个寨，15个行政村寨基本上是现在往洞乡管辖的范围，牙现现已合并进德桥村。

二、九洞资源分析

家园生态图景 行走在九洞侗族地区，每隔一二里，就会看见一个村寨，高高的鼓楼立于寨中，村前是一条清澈溪流，溪水上有精美的花桥，村寨周围被青山绿水环抱。一望无际的稻田，让人忘记了是在高原山区上。清晨，当黑夜还未完全散尽，勤劳的侗家就开始忙碌起来，喂鸡、喂猪、喂牛、喂鸭，做早饭，孩子们吃过早饭背着书包自己上学，大人们则包着午饭、挑着肥料、赶着牛羊哼着悠悠山歌小调上山了；傍晚，当夕阳西下，人们又挑着柴草赶着牛羊，哼着悠悠山歌小调回家了。回到家里，妇女们忙着做饭，给孩子洗洗，就又三五成群地到鼓楼下开始纺纱了。纺纱间谈笑不断、间杂着纺纱声，恍若一首优美的声音大歌。而男人们则也三五成群地聚在鼓楼里，抽烟聊天，也有老人拿着大琵琶在弹唱，一群孩子在认真地听着、记着、学着……这种景致不就是人们向往的精神家园吗?

自然资源优势 九洞地区属高山上的平原。境内山高谷深、沟壑纵横、森林莽莽，动植物资源十分丰富。森林覆盖率达68.96%，林地面积为289 560亩，历史上有“鱼米之乡”的美称。有原始的托苗大山森林保护区、龙王潭原始森林风景区、秧里变婆瀑布风景区。保护区、景区内有很多珍稀的树种、珍贵的保护动物和名贵的中药材。植物有：红豆杉（国家二级保护植物）、榉木（国家二级保护植物）等；动物有：猴子、野鸡、锦鸡、蟒蛇等；药材有：天麻、独角莲等。

境内山溪、河流众多。较大的有三条，一条源于托苗大山森林保护区，流经往洞乡所在地往洞村，一条源于九十九坳大山，这两条在牙现电站交汇，形成双江的一条重要支流之一。第三条源于榕江县栽麻乡，在往洞乡境内曲折回环，流经便秀自然寨、孔寨等村。最后这三条在孔寨村附近交汇，流经悬崖形成了壮观神奇的龙王潭瀑布。

品牌资源优势 国家级文物保护单位——增冲鼓楼；2006年12月15日，在国家文物局公布的《中国世界文化遗产预备名单》上，六洞、九洞侗族村寨榜上有名；增冲村2008年10月14日被中华人民共和国住房和城乡建设部、国家文物局评为第四批中国历史文化名村，是贵州省入选第四批的四个村寨之一。

人文资源优势 以国宝——增冲鼓楼（始建于1672年即康熙十一年）为代表的鼓楼有23座；以金沟花桥（始建于1777年）为代表的风雨桥有24座；还有百年精致的古民居、古禾仓、古寨门、古凉亭、古戏楼等古建筑。有反映民族智慧的传统手工技艺的石雕、木雕、藤编、刺绣等精美的手工艺品；有反映时代变迁的古墓群、古井等。有展现侗族民族文化及历史渊源的歌舞、戏曲及传统节日。

三、九洞侗族村寨的保护

九洞侗族村寨面对高速公路和快速铁路的进入，老百姓已开始呈现出前所未有的积极性，他们设想在交通便利后，如何发展旅游业。旅游业的发展，应是在保护好文化遗产的前提下进行的，由政府引导，用科学发展观引领文化遗产的保护与旅游业的发展，做好保护规划和旅游规划。在没有准备的情况，旅游业就仓促进入，对文化遗产的破坏是必然的。

在这种情况下，我们不仅要有保护文化遗产的自觉意识，还要有明确合适、科学的方法、方式，它们是保护我们民族民间文化遗产的重要保证。对于九洞地区的侗族村寨，笔者认为，整体人文生态保护侗族文化遗产，是比较适合的一种保护模式。在整体人文生态保护过程中，我们应该找出适合的方法与措施。

整体规划 进入21世纪以来，贵州省委强调把保持良好的生态环境作为全省最突出的竞争优势之一，提出了大力实施“生态立省”战略，2007年，贵州省第十次党代会进一步明确地把“生态立省”战略提升为“环境立省”战略，并将“保住青山绿水也是政绩”写入了党代会报告。2008年，黔东南州做出“建设原生态民族文化大州”的定位。九洞侗族村寨可以说是一片未开垦的处女地，保护工作中首先要考虑的是做好整体规划。整体规划的核心内容可以从如下几个方面来进行：

一是自然景观的整体规划。整个九洞地区在自然景观上应统一制定整体保护规划。把自然景观、农业观光进行有效合理的规划。

二是不可移动文物的整体保护规划。在九洞地区不可移动文物比比皆是。古建筑、古遗址、古村落、古墓群等几乎涵盖整个九洞地区。其中，国家级文物保护单位1处、省级文物保护单位1处、县级文物保护单位15处；国家级历史文化名村1处。第三次文物普查又发现了百余处。这些丰富的文物古迹承载着九洞地区的历史，是不同历史时期的重要见证，将其保护和合理利用好，将会对黔东南“旅游兴州”战略起到重要的推动作用。同时，这些民族文化的瑰宝，对研究黔东南社会发展有着重要的价值。因此，不可移动文物应先把原貌保存下来，然后才进行保护性的规划。

三是非物质文化遗产的整体保护规划。九洞地区非物质文化遗产蕴藏丰富。传统的节日和习俗，传统的歌、舞、戏剧、曲艺，村寨传统的建筑风格、建筑形式和建筑工艺，传统民族服饰、刺绣、纺织、印染、银饰加工、雕刻、编织、制陶等传统手工艺为保护的重点。九洞地区的民俗文化进入国家级名录的内容就有近十项，如侗族大歌、侗族琵琶歌、侗戏、侗族木构建筑营造技艺、萨玛节等。整体保护这些珍贵的非物质文化遗产是整体保护九洞地区的又一重要内容。

四是九洞地区整体环境及各村寨的保护规划。民族村寨内保存了独具特色的古村落景观和古建筑，如果我们破坏了这种环境，改变了这种情调，让现代材料建筑走进这些古朴的村落，这将会使这种文化景观受到彻底的破坏。因此，整体环境及村落的保护也应在保持原貌的基础上进行基础设施的规划和改造。

五是新城区的整体规划。开辟的新区应在建筑风格、区域的划分以及与周边环境的协调等方面进行统一整体的规划。

挖掘、整理及抢救 九洞侗族村寨目前面临的最大问题是挖掘、整理、抢救文化遗产。这些遗产中有物质文化遗产和非物质文化遗产。遗产的抢救，首先是请有关专家研究、鉴定，审定其文化价值与文化影响力；其次就是开展深度普查。普查的内容分两个大方面进行：一是对可移动文物进行普查。对所属移动文物村寨的地址及位置、GPS坐标、面积、历史沿革、环境状况、空间形态与建筑格局、主要文物古迹进行普查。二是对非物质文化遗产资源进行普查。（1）对九洞地区侗民族迁徙的历史，特别是要对九洞地区形成的历史作调查；（2）对九洞地区的民族民间工艺进行调查；（3）对“文化传承人”进行调查，即歌师、侗戏师、纺织能手、手工工艺挑花刺绣能手、民族民间建筑掌墨师、优秀工匠、酿造师和巫师等进行调查；（4）对侗族民间文学、民间美术、民间舞蹈等进行调查；（5）对整个地区的音乐、器乐、戏剧、曲艺等进行调查；（6）对游艺、传统体育与竞技进行调查；（7）对商贸、消费等习俗进行调查；（8）对人生礼俗、岁时节令、民间信仰、民间知识、传统医药等进行调查。侗族地区的文化遗产保护与其他地区的有所不同，它们大多仍在人们的日常生活中发挥着功能和作用。因此，我们应采用整体人文生态的保护模式抢救、挖掘、整理、收集、立档建案，作永久性保存。对于难以存活的非物质文化遗产，通过声像手段，将其全部录制下来，使其非物质形态转化为“物质”形态。

教育与传承、传播 教育在保护中占据着重要的地位。侗族文化是侗民们集体智慧的结晶，他们是拥有侗族文化真正的主人。如何让村民们认识自己的文化价值及解释他们自己的文化，增强他们民族自豪感，我们的文化工作者应采取多种形式对村民进行引导与教育。在九洞地区，由于交通、历史及各种原因，那里的教育水平及质量不是很乐观，在调查走访中，40岁以上村民认字率还相当底，特别是一些妇女，有些连汉语都不会说，就更解释不了自己的文化了。在我们听他们唱自己的歌谣时，旋律之优美，特别是侗族大歌，无伴奏、无指挥的和声，这惊世之作，祖先是如何创造的，他们根本说不清楚。再就是在商品经济浸入村寨的时候，一些村民为了生活、为了子女上学等，竟然毫不痛心地将上百年祖传的民族文物卖掉，这些行为，说明了村民没有认识到自己文化的价值，对卖掉的文物毫无知觉。因此，在九洞侗族村寨的社区内，政府应加大教育的投入，尽快在村民中和学校里开设民族文化知识普及课，以及对侗族文化的价值观的认识、理念等要素进行传播。只有加大教育、消除文盲，才能提高对本民族文化价值的认同感和自豪感。在传承和传播上，鼓励村民们展演、展示自己的文化，提高社区村民对侗文化的自豪感。近年来，由于现代文化的侵入，很多传统的生活、生产习俗改变了，一些节日也变异了，因此我们鼓励村民办节，在经济上补贴他们，在宣传上支持他们。关心、扶持传承人，对他们传承、传播文化的行为进行奖励并帮助其收集、整理、出版、发行。

发展当地经济 在保证温饱的前提下才能谈如何对文化进行保护。因地制宜引导当地村民发展经济，让老百姓尝到保护自己的文化带来的经济效益，从而达到自觉保护的目的。

通过旅游业的发展来带动其他产业的发展，就是其中一项提高经济增长的有效途径。文化是旅游发展的灵魂，旅游是文化发展的载体。通过大力发展旅游事业来增加村民的经济收入，从而达到刺激村民加强传统文化的保护的目的。对旅游商品的开发，只有从增强旅游商品文化性才能更好地满足旅游者的购物需求。因此，九洞地区的旅游商品的开发应以侗族特色文化作为主体文化。主要涉及以下几个方面：第一是民族服饰制作业；第二是银饰煅制业；第三是侗族民间建筑营造业；第四是民族艺术演艺业；第五是传统民族餐饮业；第六是民族传统工艺品业等。村民们只有增加了收入，才能从繁重的农耕劳作中解放出来，从事其他产业的发展，使民族民间文化在市场经济的运行中得以传承和发展。

其次是大力发展农业及畜牧业。大力发展农业一是可以作为旅游观光，二是可以增加经济收入。观光农业是一种以农业和农村为载体的新型生态旅游业。近年来，伴随全球农业的产业化发展，人们发现，现代农业不仅具有生产性功能，还具有改善生态环境质量，为人们提供观光、休闲、度假的生活性功能。随着收入的增加，闲暇时间的增多，生活节奏的加快以及竞争的日益激烈，人们渴望多样化的旅游，尤其希望能在典型的农村环境中放松自己。于是，观光农业应运而生。观光农业是把观光旅游与农业结合在一起的一种旅游活动，它的形式和类型很多。例如：（1）观光农园：在九洞地区开辟特色果园、菜园、茶园、花圃等，让游客参与摘果、拔菜、赏花、采茶，享受田园乐趣。（2）农业公园：按照公园的经营思路，把农业生产场所、农产品消费场所和休闲旅游场所结合为一体。（3）教育农园：这是兼顾农业生产与科普教育功能的农业经营形态。

畜牧业一直是农业农村经济的主导产业，是农民增收的重要来源，应大力发展。九洞地区交通便利后在销售上占有很大优势。但要在预测市场和科学选项上做好文章，要做好政府引导，科学合理的发展畜牧业。

四、九洞侗族村寨的利用与开发

九洞地区拥有众多的原生资源，可以在保持整体原貌的基础上，开辟新区仿造古镇。笔者认为，打造古镇不是破坏，而是为了更好的保护其他珍贵的文化遗产的原貌不受更多的破坏。

开辟新区、仿造古镇 往洞乡是乡政府所在地，乡政府、学校、医院等部门已建现代楼房，与周围的环境极不和谐，现已准备搬迁至平楼村对面的一大片空地上，地基已平整出来。平楼村距乡所在地大约有2公里，是九洞地区的中心，如果是新建的话，建议规划仿照增冲村古建筑形式，建成新镇，建成九洞地区的集散地，把到九洞侗族村寨旅游观光、休闲度假、学术研究的人们的吃、住、行、娱、购集中在这里，把到其他村寨游走的人们归集一大部分到这里。这样的话，一是便于管理；二是提高接待条件和档次；三是减少大量外来人员住到村寨。把九洞侗族歌、舞、戏曲、曲艺等民族艺术集中展示；把休闲茶楼、咖啡厅、小酒店、农家乐等列入其中；把手工艺品、农副产品、服饰等汇集出售。这样就可以拉动整个地区的经济发展。新镇的建立，应符合整体规划。新建的建筑物、构筑物的立面、造型、高度、色调等应与周边的村寨整体建筑风格协调一致。

利用自然资源和人文优势 （1）农业观光。九洞地区历来就是有名的鱼米之乡，这里田园风光四季变换、农耕稻作文化久远悠长，这就是一个得天独厚的景观资源。（2）自然景区。可以设置托苗大山森林保护区、龙王潭原始森林风景区、龙王潭瀑布、秧里变婆瀑布风景区、牙现电站等自然景区。（3）人文景观。往洞乡17个村寨连成片状，每隔几里就是一个村寨，而且每个村寨的布局、建筑风格、风土人情、节俗、侗歌、戏剧、曲艺都各具特点。

五、结　论

文化遗产的保护、传承是一个长期、复杂的系统工程，其涉及的面非常广泛，单单就老百姓和地方政府的力量是微薄的，这需要国家重点投入扶持，如何去实施有效的保护，尚处在摸索和研究中。笔者谈及九洞侗族村寨的保护、利用与开发只是针对突如其来的交通变革所想到的。九洞地区自然风光旖旎、民族文化独特、历史遗存保存完好，交通的便利，必将带来人潮的涌入，猎奇是人的一种本能，如果当地政府不做好保护与开发的长远规划，带来的破坏后果是严重的。保护青山绿水也是政绩的话，保护民族文化生态环境同样是政绩。本文只起抛砖引玉的作用，有待关心文化遗产保护的有识之士再出高招。

参考文献

［1］向零："从江县九洞侗族社会组织与习惯法"，载《贵州民族调查卷三》，1985年。

［2］向零："六洞侗族社会组织调查"，载《贵州民族调查卷八》，1990年。

［3］潘永荣："侗族传统生态观调查研究报告"，载《贵州民族调查卷十八卷、贵州民族地区生态调查》，2000年。

［4］《从江县志》，贵州人民出版社1999年版。

侗族大歌词曲结构简述

吴佺新

关键词

侗族大歌　词曲结构

作　者

吴佺新

黔东南州文化研究所所长

贵州省凯里市

邮　编

556000

苗族理辞是苗族历史文化的重要组成部分，是苗族社会中的“通史”和“法典”，是一部了解和认识苗族的社会结构、文化特征、历史渊源、伦理道德、行为规范、哲学思想的珍贵文献。具有“法”的性质和功能，是“理老”司法的依据，在苗族社会中具有规约人们行为规范的功能，对构建现代和谐社会具有重大的意义。

侗族大歌是流行于侗语南部方言区的侗族传统民歌，严格意义上来说，侗族大歌是侗族民歌的一大类，而不是侗歌的一种（类下有多种小类歌）。经过多年的研究和探讨，现在音乐界和侗学界认为侗族大歌是侗族多声部合唱歌的总称，是一种约定俗成的术语。

侗族大歌是一种合唱歌曲，由于有不同声部的和声，至少得有三人才能演唱，但一般一个歌队为10人左右。侗族大歌是一种室内音乐，所有的正式演唱都在室内举行，正式的演唱场合是侗族鼓楼。

进入正题之前，我对侗族大歌进行简单的分类：古典大歌、标志性大歌和声音歌。古典大歌是各地通常都会演唱的，而且是对歌场合通行演唱的大歌，也是必唱的大歌。古典大歌作者无法稽考，也不清楚其起源地。标志性大歌是某村寨或者某区域性的大歌，歌的流行区域和起源明确。声音歌，是以声音为主要表现形式的多声歌，歌词只起到辅助作用，曲调是其核心内容。声音歌主要用于欣赏，而不是用于对唱。目前，对侗族大歌的研究成果较多，深度和广度都是空前的，但研究重点在文化生态上，在音乐上的研究存在一定的局限性。本文试就侗族大歌的词曲结构进行简单的分析，借以抛砖引玉。

一、词曲结构分类

通常来说，大部分民歌都有歌词和音符构成，侗族大歌也一样，每首侗族大歌由词曲结合形成一首完整的歌。根据侗族大歌的词曲结构特点，侗族大歌的词曲结构可以分为三大类：一曲多词类、一词一曲类和一词多曲类。

一曲多词类，是侗族大歌数量最多的一类，也是其他民歌词曲结构的主要形式。经典侗族大歌即各地通行演唱的侗族大歌，都属于这一类歌，而各村寨标志性的侗族大歌，即以村寨或区域命名的大歌，如占里歌、小黄歌、四寨歌等分别是占里、小黄和四寨村寨所独有的曲调的大歌；如六洞歌、九洞歌、千三歌等，分别是六洞、九洞和千三地区独有曲调的大歌，这些歌系也属于这一类大歌。经典大歌是属于正式场合演唱的大歌（即男女对唱的歌），所以都有男声部和女声部。而标志性大歌，有的只有男声部，有的只有女声部。比如占里歌既有男声部，也有女声部，即可以在鼓楼里对歌时演唱；篾洞歌只有女声歌，没有对应的男声歌，是只用于欣赏的歌。这些歌系一曲多词类的大歌，其实又细分男声部大歌、女声部大歌和双声部大歌。

一词一曲类侗族大歌，是数量较少的歌种，数量仅次于一曲多词的歌，这类歌一首歌只有一首歌词和与之结合的一首曲调。这类歌一般不用于对歌演唱，主要用于欣赏，这类歌往往只有女声部或者只有男声部。在以村寨命名标志性大歌的类型歌中，一词一曲结构是其主要形式。这类型的歌又叫祖先歌，是本村寨祖先创作的，在本村寨演唱大歌时，一般要先演唱此歌，以后才演唱其他歌。往往是主人在正式对唱之前献给祖先，也是问候客人的歌。村寨歌可以对唱的不多，能对唱的村寨歌都是一曲多词的歌，但在鼓楼里对歌的时候，如果不会唱对方所唱的歌，可以用这类歌来“顶替”，应该是随着对歌活动开展之后由此发展演变的结果，即由一曲一词演变为一曲多词。

总体上看，侗族大歌的曲的部分相对稳定，词的部分相当活跃，在新编侗歌里，只有新编歌词没有新编曲调（但有改编），新中国成立之后，产生了大量的新编侗族大歌，主要也是新编歌词。新编的歌词是根据已经存在的曲调对应创作，还要根据曲调来进行修改。新编歌词的大量出现，又增加了一曲多词的数量。

典型的一曲一词大歌是声音歌，声音歌是完全用于欣赏的歌，如著名的《蝉歌》就是其中的一首。声音歌有男声部，也有女声部，但两者是分离的，不是配对对唱的两种歌。声音歌歌词内容比较少，和经典大歌完全相反，经典大歌的歌词长的可达数十段，最长的一段甚至上百句；声音歌的歌词往往只有几段，最少只有一段，一般一段只有四句左右，最少只有一句。以歌词和性别演唱划分，这类歌又可以分为一段歌和多段歌，男声歌、女声歌和男女共唱歌。男女共唱歌主要是以村寨命名的歌，原来并不是男女都可以演唱的歌，只有男声或者只有女声演唱，后来发展到男女都可以演唱。

一词多曲歌是侗族大歌里数量最少的歌，是侗族大歌发展过程的一种变异形式。严格意义上来说，侗族大歌并没有一词多曲类别的歌。每种曲调都有对应的歌词，但每一类（不是种）的歌词也有对应的曲调。人们在演唱的过程中，发现歌词不仅在传统的曲调上演唱适合，用其他曲调演唱也可以，经过尝试后发现有不少的歌词可以在其他曲上演唱，一词多曲歌逐渐多起来。由于侗族歌曲多调的特殊性（有15个音调）和音乐的复杂性，一词多曲的歌并不多。一词多曲歌主要是女声歌，多是把一首一词一曲的歌词移植到另外一首一词一曲的歌的曲调里演唱，还可以把男声的歌词移植到女声里演唱。

二、词曲结构的特点

侗族大歌的歌词与曲结合和歌种紧密联系在一起，不同类别的歌词曲结合是相对固定的。侗族大歌虽然有的歌种可以一曲套用多词演唱，但并不是所有的歌词都可以套用，总之，侗族大歌是由曲调决定歌词。

古典大歌主干即结尾之前的部分音符和歌词基本是对应的，一个音对应一个字（音节），并且大部分间长相等，近乎“念诵”，所以节奏比较明显。但在每一个节奏的结束音用为和声，形成独特的节奏美感。结束部分歌词为虚词“eel”（侗文，下同）的延长音，一个音节对应长段的曲子，曲调除了和声还有节奏长短的变化。古典大歌的序歌“干赛”，大部分也是一音一字，只有个别字对应两个或两个以上的音，但音有长短，主干部分词曲接近正歌的结合方式。结尾部分用虚词“eel”和实词“jul”（意为“情伴”）结合，在虚词部分用长音，在实词用短音，也是一音一字。古典大歌的中心在歌词，吐字接近念白，一音一字主要突出歌词的表达意义。

其他类的大歌（除了声音歌外），词曲结构又有所不同，歌的主干部分有长音也有短音，结尾部分的虚词、实词和古典大歌词曲结合相同，只不过音不同而已。在音和词对应上，有一字对应一音，也有一字对应多音、一音对应多字，二者并存。在这类歌中，一字一音仍然占相当大的比例。

声音歌是侗族大歌中非常特殊的一类歌，正如歌名是以“声音”为主的歌。这类歌的歌词非常简单，也非常少，但整首歌却不短。比如著名的《蝉歌》，只有两个段，每段只有一句歌词。所有的这类歌，全部是一字多音。由于是声音歌，表达意义的重点在“声音”上，所以用于对应实词上的音不多，用于对应虚词的音是主干，并且是长音。

总之，侗族大歌的实词部分音都比较短，虚词部分的音相对要长。

三、结　语

到目前为止，笔者认为，对侗族大歌的研究成果不少，但从音乐角度去研究的还不是很多，特别是微观的研究还不够深。

侗族大歌是侗族文化的杰出结晶，但它首先是一种音乐艺术，从纯音乐的角度分析有利于对侗族大歌深刻的把握。目前，对于侗族大歌的分类其实还没有一个公认的分法，从音乐的角度进行微观的剖析，首先有利于对侗族大歌的类别更合理和更科学的认识，对于研究整个侗族音乐也有一定的意义。

从侗族大歌的词同曲结构，可以梳理侗族大歌发展演变的基本历史脉络，可以进一步探讨侗族大歌的起源。经典侗族大歌除了序歌和结尾部分，主干部分近乎念诵的一音一字结构形式（暂且抛开多种因素不谈），可见侗族大歌是由韵文的念诵，逐步演变为吟唱，加上多声的装饰，进一步成为歌唱。标志性大歌词曲结构有很大的不同，不像是念诵的表达，在主干部分出现了大量的一音多字和一字多音，曲的节奏上也发生了变化，长短音相间结合出现。

同时，歌词也和古典大歌有微小的差异，有小部分歌没有同韵，个别歌曲甚至完全不同韵。古典大歌每首歌所有各段都是同一韵，不论有多长和多少段，一首歌都是一个韵。我们认为，标志性大歌是在古典大歌的基础上形成的，曲和词对应的变化都是对传统的一种突破。从歌名也可知标志性大歌为后起作品，歌的流行区域明确，起源地清楚，古典大歌的作者和起源地无法考证，是由于产生时间早，并已经普及为全民族共有的歌。另一方面，古典大歌是一曲多词的歌，和其他民族的民歌是相同的，而标志性大歌多是一曲一词，曲调的产生是专门为某一首歌词创作的，侗族音乐发展又进入一个更高阶段。声音歌词的作用退居到第二位，曲调的作用上升到第一位。古典大歌和标志性大歌，曲是围绕词进行创作的，而声音歌正好相反，歌词是为曲调服务的。声音歌和前二者在演唱形式上也有较大的区别，前二者主要用于对唱，声音歌主要用于欣赏，主要为突出声音和演唱技巧。声音歌全部是一曲一词的结构形式，所以产生的时代应该更晚，是侗族大歌发展的最高阶段。

侗族大歌的发展历程和侗族文化的发展历程是紧密相连的，从侗族大歌的发展演变可以推测侗族文化发展演变的轨迹，对侗族大歌微观的剖析不仅对侗族音乐和文化研究大有裨益，对侗族历史的研究也有一定的帮助。

侗族民歌源流初探

杨子奇

关键词

侗族民歌 渊源 拉木耶

作 者

杨子奇

凯里学院人文学院讲师

贵州省凯里市

邮 编

556000

文章立足侗族民歌本身所具有的特征，结合史料，对侗族民歌的源流进行了分析和归纳，认为“耶”是侗族民歌起源最早的作品形式，《溱洧》《弹歌》《越人歌》《吴声歌》等都是侗族民歌早期见之于历史典籍的文学作品。

按照人类社会发展的一般规律，任何精神现象的发生都最终建立在物质生产活动的基础之上，原始生产实践活动是原始艺术的基础和源泉。

沈约在《宋书·谢灵运传》中有“歌咏所兴，自生民始”之说。侗族民歌的历史渊源，可以追溯到远古时期的原始社会。远古时期的侗族先民，为了增加生存的机会，往往采取群体性活动来获取食物和抵御野兽的进攻，一旦这种群体性活动产生积极的物质效果，就会成为一种习俗，并衍生为一种文化传统。如在围山打猎、围堰驱鱼劳动过程中产生的许多侗族“耶”歌，无论是从表演方式、曲调、歌词还是衬词来看，直到今天仍保持着原始艺术的最初形式——歌、舞、乐三位一体。

试以“拉木耶”为例分析。

侗语	译文
领：Ul,	务,
合：Heix qox!	嘿确!
领：Yeeh,	耶,
合：Heix qox!	嘿确!
领：Bal liuh nyal!	鱼下滩,
合：Heix qox!	嘿确!
领：Bail loh loh,	个跟个,
合：Heix qox!	嘿确!
领：Daol gaic meix,	咱拉木,
合：Heix qox!	嘿确!
领：Baih haemx hoh,	脚跟脚,
合：Heix qox!	嘿确!
……	……

从“拉木耶”中，我们仍能够看到原始社会集体劳作的影子，这是首一人领唱，众人附和的古老民歌。在演唱时，演唱者手牵手或手搭肩，共同围成一个圆圈，有节奏地踏步而行，时而前进，时而后退，身体也随之前后俯仰或左右摇摆，歌声与跺脚声形成对应，节拍一致。这类耶歌，曲调旋律单一，只有四个音（1、2、3、6），歌词简短，句式较少，或四句，或八句，有固定的衬词。无论领唱还是附和，都易于掌握。在今南部侗族地区，这一“耶”歌形式仍广为流行，具有旺盛的生命力，这类“耶”歌之所以能够保存和流传，与今天侗族仍存在群体性的生产劳动有关。无论是野外的围猎还是打鱼，侗族同胞常常数十人乃至数百人，以猎物为中心，采用四面合围之势，一人呐喊，众人附和，吼声震耳，猎物惊慌，从而达到不费多大力气就能捕捉猎物的效果。对猎物的分配方式，也很特别，迥异于其他民族，凡是生活在侗族聚居环境里的同胞，不管出不出力，或出多出少，只要参与，均按照“见者有份”的规矩进行分配，每人所分到的物品份额都是一致的。群体活动是侗族社会当中惯常的劳动和生活方式。平常的种植、收割、拉木、建房、社交等，侗族同胞无不采取集体参与的形式来完成。《拉木耶》从功利与目的来看，能起到协调动作、减轻疲劳、增强效果的作用。诚如《淮南子·道应训》所载：“今举大木者，前呼邪许，后亦应之，此举重劝力之歌也。”因而可以推测，在劳动过程中产生的侗族“耶”歌应该属于侗族民歌的萌芽期作品，也是原始艺术最初的表现形式。

上古时期，《周礼·媒氏》载有：“仲春之月，令会男女，于是时也，奔者不禁。若无故而不用令者罚之。司男女之无夫家者而会之。”上述记载描绘了阳春三月，群男群女在野外聚会乐歌戏逗的情形。“溱与洧，方涣涣兮。士与女，方秉蕑兮。女曰：‘观乎？’士曰：‘既且。’‘且往观乎？’洧之外，洵订且乐。维士与女，伊其相谑，赠之以芍药。”（《诗经·郑风·溱洧》）更生动地描绘了男女聚会溱洧之滨，相邀唱和，互赠香草游乐的场面。今侗族地区仍有

“赶歌场”❶的习俗。歌场是唱歌赛歌的地方，更是青年男女寻找对象的理想场所。仅天柱县境内就有注溪交棍歌场、蓝田二十坪歌场、渡马莲花坪歌场、坑头猴子坳歌场、坌处三门塘歌场等二十余个著名歌场。在黔东南州内，规模大小不一的歌场不下数百个。当约定俗成的节日到来，勤劳善良，热爱歌舞的侗族人民，便从四乡八寨赶来，带着喜悦和希望，赴对唱之约，践欢歌之会，表爱慕之情，成鸳鸯之喜。“赶歌场”这一特定习俗，为单调、平淡的日常生活带来了调节的机会，青年男女通过歌场往来交流唱答，增进了双方的认识和了解，最终为男女交换信物，私定终身，彼此携手，走进花丛，走进密林，走进自由快乐的神秘之境，提供了有利条件。又据明代邝露《赤雅》记载：峒女……三三五五，采芳拾翠于山椒水湄，唱歌为乐。男女亦三五成群，唱而赴之。相得唱和竟日，解衣结带，相赠以去。虽然时间流转了千年，但一些带有民族特征的风俗习惯，却不会因岁月的流逝而湮没。无论是《溱洧》，还是《赤雅》，其描绘都与侗族的节日聚会有惊人的相似之处。借鉴民族学的历史文化残留分析法，结合现存的遗俗，可以认定，在封建社会初期，侗族民歌就有了产生的土壤，并形成了一定的规模。

汉代赵晔《吴越春秋·勾践阴谋外传》里收录的《弹歌》：“断竹，续竹；飞土，逐宍”具有原始民歌的特征。它以简朴的语言，跳跃的节奏，生动地表现了从砍竹、制弓、弹射到逐兽的全过程。

竹子，学名 Bambusoideae（Bambusaceae），属禾本科多年生木质化植物，喜温湿，广泛分布于热带、亚热带和暖温带地区。在我国主要分布于西南部和南方地区。

常璩《华阳国志·南中志》载：“有竹王者，兴于豚水。有一女

---

❶ 赶歌场：俗称“赶坳”，在每年的春社或三月初三，所有侗族村寨的男女，不分老幼，都会在这一天到约定俗成的地点——多在溪头河畔，进行集会。老少结伴同游，赛歌伴唱，青年男女则谈情说爱，寻找理想的意中人。是时，人山人海，欢歌阵阵，笑语盈盈。你唱我答，此落彼起。这种状况，少则一天，多的持续三天。

子浣于水溪，有三节大竹流入女子足间，推之不肯去。闻有儿声，取持归破之，得一男儿。长养，有才武，遂雄夷狄。氏以竹为姓。捐所破竹于野，成竹林，今竹王祠竹林是也。王与从人尝止大石上，命作羹，从者曰：‘无水。’王以剑击石，水出，今（竹）王水是也。破石存焉。后渐骄恣。……武帝转拜蒙为都尉，开牂牁，以重币喻告诸种侯王，侯王服从。因斩竹王，置牂牁郡，以吴霸为太守，及至越巂、朱提、益州。后夷濮阻城，咸怨诉竹王非血气所生，求立后嗣。霸表封其三子列侯，死，配食父祠，今竹王三郎神是也。”

众所周知，先秦时期，越人是长江中下游直至南海之滨的广袤土地上的居民，由于支系繁多，古籍中统称为“百越”。越人建立的吴国和越国，在春秋末叶相继称霸。侗族是古代越人后裔，这一点已为民族学界所证实。据校注《华阳国志》的刘琳先生考证，豚水，即今流经云贵两省的北盘江。清代陈鼎《黔游记》亦有“竹王祠在杨老驿，去清平县三十里，三月间香火极盛……”的记载。清平县，今黔东南州凯里市炉山镇。杨老驿，即距炉山镇约8公里的石仙山。山上有清凉寺，供有竹王塑像。

侗族情歌里唱：（男）“清清溪水出山巅，今夜流到田坝边。翻下九十九层坎，绕过九十九座山。日夜不停为哪样，只为爱上坝中田。水进田坝靠沟引，没有水沟怎相连？”（女）“溪水清清香又甜，远路长长到田边。不怕山冲大石挡，不怕坡陡漫漫淹。没有水沟来引路，砍根楠竹破两片。破开楠竹做成枧，楠竹架枧永相连。”

从历史典籍的记载和流传的民歌内容看来，无不说明竹、竹王与黔东南有着千丝万缕的联系。我们知道，侗族素有临山面水而居，于房前屋后种竹栽桑，养花植桃的习俗。一来便利生活，春夏有竹笋、桃子、桑葚等以供食用；二来美化周围环境，花红树绿竹香，更使人心舒神怡。竹子又因其四季青翠，凌霜傲雨，倍受侗族人民喜爱。侗族多聚居于贵州黔东南，歌中以竹寓情，借竹表意，应是信手拈来之作。况且黔东南至今还流传着有关竹王的传说。从相关资料分析，侗族即有可能是最早与竹发生联系的民族，《弹歌》描绘的应当是古代越人即今侗族祖先的劳动生活场景，是侗族先民歌唱生活的即景之作。

春秋时期，著名的《越人歌》是侗族古老民歌最具史料价值的真实记录。汉代刘向在《说苑·善说》中这样记载：“君不独闻鄂君子皙泛舟于新波之中也？……会钟鼓之音毕，榜枻越人拥楫而歌。歌辞曰：‘滥兮抃草滥予，昌桓泽予昌州州，饣甚州焉乎秦胥胥，缦予乎昭，澶秦逾渗，随惿河湖。’鄂君子皙曰：‘吾不知越歌，子试为我楚说之。’于是乃召越译。乃楚说之曰：‘今夕何夕兮，搴州中流，今日何日兮，得与王于同舟？蒙羞被好兮不訾诟耻，心几顽而不绝兮得知王子。山有木兮木有枝，心悦君兮君不知。’于是鄂君子皙乃扌翕 修袂，行而拥之，举绣被而覆之。”显然，歌词是汉字记越音，并译成楚语。壮族语言研究学者韦庆稳和侗族文化研究专家张民以及泰国语言学家郑张尚芳分别根据各自民族的语言特征对《越人歌》进行了解读。

韦庆稳在其《越人歌与壮语的关系试释》一文中，他利用董同龢编制的《上古音韵表稿》，测定每个记音汉字的中古（隋唐）音，进一步构拟出相应的上古（先秦）音，用国际音标记录下来；根据国际音标的读音，选择各地壮语方言和同语族其他语言，包括泰语、水语、毛南语、布依语、沙语、侬语的对应单词，构拟出壮语的中古和上古音。当两者的上古音吻合时，按照壮语语法解读文意。在破译过程中，韦庆稳发现古越语语法与现代壮语语法很接近，并依照壮语语法和语意，将《越人歌》的汉字记音分断成五句，译文如下：

今晚是什么佳节？舟游如此隆重。
船正中坐的是谁呀？是王府中大人。
王子接待又尝识，我只有感激。
但不知何日能与您再来游。
我内心感受您的厚意。

而张民在《试探〈越人歌〉与侗歌》一文中，按侗语的语音、语义和语法习惯，把《越人歌》译为：

是黄昏还是白天？
偶遇如此欢乐呀！
同船共渡洲中游，
碰逢王子关怀爱戴觉害羞。
思念得很呀，
好似竹木总是聚集山坡。
倾心倾肠于君呀，
君也不知究。

1991年，郑张尚芳从泰语的角度再次对《越人歌》的汉字记音进行了破译。郑张先生认为，泰语是泰国的国语，和壮语同属侗台语族台语支。泰语有使用了七百多年的拼音文字——泰文。他强调，古越人使用的是一种泰语，而“泰文在泰语和其他台语支的语言中有着最古老的经过验证的形式”。他据此以书面泰文为基础，比照记音汉字的上古读音，逐字推敲出泰语的本意。他在构拟《越人歌》汉字记音的上古音时，依照自己创制的一套上古音系统，把《越人歌》分断成五句，即：

夜啊，欢乐会晤的夜晚！
我多么害羞啊，我又很能摇船。
慢悠悠地摇船横渡啊，满怀喜欢！
污秽的我啊，尊敬的王子殿下竟然相识了。
藏在心底的，是我始终不渝的思恋。

比较三位专家学者对《越人歌》的破译结果，个人以为，无论从音韵、语法结构还是采用的修辞手法等，似乎张民先生的破译更接近越人的生活环境和习俗。

结合鄂君在听过楚人翻译《越人歌》之后的行为：鄂君扬起长长的袖子，边走边拥抱舟子，还举起彩绣的斗篷，覆盖在舟子的身上。有几个细节需要引起我们的注意。第一，这个舟子，一定是女性。只有漂亮的女性才能激起鄂君的兴趣。第二，该越女熟悉水性，善于撑船。不熟悉水性，不会撑船，她绝不敢在船上放歌。第三，越女性格开朗大方，且能歌善舞。鄂君的言行举止已经充分说明了越女的歌唱魅力。第四，越女身披斗篷，并且斗篷有漂亮的刺绣。我们知道，侗族喜欢傍水而居，不管男女老少，俱识水性。撑船捕鱼，是谋生必须掌握的技能之一。而且侗族姑娘生性豪爽大方，喜欢借唱歌表达对生活对人生的感受。同时还掌握高超的刺绣技术。君不见，侗族姑娘出嫁时穿的盛装，都是自己长年累月一针一线精雕细琢用心绣出来的。综合考察越女的性格特征、喜好特长和着装习惯，个人以为，当属侗族姑娘无疑。

五代时期，侗族的祖先——骆越，主要居住在岭南苍梧地区，即今之广东肇庆、广西梧州一带。秦始皇即位之后，于公元前223年开始发动征服百越的战争，到公元前214年，统一了广大百越地区，设立了桂林、象郡、南海三郡。为巩固边远政权，民族征调和迁徙络绎不绝。继秦始皇之后，汉武帝又征南越，设立九郡（南海、郁林、苍梧、合浦、珠崖、儋耳、交趾、九真、日南郡），再征西南夷，增设牂牁郡和益州郡，统一了南方。由于大量的人口迁移，土地耕种有限，加之连年水旱灾荒，战乱不断，民不聊生，梧州、浔州一带的侗族先民便乘着木船溯江而上，到达湘、黔、桂交界地区，并定居下来。侗族流传的古歌《侗族祖先哪里来》，用沧桑的歌声表达了这一段难忘的迁移历史：

住在梧州那里，
人丁实在兴旺；
住在梧州那里，

人口连年发展。
父亲这一辈，
人满院坝闹嚷嚷；
儿子这一辈，
人口增添满村庄；
姑娘挤满了坪子，
后生挤满了里巷。
地少人多难养活，
日子越过越艰难。
树桠吃完了，
树根也嚼光。
不能困在这里等饿死，
祖先召集众人来商量。
大家相约出去，
找那可以居住的地方。
侗家苗家相约沿河走，
为寻生路离家乡。

离开梧州、浔州，
逆江而上到胆村，
胆村住不下，
胆村不能停。
……
日到“江暗”不歇气，
夜到“丹州”脚不停。
撑船撑断了竹篙子，
走路走断了草鞋筋。
沿途到“堂府”。
经过“罗铺”再前行。

南北朝时期，郭茂倩编录在《乐府诗集》里的《吴声歌》，从其产生的地域环境来看，当属百越之范围。《乐府诗集》四十四云："《晋书·乐志》曰'《吴歌》杂曲，并出江南。东晋以来，稍有增广。其始皆徒歌，既而被之弦管'盖自永嘉渡江之后，下及梁陈，咸都建业，《吴声歌曲》，起于此也。"《吴声歌》差不多全写爱情恋歌。写男女相思离别之苦，诉爱慕哀怨之情，缠绵婉转，淋漓尽致地表现了现实之中的爱情状态。如《曲歌》："思欢久，不爱独枝莲，只惜同心藕。""南方民族的文学的特别色彩是恋爱，是缠绵婉转的恋爱"，所谓的南方民族，应该是指苗瑶语族、壮侗语族等早先生活在南方的原始部族。《吴声歌》的特色是喜用谐音口语。最常用"芙蓉莲藕"和"蚕丝布匹"入歌，实际是：以芙作夫，以莲作怜，以藕作我，以丝作思，以布作不。再则，此类事物多为江南特有，而且都与水有关，从今天苗、侗、壮、傣、布依等民族的生活居住环境来看，苗族喜居山顶，侗、壮族喜居山脚，布依族则喜欢居住在山腰。只有侗族和壮族与水仍保持相对紧密的联系。"蛤蟆坐在凉水井，不知江水浅和深；一跳跳进龙潭内，一来求雨二求晴。"[1]联系现存的侗族民歌中情歌的数量和表现手法加以比较，未尝没有《吴声歌》的共性特征。约莫算来，也可将其划归侗族民歌一类。

隋唐至元明清，侗族民歌在内容上基本是延续先前爱恋、婚姻、离别等内容，缺少新的突破和变化。直到清末，清王朝在变革地方政权机构的同时，兴办各种学校。边远的侗族地区逐渐受到儒家文化的熏陶，从一定程度上为侗族民歌的繁荣培植了土壤。之后随着社会动荡的加剧，民族矛盾不断激化、爆发，产生了一些优秀的歌师和作品。如贵州黎平肇兴的陆大用（1790～1800年），古州车寨的乃告化（1837～1905年）；湖南通道高步的杨胜斌；广西龙胜八榜的记个，三江林溪的吴银龙等，都创作了众多脍炙人口的侗族民歌。其中以

---

[1] 参见黔东南苗族侗族自治州文学艺术研究室：《黔东南苗族侗族自治州民间文学资料集》（第1集），1981年版，第147页。

《萨岁之歌》《善郎我妹》《勉王之歌》《咸丰五年天下乱》《金银王之歌》《姜映芳歌》《珠郎娘美》《志太歌》等最负盛名。黎平腊洞的吴文彩（1798～1845年），还根据部分侗歌内容，创作了许多诸如《善郎我妹》《吴勉》《珠郎娘美》等侗戏，深受侗族同胞喜爱。

民国时期，战乱频仍，侗族民歌的发展走向低谷，没有更出色的表现。直到新中国成立之后，侗族人民才又迸发出前所未有的创作激情，创作了《毛主席是大恩人》《共产党像太阳》《志愿报名去参军》等一大批歌颂新社会、歌唱新生活的新民歌。正如歌中唱：

穷人痛苦实在多，长工佃户受剥削。
被人压迫头难抬，抓兵派款遭折磨。

提起过去满腔恨，饥寒交替苦难深。
多亏来了共产党，穷人翻身见光明。

千年铁树开了花，贫苦农民得当家。
打垮地主大恶霸，政权归到穷人拿。

毛主席是大恩人，领导革命为人民。
穷人翻身得解放，千年万代难忘情。❶

侗族民歌的产生、传承与创新，受地理、历史、岁时节令、地域物候、民间传人等诸多因素的影响。有一点值得肯定的是，尽管历经了漫长的沧桑岁月，经历了从迁徙到融合的遭遇，但侗族仍旧继承和保留着本民族农事耕作、居住干栏的生活特征以及自由谦让、友善快乐的痕迹，固守着和谐为美的独特的民族文化。用嘹亮

❶ 参见黔东南苗族侗族自治州文学艺术研究室：《黔东南苗族侗族自治州民间文学资料集》（第1集），1981年版，第49页。

的歌声酬唱对自然、对社会、对人生的无限追求，不仅给侗族人民自己以精神慰藉和鼓舞，也给中国多元的社会文化增添了让人惊叹的光彩，越来越多的人开始关注侗族民歌，关注侗族和谐生态文化的继承和发展。

漫谈侗族音乐

吴家宁

关键词

侗族音乐 漫谈

作 者

吴家宁

黔东南州文物局干部

地 址

凯里市文化南路1号 黔东南州文物局

文章通过结合史料以及侗族族源古歌，以漫谈的形式对侗族音乐的起源、类型进行分析，并结合笔者在生活与实际工作中接触到的侗族音乐形式、现代音乐和《楚辞》中记载的《越人歌》进行比较，提出笔者对侗族音乐的一些独特见解。

侗族有一首叫“嘎斗莎”的歌，唱的是侗族族源，里面有这么几段内容：

……从前无歌堂，姑娘在家守爹娘。
后生无处玩，后生无处唱。
惯公来指点：
砍树做琴身，捻纱做琴线。
砍竹做弓杆，割棕做弓弦，擦上松树油，
“戈吉戈吉”响。
……惯公又指点：
砍杉做把，砍竹做筒，锤铜做簧。
安六个音。
前排两根，响声“的的”，
中间两根，响声“练练”，
后排两根，响声“嗡嗡”，
芦笙做成了，
后生都喜欢。
后生吹芦笙，又去坐歌堂。……

如果说上面这段侗族古歌中的内容就是侗族人对自己音乐的起源最权威的记录，你会不会惊讶，可能你会大叫——“不会吧，蜚声海外的侗族大歌也是这样来的？”

当你身处侗寨，找到一个德高望重的侗族歌师，询问他侗族音乐的由来，他一定会抱起侗族大琵琶，将这首“嘎斗莎”唱给你听。那么，上面这几段歌词便是他对你问题的回答。

的确，这在汉文化主宰，习惯了强大的汉字功能“以文载道”的千年历史中，很难想象如果没有文字的话如何来记录和传承自己的历史文化以及所有的一切。想想随便一个人物传，即便是史书中，好歹也要记个几十上百个字。怎么可能短短几段歌词就是侗族音乐的起源呢？更何况这里面还包含侗族大歌这样世界著名的歌唱艺术。

然而，侗族就是这样的一个民族。没有文字，侗族所有历史文化的传承都是口传身授，其中最为广泛的方法就是歌唱。侗歌的种类和曲目之多，包含内容之广简直无法用罗列的方法来说明，只能说侗族社会中你能见到的、想到的，一定会有唱它的侗歌。这在全世界都是少见的。或许这正是因为侗族没有文字的缘故吧。

现在外界很多人都知道侗族音乐，特别是在侗族大歌在2009年成为世界非物质文化遗产后。笔者2014年到浙江大学去参加文物建筑测绘培训，在那里跟为我们授课的老师在课余聊天时谈到了侗族大歌，他们在赞美大歌的美妙时竟然“唧、唧、唧、唧、唧……”地哼了一小段“蝉歌”。侗族的这首“蝉歌”可谓最被外人熟知，算是侗族音乐流行金曲排行榜中最受听众喜爱的曲目。

侗族人对侗族大歌的称谓在不同的流行区域不完全一样，“六洞”一带多称“嘎玛”（al mags），“九洞”一带多称“嘎老”（al laox）。“嘎”就是“歌”，“玛”和“老”均为“大”或古老之意。“侗族大歌”是根据“嘎玛”“嘎老”的意译而得名。大歌之所以称“大”，是因为这些歌来源久远，非常古老；还因为参与演唱的人数众多（歌队），听众广大（在鼓楼或其他公共场合演唱）。侗族大歌是什么时候叫起来的呢？我在黎平县工作的时候，一些民间歌师津津乐道，20世纪50年代初，在黎平县搞土地改革的贵州省工作团音乐工作者郭可诹、肖家驹发现侗族民间合唱，1958年出版《侗族大歌》一书，第一次把侗族民间合唱“嘎老”翻译成侗族大歌。

我认为，“嘎玛”“嘎老”翻译成侗族大歌是准确的。

侗族大歌只流传在侗族南部方言地区，即今贵州省黎平、从江两县的九洞、十洞千三、千七、千五、二千九、四角牛。

有朋友问，“洞”是什么？洞是侗族地区历史地域名称。比如“六洞” 不同的历史时期，六洞地理有不同。侗族款词说：六洞是今贵州省黎平县、从江县、榕江县和广西三江侗族自治县、融水县五县相连的十洞中的第六洞。《六洞合款规约》又说：“六洞六个村。

三百丙梅和陡岭，竹坪、弯里和告村，细王和邑邦，石沙和贯（洞）合起来一个洞；龙图和云（庆）两个村，两处地方共一个洞，各在一条岭；洒（洞）和干（团）各在一边坡，两个共一个洞五个村；塘洞和石韶，又来联合洛（香）和肇（兴）为大洞； 坪团村、信洞共条岭，联皮（林）合拢在水洞元；个和高约又在弄源的坡脚。”

清人著《苗疆见闻录》上卷记载的“六洞即六寨：曰皮林，曰洒洞，曰顿洞，曰溶洞，曰贯洞，曰龙图是也”。就是说，六洞是六个小款组成的区域，即贯洞小款（古称八百贯洞）、云洞小款（古称四百云洞）、洒洞小款（古称五百洒洞）、塘洞小款（包括仁洞、皮林）、肇洞小款（包括纪堂洛香）、顿洞小款（包括官团）。洞是一个行政单位，其下还有若干个寨子。泛指都柳江支流八洛河以及支干洛香河、龙图河流域一带，包括现在黎平县属的顿洞、管团、新平、沙洞、下皮林、肇兴、厦格、已堂，从江县属的上皮林、新安、洛香、大团、务肯、庆云、独洞、伦洞、样洞、龙图、贯洞、德刷等村寨为代表的地区。

“十洞”，泛指都柳江支流双江河上游的铜关河流域一带，包括现在黎平县属的岩洞、新洞、述洞、铜关、宰拱以及四寨河上游的竹坪、三龙等村寨为代表的地区。现在的“十洞款会”已经明确参加的有13个村寨——竹坪、岩洞、薪洞（今新洞）、朋岩（今朋洞）、述洞、已炭、同关（今铜关）、寨拱、平吝、迷洞（今觅洞）、四寨、坑洞、山洞（今三龙）。

“四脚牛”，泛指都柳江支流水口河流域一带，包括现在黎平县属的己埃、东郎、南江、宰洋、己高、己信、己流、牙双、雷洞、水口、金岩、岑转、古帮、美更、平金、岑岜、六约、上地坪、龙额、高青、本南、下地坪等村寨为代表的地区。

“侗族大歌”是多声部、无指挥、无伴奏、自然和声的侗族民间合唱歌曲的总称，包括大歌、声音歌、叙事歌、童声歌、踩堂歌、拦路歌。按其风格、旋律、内容、演唱方式及民间习惯可分为以下四大类：声音大歌、柔声大歌、伦理大歌、叙事大歌。

（1）嘎所：译为声音大歌，这是大歌中最重要的种类，也是男女歌队对歌的主要歌种。以展示音乐曲调为其主要特点。有的以中心衬词作为歌名，如“阿荷顶”“干赛”等。“阿荷顶”是开始唱大歌时的互相问候，“干赛”是演唱完一组大歌之后传递给对方的音乐信息。声音大歌的歌词短小，其曲调多为模仿自然界的虫鸣鸟叫，小河流水。声音大歌的音质变化大，曲调变化也大，悦耳动听，最能体现大歌的旋律和发挥歌队的演唱水平，这是侗族大歌音乐最精华的部分。这类歌曲旋律优美，多声部效果丰富，演唱时还带一点衬腔以展示歌手美妙的歌喉，经常模仿森林中的蝉鸣鸟叫和河水风声，引人入胜，这是大歌中的精华，前面讲的“蝉歌”，就属于这类大歌。

（2）柔声大歌：侗语称“嘎嘛”（Al Mas）。这是以抒发男女之间爱恋之情为主要内容的大歌种类，也可以翻译成“抒情大歌”。柔声大歌的音乐特点是缓慢、柔美，富于感染力。重要作品有《龙在深潭邀你进小塘》（Liongc Nyaoh Maengl Yeml Jeml Nyac Laos Dangc Heek）、《鱼在深潭约共塘》（Mieix Nyaoh Mengl Yeml Jeml Jungh Dangc）、《蜜蜂对对岭上飞》（Medc Muh Nyuis Nyuis Gaos Liingx Eev）等。

（3）伦理大歌：侗语称“嘎想”（Al Xangc）。这是一种以劝教戒世为主要内容的大歌品种，其音乐曲调变化不大，但内容却丰富多彩，其中有赞颂，也有讽刺。侗族社会的安定与团结，传统美德的继承与弘扬，在很大程度上得益于“嘎想”的广泛流传。重要作品有《父母歌》（Al Hus Mux）、《公婆歌》（Al Ongs Sax）、《单身歌》（Al Hank Danl）、《懒人歌》（Al Nyenc Soic）等。

（4）叙事大歌：侗语称“嘎吉”（Al Jebl）。这类大歌以展示故事情节和人物对话为主要内容。其音乐曲调舒缓、低沉而忧伤。多以一人领唱、众人轮换用“呃”音陪伴为其表现形式。这类歌的歌词较长，领唱者必须有惊人的记忆力和丰富的情感表现力。演唱“嘎吉”时，常常使听众喜形于色或泪流满面。这类歌常以故事中主人公的名字为作品标题，如《元僮之歌》（Al Yonc Dongh）、《美道之歌》（Al Muih Daov）、《孔子之歌》（AL Kongx Sil）等。关于演唱这类大歌的歌师还有一些有趣的故事。其中黎平县四寨乡（解放初期设区时为乡，现为村）著名歌师潘老替的故事就常常被这一带的侗族群众津津乐道。潘老替是黎平县的政协委员，由于当时交通不便，他居住的四寨乡归迷村到黎平县城虽然只有六十多公里，但全都靠步行，因此每年县里召开政协会议都要提前个把星期通知他，以便他能赶赴，然而每到这个时候，沿路的觅洞村、岑卜村、岩洞村、黎平寨等村知道他到县里参加会议要途经自己的村寨，于是每天派人到他必经之路去守候，一旦遇到潘老替便生拉硬扯地把他“请”到寨中去“唱故事”，由于盛情难却，每个寨子唱完一个故事至少要两到三晚，等到他赶到黎平时，会议都已经结束了，结果每次都只能将文件领回去！

侗族大歌一般以侗族村寨的名称命名。侗族各村各寨都有自己的歌师，他们各自创作本寨特点的大歌，在鼓楼演唱时，只要歌声一起，听众就自然知道这是唱某地某寨的大歌，因此凡唱某寨的大歌就称呼某某大歌。像增冲的大歌称为“嘎统”“嘎坑”是坑洞寨的大歌，“嘎略”就是广西富禄的大歌。不过也有用著名歌师的名字来命名的大歌。如肇兴著名侗族歌师陆大用创作的大歌，群众就称之为“嘎大用”。陆大用是肇兴著名歌师，传说一百多年前，他带领侗族群众与勾结官府欺压侗民的头人做斗争，后来被官府抓进大牢。陆大用大义凛然，毫不屈服，在牢房的墙壁上写下头人和官府残害侗族人民的罪行，编成侗歌教会被关押在牢里的侗族群众传唱出去，吓得官府毫无办法。他死后，肇兴地区的群众为了纪念他，把他安葬在肇兴寨对门坡上，每当大节和重大活动都要先去悼念他。

陆大用编的歌，有着浓烈的现实主义批判色彩，他有一首较为著名的大歌，叫《头人不好》。歌词内容是：“静静地听，我唱支歌，说他头人不好，老办坏事，只是大话连篇……讲歪理。幕后指使，怂恿他人乱栽赃，他受贿赂，害人相告状。……盼望有位正直之人，天作证，好似晴朗太阳，时时放光芒。野猪窜完草丛，河水无浪涛，只有讲话公平合理，没有何忧愁。侗人敬重，贪官怕，治理侗寨井井有条，建成好地方。……无论拙人巧人，都有埋入坟中的那一天，没法再复生，只要得到人们思念，他就活在民众心中。”我少年时曾随父亲在正月间到肇兴参加“月也”（侗族村寨间互访的一种重大活动）。夜晚时，群众知道有歌师要在鼓楼演唱大用的歌，于是里三层外三层地围在鼓楼边，歌师演唱开始后，人们时而悲伤时而欢呼，时而唏嘘时而鼓掌。那时我并不知道他们为什么会这样？但在我再长大一点后，在某个年龄段忽然为当时称为通俗歌曲的罗大佑创作的《鹿港小镇》和《皇后大道东》而癫狂时，我仿佛听懂了大用的歌！《鹿港小镇》中有这样一段歌词：“假如你先生来自鹿港小镇，请问你是否见过我的爹娘，我家就住在妈祖庙的后面，卖着香火的小杂货店。……台北不是我的家，我的家乡没有霓虹灯，繁荣的都市过渡的小镇，徘徊在文明里的人们……”这个携带了大量摇滚风格的歌曲，直接拷问现代工业文明对农耕文明的冲击和小镇青年在大都市求生换来的幻灭。我联想到大用的《头人不好》，好像看到大用在步步紧逼地追问头人和官府——“为何我侗家人辛辛苦苦，却还要受欺压，你们如此剥削，难道不怕老天惩罚？”大用在侗歌中运用现实主义批判的手法，解答了那个年代侗家人被压迫时的迷茫。直到现在，“六洞”地区侗族村寨的歌师谈到陆大用时，都以一种仰望的神态来说他的故事。

侗族大歌如今已是世界非物质文化遗产，她是侗族音乐的精髓。侗族音乐几乎是歌的音乐，侗族可以说没有独奏的器乐，侗族的乐器有侗族琵琶、侗笛、牛腿琴、芦笙。除芦笙赛时芦笙作为单独器乐演奏，但也只是比拼参赛队吹奏得是否洪亮、整齐，并没有复杂的旋律，其他乐器都是作为侗歌的伴奏乐器，而有伴奏的侗歌几乎都是小歌。

说到小歌，学术界有不同的看法，一部分研究侗学的专家和学者将侗族大歌以外的侗族歌曲统称为“小歌”；而另一部分认为从音乐的角度来划分，可把侗族民歌分为“多声部歌”和“单声部歌”两大类。侗族大歌属于群体合唱类，称之为“多声部歌”；除了大歌外，侗族琵琶歌、牛腿琴歌、情歌等均属于单声部歌。所谓的“小歌”应该称为“单声部侗歌”。单声部侗歌的涉及面非常广泛，曲目也非常多。如果说大歌是侗人对自己文化、历史、哲学、道德规范、天文地理、生活礼仪的反映和传载，那么单声部侗歌更多的是侗人情感的演绎。

单声歌又分为有伴奏和无伴奏两类，琵琶歌、牛腿琴歌、笛子歌属有伴奏，儿歌、河歌、酒歌、拦路歌、山歌等为无伴奏。

有伴奏类的曲目，往往是以用何种乐器伴奏就称为何种歌，“戈吉”（牛腿琴）伴奏的歌称为“嘎戈吉”（牛腿琴歌），“嘎贝扒”就是琵琶歌，“嘎笛”就是笛子歌，基本上侗族地区有伴奏的歌就是这三种。侗族歌唱艺术非常丰富，但器乐发展和运用却十分落后。侗族琵琶、侗笛、牛腿琴等土生土长的侗族乐器音域很窄，几乎都不能演奏超过两个八度以上的音域。我以前对此也是十分不解，一个歌唱艺术如此高深的民族，在乐器的使用上怎么差距那么大，后来参加工作从事文化遗产保护，多次到农村去体验，发现侗族乐器几乎都是在“行歌坐夜”时才使用。试想一下，风轻蝉鸣的夜晚，一叶弯月悬在木楼青瓦上，美丽的姑娘们坐在木楼里纺着纱，时不时纺车吱吱的声音和着姑娘们风铃般的笑声从楼里随风飘出，如果你此时在楼外想用歌声让里面的姑娘开门同意你进去聊天的话，你是选择来一首劲爆摇滚歇斯底里的情感呐喊音乐？还是来一首温柔缠绵诉尽相思的小情歌？侗族的后生们才不傻，因此，作为为情歌增加韵味的伴奏乐器不会超出所唱歌曲的难度，那么侗族器乐不发达，也就不难理解了。

无伴奏的小歌种类较为繁多，大致可以分为儿歌、酒歌、拦路歌、踩堂歌、山歌、河歌、坐月歌、嫁歌、劳动歌、孝歌、哭歌以及侗戏歌等。

这些歌在许多关于侗族研究的著作中都有很详细的介绍和说明，因此本文中不再一一介绍。

这里我想谈谈侗族河歌，因为我参加过这个音乐品种的非物质文化遗产申报工作，比较熟悉情况。河歌侗话叫作“嘎孖”，贵州省非物质文化遗产名录里称为“侗族河边腔”。河歌在关于侗族音乐理论研究中收录曲目很少，所占比例很小。个人认为可能是因为其流传区域范围小的原因。河歌主要流传于湘黔桂交界，都柳江沿岸的黎平县龙额乡、地坪乡、水口镇，从江县的西山镇、贯洞镇以及广西三江县的同乐、高培等部分侗族村寨。

研究侗学的专家学者大部分认为，侗族源于“百越”的一支。但至今在侗族起源的研究上缺乏考古依据作为支撑，那么研究侗族古歌无疑是在考古方面处于落后情况下研究侗族族源的最好参考资料。

“百越”源于先秦，而现今在黎平、榕江、从江等地侗族人民长期流传下来的侗族族源歌“祖公上河”中这样描述：

侗家祖先居住的地方，
气候暖和，地势平坦。
后来人口繁衍了，
田地不够种，
公公去寻吃，
奶奶去找穿，
从苍梧那里，
迁到了潭溪、九保地方……

歌中提到的地名“苍梧”应为当时的越地。《楚辞》中记载的《越人歌》内容为：

今夕何夕兮，搴舟中流。
今日何日兮，得与王子同舟。
蒙羞被好兮，不訾诟耻。
心几顽而不绝兮，得知王子。
山有木兮木有枝，心悦君兮君不知。

而侗族河歌中有一首著名的曲目，侗话叫“能垒孖融”，译为《水下融河》，内容为：

水下融河呀，本想等你同水下。
水过苗疆，如何才得与哥（妹）同船游！
坡上找不到，我就来你家找，
家中找不到，我只好声叹息，
长叹一声啊，还是叫你你不应……

第一次听到这首《水下融河》时，我下意识地就联想到了《越人歌》，虽然《越人歌》的旋律已无从考证，但两者歌词的韵味是如此相近。楚大夫庄辛对襄成君表达仰慕之情的手法竟与如今我们听到的河歌中恋人互诉仰慕的手法如此的异曲同工，不能不让人猜想越人便是如今的侗人。

汉字强大的记录功能使它能更快捷、精准地记录文化与历史，但却削弱或湮灭了存在于文字中的音乐内容，我们可以朗朗上口的背诵千百年前《诗经》《楚辞》《宋词》中的歌词，却无人能将其中的词句唱上一段。而没有文字的侗家人，依靠歌来传承历史文化，却成就了侗歌这个艺术奇葩，使之成为世界音乐的一颗璀璨明珠。

如今，外来文化对侗族地区本土文化的冲击越来越大，当人们为“侗族大歌”列入世界非物质文化遗产大肆宣传和狂欢时，我不禁为侗族音乐的未来感到担忧。世界文化遗产的荣誉是世界对侗族音乐的认可，但同时也真真正正的宣布，它，已经真的从繁荣成为“遗产”，多么纠结的荣誉啊！

作为侗族的子孙，我真的希望侗族音乐能完好地传承下去，而不是多年后只留下像“蒹葭苍苍，白露为霜。所谓伊人，在水一方”，或是“我住长江头，君住长江尾。日日思君不见君，共饮长江水”这样无人能唱的凄美千古绝句！

试论苗族理辞的社会功能

吴 定

关键词

苗族理辞 苗族文化 社会功能 历史文化

作 者

吴 定

黔东南州非物质文化遗产保护中心

贵州省凯里市

邮 编

556000

苗族理辞是苗族历史文化的重要组成部分，是苗族社会中的“通史”和“法典”，是一部了解和认识苗族的社会结构、文化特征、历史渊源、伦理道德、行为规范、哲学思想的珍贵文献。理辞具有“法”的性质和功能，是“理老”司法的依据，在苗族社会中具有规约人们行为规范的功能，对构建现代和谐社会具有重大的意义。

一、绪　言

清朝雍正至乾隆初年，清王朝将其政治和军事向苗族腹地贵州东南部推进，即所谓的开辟“苗疆”。清朝对黔东南苗族地区用兵六年，设置了“新辟苗疆”六厅——八寨厅（今丹寨县）、台拱厅（今台江县）、清江厅（今剑河县）、古州厅（今榕江县）、丹江厅（今雷山县）、都江厅（今三都县）。这样一来，使苗族社会发生了巨大的变化，清政府给苗族人民带来的不是稳定和发展，而是大量的征粮征税、建制设官、筑城屯军、派夫派马和大批流官对苗族人民的作威作福。于是，在雍正十三年（1735年）爆发了包利、红银等人领导的反清起义，全体苗民抗击了七省清兵数万人的围剿。经过一年多的较量，有1224苗寨被烧毁，30多万苗民死难，清廷十多个厅县被袭击，数万官兵死伤，耗银无数，在“苗疆”新建的统治秩序也被打乱，双方最后以惨重的代价结束了这场战争。

经过了这场战争，清王朝对苗族社会有了更多的了解，于是，乾隆元年（1736年），乾隆皇帝在给苗族经略总督张广泗奏“苗疆善后事宜”的奏折中批到：“苗族风俗与内地百姓迥别，嗣后苗众一切自相争讼，俱依‘苗例’，不必绳以官法。”[1]封建帝王已经注意到了“苗例”在苗族社会里对于维护社会秩序、改善社会关系、安定苗民生活等方面的作用，因而在苗族地区不用“官法”，而用“苗例”。那么这“苗例”是什么呢？“苗例”就是苗族自己不成文的规矩、习惯法、典章制度。而这些习惯法、典章制度大多以“理辞”的方式比较系统地表现出来。

苗族理辞，苗语称为“Jax Lil”或“Lil Lul Lil Ghot”。“Jax”音译为“佳”“贾”“迦”“嘉”等，“Lil”音译为“理”“里”“律”等。“贾”指的是自然万物和人类社会的发展、

---

[1] 参见清·乾隆《清实录》，1778年。

变化、矛盾、关系的法则、规则、原则、原理、规律；“理”指的是道理、伦理、伦常、社会的道德规范。“贾”和“理”常常合起来用，称作“贾理”（Jax Lil）或“理辞”，它包含的内容有：天地日月的产生与发展变化；社会的伦理道德准则；一切神话和历史传说已成为共识的典故；古人传下的风俗与习惯。

苗族理辞是苗族社会中的“通史”和“法典”，其中汇集了大量的民事、刑事纠纷案例及审判标准，是旧时苗族的“榔头”“理老”“寨老”“鼓藏头”等头面人物为当事人说理断案，排解纠纷，判断是非的依据。因此，具有“法典”“律典”“条例”的性质。苗族理辞源于苗族鼓社的“议榔”（Ghed Hlangb），议榔词里是这样叙述的：“榔花在天上，落在地下，来到‘央’坪子，‘勾央’才来议榔，‘勾拉’才来议榔，‘勾久’才来议榔，‘务矩’才来议榔。‘哈略力’才来议榔，‘拉略力’才来议榔”；“为了团结地方，为了团结村、社，莫像牛乱来，莫像马发野”；“为了粮入仓，为了酒满缸，封山才有树，封河才有鱼，地方才和睦，村社才兴旺，不让弄坏田土，大家才有饭吃，没有贼没有盗，地方才安康”；“议榔要所有人知道，议榔给所有人遵循”。[1]“议榔”（Ghed Hlangb）是苗族社会中的“乡规民约”“议定公约”“习惯法”，它涉及：对内，纯正社会道德，维护社会秩序，保护公有、私有财产和生产与生活；对外，互通有无，抵御外辱，共同御敌，共同援助，等等。苗族理辞是苗族社会中的“通史”和“法典”，是一部了解和认识苗族历史文化的珍贵文献，本文就苗族理辞的社会功能来做一深入的论述。

---

[1] 参见徐晓光、吴大华、韦宗林等：《苗族习惯法研究》，华夏文化艺术出版社2001年版。

二、苗族理辞的内容概述

苗族理辞包含的内容丰富，是苗族社会中的“通史”和“法典”，是一部了解和认识苗族的社会关系、社会性质、社会结构、文化特征、历史渊源、伦理道德、行为规范、哲学思想、宗教信仰、世界观、价值观的珍贵文献。《苗族理辞》从第2篇《开天辟地》到第11篇《制鼓祭祖》描述了日月星辰的形成，万事万物的来源，人类的起源，鬼神的产生等，“鼓社”的兴起，以及民族的形成、纷争、发展，氏族大迁徙，物与物之间，人与人之间，人与物之间的关系；从第12篇《固人和方人》到第37篇《虎和猪》汇集了苗族古代人类社会的一件件经过了历代理老不断整理后传承至今的经典案例，涉及杀人放火、敲诈勒索、诈骗钱财、借贷不还、设计害友、谋夫夺妻、强奸妇女、恩将仇报等。

苗族理辞在苗族的社会生活中极为重要，在《苗族理辞》的开篇《启佳》中就有这样的描述：“喜欢佳才来继承佳，喜欢理才来继承理”；“学习佳要学得完整，学习理要学到根本”；“汉族离不开书，苗族离不开佳，妈死不埋织布机，爹死不埋长砍刀，妈死留下话语，爹死留下言嘱，妈留下雨伞就扛，爹留下长刀就背。”这说明理辞在苗族社会中有着重要的地位，它是苗族日常生活中立身处世的最基本条件。苗族理辞不仅叙述了万物的产生，人类的起源，还记载了苗族先民的历史。《开天辟地》《铸造日月》叙述了宇宙的产生：“古时天地紧相连，天紧紧黏着地，地紧紧拈着天，塞不进一只手，钻不进一只耗子……”；“天上七群修，吃七斤白银，喝七斤烧酒，才把天来立，才把地踩低，宛才有良宛，才养嘎良妈，兑才成兑宛，才养嘎兑爹”；“莎蒋和莎荡，莎曲和莎雄，他俩造月亮，铸日挂云天，他俩造太阳，铸月挂天上……别人铸造很认真，他俩铸造太粗心，银水溢出坩埚沿，滚去打着尼婆婆，银水滚动成星星，水汽飞扬成了雾”。在古时的苗族先民看来，宇宙是个神秘的现象，无法用科学去解释，于是在他们的想象中天是被人立高的，地是被人踩低的，日月是被铸造出来挂上去的，星辰是铸造日月时不小心将银水溢出来形成的。

《山岭·禽畜·人类》叙述了天地间山岭和各种动植物的诞生："往尼本领大，莎相本领大，生了个曼窝，生了个曼俄，臀部转向西方去，生出八百座山坳，八百山岭中间伸，臀部转向东方去，生出八百座山坡，八百座领在东方"；"戳大岩出来水牛，戳小岩出来黄牛，出来鸡和鸭，出来狗和猪，出来羊和鹅"。《蝴蝶产卵》中叙述了人类和鬼神的诞生："有一只蜻蜓，身子摇晃往东行，有一只水虿，身子摇晃往西走，去遇见水泡沫，去遇见岩泡沫，去跟泡沫相交，去和泡沫相配，去了身子怀孕……产卵在那九层岩，生蛋在那七抱松，去蹲十二天，生十二个蛋，孵三年到春天，孵三年到冬天，就出来阿央，就出来阿雷，就出来阿虎，出来黄鼠狼，野猫和青蛙，一个蛋寡了，寡蛋从此起，一个蛋昏了，昏蛋从此起，扔到山岭上，才成希养神，才成希毕神……遮别人妻子魂，护他人儿子命。"《跋山涉水》记载了苗族祖先的起源和迁徙史："人们沿着河水来，我们公顺山坡来，找吃得饱的地方，找穿得暖的地方……"❶

苗族理辞讲述了宇宙的诞生、万物的起源、苗族的迁徙，对自然界万物的认识，对各种自然现象的解释，对人类的起源、各种动植物的来历、鬼神的产生、人们的各种生活习惯等作了一个看似荒诞却富有哲理的认识和解释，是汇集了苗族先民智慧和心血的结晶。这些充满智慧的猜测，体现出了苗族朴素的世界观和价值观，涵盖了苗族古代的社会文明，丰富了苗族的历史文化。苗族理辞具有对自然万物的认识功能，使得苗族人民知道怎样与自然界和谐相处，知道人在自然中并不占特殊的地位，强调人与自然的和谐、平等，崇尚自然，对自然有特殊的情感。这也是苗族这个苦难民族经历了千百年的风雨传承至今而不衰的重要原因。

---

❶ 参见吴德坤、吴德杰：《苗族理辞》，贵州民族出版社2002年版。

三、苗族理辞的社会功能

（一）苗族理辞的教育功能

苗族理辞将苗族的警世言语、谚语等由理老传唱出来，不仅展示和传承了苗族的传统文化，而且对苗族社会具有重要的教育功能。苗族社会遵从“古理古法”，注重伦理道德，崇尚勇敢、自由，倡导和谐平等，推崇勤劳、友爱团结互助。“不许梁偏科，不容理参假，古理不遗忘，新理也要真。汉人不离书，苗族不离理。建屋必须弹墨线，做人务必要明理，屋不弹线不成屋，人不明理不像样。”因此，农闲时，人们常常聚在一起论佳说理（Sos Jax Tongk Lil）：“拿佳来重温，拿理来复习，拿佳来相教，拿理来互学。村村有穷富，寨寨有闲人，村村通古理，寨寨明古规。”[1]

苗族的教育重在讲理，苗族理辞是从心灵上去教育人们，是通过代代相传来教育人的，要让人们把“古理古规”铭记在心，让其心悦诚服地去遵守“古理”。“拿古典来讲，拿典故来说，千年也不断，万年也不丢。不忘古老话，不丢古老言，父教子才知，娘教女才得，水顺槽槽流下，古典随着人们传下，人老就知道，树大就结果。”苗族理辞还教导人们要辛勤劳动，才能创造财富。“妻巧三箱衣，夫勤三仓谷，妈巧儿女穿得好，爹勤儿女吃得饱”；“互教做吃，相导做穿，莫多嘴狂言，莫拉刺转身，勤耕才吃久，勤织才穿长”；“说话按道理，做活随季节，才能吃得好，才能穿得暖”。[2]

苗族理辞寓理于法，贴近生活，深入人心。苗族的说理断案活动已经成为一种文化，并熏陶、教育着一代一代的苗族成员。例如，苗族的大型议榔活动，理老断案讲理等，都教育苗族人民遵守

---

[1] 参见贵州省黄平县民族宗教事务委员会：《苗族古歌古词·理词》（下集），内部刊物，1988年。

[2] 同上。

规矩、遵守规则，团结和睦，做事要合理，行为要端正。这种潜移默化的传统力量和特有的传承方式，使得苗族理辞在苗族地区能够家喻户晓，妇孺皆知。

总之，苗族理辞中的每一句话语，每一个案例，都是对人们的教育，教育人们遵守“古法”，教育人们尊重“古规”。这种教育不是来源于外力的强制作用，而是人们经过世代传承，耳濡目染，铭记于心，是被苗族人民所默认的、所遵从的，是人们心悦诚服地接受的。这种教育方式内化于人们的心灵，使人们从内心愿意去遵守，愿意去实行，从而达到社会的和谐。

（二）苗族理辞的规约功能

规约功能是苗族理辞具有的最重要的功能，我国历来都很重视民间自治和民族自治，所以苗族理辞算是代表和满足一定地域、一定社会成员的层次需求，是国家法律的延伸和支持系统，这也是苗族理辞受到苗族群众普遍重视的原因。理辞中的良性的、精华的部分在现代精神文明建设中，与国家法律并行不悖地发挥着社会调控的作用。

苗族是个推崇和谐的民族，社会稳定是民族兴旺、人民安居乐业的前提，正所谓没有规矩不成方圆，苗族理辞正是为了维护地方稳定而产生的：“为了团结地方，为了团结村、社，莫像牛乱来，莫像马发野”；“为了粮入仓，为了酒满缸，封山才有树，封河才有鱼，地方才和睦，村社才兴旺，不让弄坏田土，大家才有饭吃，没有贼没有盗，地方才安康”；“议榔要所有人知道，议榔给所有任遵循”。每一个社会内部都会存在不可避免的矛盾和纠纷，当苗族内部出现难以解决的纠纷时，便诉诸其民族特有的“法律”，找“理老”来裁决。理老在判断是非，调解双方矛盾时，则依据于苗族的“古理古法”，即“苗族理辞”。一旦理老作出判决，双方都得遵从。在《苗族理辞·议榔》中这样叙述道：

Ghet xol jef lol ghed	学公才来议榔
Wuk nink jef lol ghed	宁婆才来议榔
Dail xid hvib ax lal	谁的心不正
Dail xid hnit ax vut	谁的意不良
Nenx ait hvib gangb ninl	他起蚂蝗心
Nenx ait dliud gangb ghenb	他起臭虫意
Mongl liangb maix bangx lal	掐别人好花朵
Mongl liuk maix zend dliut	摘别人甜果子
Denf naix lix wil nail	进别人田捉鱼
Dlenl naix wangx nios vob	钻别人地摘菜
Hangd gal wil ed nix	小案要银两
Hangd hvib wil ed nangs	大案要人命
Yut ed nix xongs juf	小案要银七十两
Hlieb ed nangs ib jox	大案要人命一条
Nongf ed ghab dlangb liangl	要让他颈子断
Nongf ed ghab ghongd dait	要让他脖子折[1]

由此看来，苗族议榔（Ghed Hlangb）规定的执行是非常严厉的，既然已经规定了，村民就会很好地去遵守，如果触犯了榔规，就一定会受到惩罚。苗族群众对理辞非常重视，按章办事，公平公正，决不徇私。有鉴于此，在苗族地区的偷盗问题相对较少，在苗族理辞深入人心的苗族村寨基本上没有什么大的治安问题，做到了夜不闭户，路不拾遗，这样就达到维护地方稳定的效果。

苗族社会往往聚居而住，苗族村寨不仅是地域的共同体，也是血缘的共同体，亲属关系也成了苗族最重要的关系网络。因此，苗族特别强调伦理道德教育。如《议榔理词》：“公公是公公，婆婆是婆

[1] 参见吴德坤、吴德杰：《苗族理辞》，贵州民族出版社2002年版。

婆，父亲是父亲，母亲是母亲，丈夫是丈夫，妻子是妻子，哥哥是哥哥，弟弟是弟弟，姐妹是姐妹，妯娌是妯娌，叔伯是叔伯，各人是各人，伦理不能乱。要区分才成体统，要区分才各得其所，区分地方才和睦，区分地方才安宁，谁要存心不良，学坏人乱地方，拉来杀在石碑脚，教乖十五村，警戒十六寨，不痛不醒悟，不死不知道厉害。”[1] 在苗族地区、苗族村寨伦理道德是人们立身处世的根本，如果违背了伦理道德就会遭到人们的排斥和摒弃，就要受到处罚。苗族人民痛恨偷盗和道德沦丧，尤其是通奸和强奸。《苗族理辞·议榔》中写道：

Dail xid hvib gangb ninl	谁起蚂蝗心
Dail xid dliud gangb ghenb	谁起臭虫意
Niangs maix hvab lol ded	偷别人的伴侣
Luf maix wid lol ghot	抢别人的妻子
Neif maix wid bab dlub	压别人妻的大腿
Hsenk maix wid wel mais	摸别人妻的乳房
Gongb Hlieb ghongb ed nangs	事大就要性命
Gongb yut ghongb ed nix	事小就要银两
Dail ed ninx lol zangb	还要水牛赔礼
Dail ed bat lol qet	还要杀猪敬鬼
Wid dlas seix xongs juf	富妻也要七十两
Wid hxat seix xongs juf	穷妻也要七十两
Dail ed ngix sul hsat	还要他肉掺沙
Dail ed hxangd xuf dab	还要他血浸地
Wil ghed diot dangl denx	我议定在先
Wil ghed diot dangl hfud	我规定在前

[1] 参见贵州民间文艺研究会、贵州省文联：《民间文学资料·议榔理词》（第14集），内部资料，1986年。

Dail xid jid hsad jid dangb　　谁错谁承担
Dail xid nangs hsad nangs jel　谁错谁命抵[1]

苗族理辞对伦理道德的规定甚为严格，就是要人在生活之中养成良好的社会生活习惯，尊重传统，敬老爱幼，洁身自好，团结自律，谋求村寨的和睦秩序，使得人们知道讲伦理，讲规矩。

苗族的恋爱婚姻相对来说是比较自由的，但正是因为自由，才更容易引起纠纷，青年男女恋爱时，基本上是相互之间只要情投意合就可以在一起交往，等到了要谈婚论嫁时，才见双方家长，征得家长同意后就可以结合。但也有些家长考虑到门当户对、家庭背景、经济条件等问题而不同意的，或者自作主张包办婚姻的，这样就引起了各种各样的婚姻家庭纠纷。如黔东南黄平《婚姻纠纷理词》中，女方家责怪男方家虐待女儿："打簸振及手，打女痛到娘，不拿我姑娘当新娘，不把我闺女当媳妇，我的闺女，我的丫头，喊少不去，叫少不去。"男方则不承认虐待了媳妇，于是就请理老来裁断，理老对于婚姻纠纷一般都是劝和不劝离，采取让双方和好的办法，不要因为纠纷而离婚："来我们就说，到我们就讲，千户百户，千村百寨，家家都娶亲，户户都嫁女；衣服才想换件新，夫妻都要是原配；劝你们两头，劝你们两家，该喊就去喊，该叫就去叫，喊你就要走，叫你就要去；开亲要开到头，联姻要联到终。"[2]

又如《苗族理辞·榜仰》案："本来嫁给了党香，但榜仰的爹仰公贪图别人的财富，便又私自将榜仰许配给角尼，得到一包银子，教唆女儿离婚。因此榜仰被打了一顿，才吐出实情，女婿得知丈人触犯了佳理，便去找仰公，揭穿了他这种不道德的行为，仰公理亏，不得

[1] 参见吴德坤、吴德杰：《苗族理辞》，贵州民族出版社2002年版。
[2] 参见贵州省黄平县民族宗教事务委员会：《苗族古歌古词·理词》（下集），内部资料，1988年。

不向女婿赔礼道歉，翁婿才重归于好。”[1]党香就是用苗族理辞去和丈人仰公讲理，在道理面前，仰公不得不承认错误，赔礼道歉。当家庭发生纠纷和矛盾时，不仅可以请理老来裁断，也可以自己根据佳理的道德准则来维护自己的权益，由此可见苗族理辞在苗族社会当中的应用已经深入人心。

（三）苗族理辞的文化传播功能

苗族是一个讲究礼节，尊重教育的民族，苗族大多居住在比较偏僻的地方并且由于战争等各种原因而迁徙不定，加上苗族本身没有自己的文字，因此，苗族的教育不可能出现特设的学校和专门的教育机构，对于苗族人民来说，广阔的社会生活环境和朝夕相处的家庭便是最好的人生学校。在社会和家庭的大学堂里，苗族人民学到了生产的技术和经验，学到了谋生的手段，学到了作为一个苗族成员所具备的各种知识和品德。

苗族理辞作为苗族历史文化的重要组成部分，它就是苗族人民学习的一部活字典，老人们不断地把积累下来的知识和经验一代一代传下去，教育着下一代要遵从苗族的“古理古规”，在潜移默化中让年轻人铭记了历史，学到了知识。经过一代又一代的传承，也使得理辞的内容越来越丰富，能给人们提供越来越多的经验和知识。

苗族理辞作为苗族不成文的习惯法、生产生活的指南，苗族历史文化由诵唱、道白的方式传承，这种口承文化的传播既是一种文化教育，又是一种普法形式，“拿古理来讲，万年也不去，不忘古老话，不丢古老言”，[2]教导人们如何和睦相处，教导人们勤劳勇敢，教导人们与人为善。“汉族离不了书，苗族离不了理，掐着竹理片就明

---

[1] 参见吴德坤、吴德杰：《苗族理辞》，贵州民族出版社2002年版。

[2] 参见贵州省黄平县民族宗教事务委员会：《苗族古歌古词·理词》（下集），内部资料，1988年。

白，拿着竹理片就看见，气度大才能容话语，篮子大才能多装菜，这是古老古典，这是昔时典故。”❶苗族理辞传播的不仅仅是历史文化，还传播了淳朴的道德观念，让其构成了苗族的道德主流，人民正直无私，诚实勇敢，刚毅顽强；让人们相互尊重，坦诚相见，热情好客。这些道德观念都是从孩提时代起在父母长辈那里学到的，长辈们会用理辞中的经典话语或谚语来教育自己的孩子，使他们受到熏陶，从而人们在心里树立正确的人生观和价值观。

苗族理辞承载了苗族社会的众多传统，似乎包含人们生活中的一切，在不断的继承和发展中，使得苗族理辞的传播功能变得越来越重要，在现代社会文明的冲击下，在没有文字记录的情况下，口头诵唱，口头传播，是保存一个民族优秀传统文化的必经途径，也是一个民族创新与发展的重要保证。历史还会在延续，社会还在不停地发展，取其精华、去其糟粕地去继承和传播苗族的历史文化，是苗族理辞不断延续的重要条件。

四、结　语

在苗族理辞中还蕴藏着许多朴素的哲学思想，苗族的哲学思想认为：“万事万物同一理，事物生成共根源”；“生成相资双有利，相制牵犁得平衡，相征我求彼有应，相夺我好彼有损，相劣相斗有胜负，生成难全古到今，增多变好无穷尽，人类前途最光明。”❷这形成了朴素的辩证法思想：事物的生与成及事物之间存在相互依存的关系，事物的产生和发展有相互制约的关系，事物之间有相互适应和相互排斥的关系，等等。在古代苗族人民看来，天地间万物的变化，人

❶参见吴德坤、吴德杰：《苗族理辞》，贵州民族出版社2002年版。
❷参见雷安平：《苗族生成哲学研究》，湖南出版社1993年版。

类的产生，鬼神的产生，完全都是由事物自身发展变化的结果，这种发展的动因完全在于事物本身，不存在外力的推动。由于历史条件和认识水平的限制，他们对此不能作充分的科学论证，更不能从细节上去正确把握它，但这些充满智慧的猜测，在当时不能不说是十分卓越的见解，我们也可看出古代苗族人民的审美观念是朴素的，是具有一定时代代表性的。

苗族人民赞扬勤劳、和谐，理辞中就有“妻巧三箱衣，夫勤三仓谷，妈巧儿女穿得好，爹勤儿女吃得饱”的说法。苗族人民认为只有勤劳才能吃饱穿暖，只有勤劳才是生活的长远之计，甚至认为是劳动创造了世界，天地也是“剖怕”和“往吾”劳动创造出来的，只有辛勤劳动才会使得人们的生活过得更美好。这也恰恰符合了唯物主义的思想：世界是劳动创造的，是人民创造的。

在苗族社会中是以道德为“核心”，和谐为“灵魂”，一旦道德出了问题，社会就不和谐了，一旦不和谐，就要出事，就要用佳理来干预，社会才得以平衡，才恢复和谐。这也是苗族另外的一个重要的审美观。《浑水与蝌蚪》就用童话的形式叙述了一个富有哲理的案例：

Lol dus diangs eb niel	爆发浑水案
Lol dus diangs yus dlik	爆发蝌蚪案
Mongx niel ait xid eb	水呵！你为什么浑浊？
Dlik zuk wil jef niel	蝌蚪奔跑我才浑
Mongx zuk ait xid dlik	蝌蚪呵！你为啥要奔跑？
Vib dliangd wil jef zuk	石头滚落我才跑
Mongx dliangd ait xid vil	你为何滚落啊石头？
Niongx qab wil jef dliangd	野鸡刨啊我才滚
Mongx qab ait xid niongx	你为啥刨啊野鸡？
Wil qab zend ghod nongx	我刨栗子吃
Mongx vis ait xid zend ghod	栗子你为啥要掉落？

Jent cob wil jef vis　　风吹我才落
Mongx cob ait xid jent　　风啊你为何要吹？
Ax cob ax jul hniut　　不吹年岁不结束
Ax jul ghab dongd ot　　不吹季节不更替
Xux seil niangb hangd ghot　冬天依然还存在[1]

这一切的案由似乎都是由于风吹造成的，但风如果不吹，那么严冬就会长在，就会引起不和谐，只有风吹了一切才归于和谐。苗族理辞还强调："万事万物同一理"，"不好的佳要干僵，不正的理要枯萎，不正叶就黄，在外面告诉一分道理，在里面告诉一分道理"，即认为任何事物只存在一个正确的规律，都有自己的特殊的固定属性，如果"理"不正确，就像叶子一样要枯萎，就要失去生命。"古理古规与万事万物同理，即理在物中，苗族的理均是从自然规律中推衍而来，认为人之理与物之理具有相同的属性，即自然规律。"[2]除此之外，在苗族理辞中还蕴含着许多朴素的积极思想，如平等观念，崇尚勇敢、自由的观念，民族自治的观念，集体主义意识，友爱团结互助观念，尊重传统和敬老爱幼的观念等，都对苗族今天的传承与发展有着不可忽视的作用。

在经济全球化的今天，一场文明全球化的革命也在席卷着神州大地的每一个角落、每一个人群、每一个族群，特别是在现代文明冲击下的民族传统文化、民族古代文明受到空前的挑战。如今，苗族社会也基本上失去了产生新一代的"理老""寨老"的条件，现今苗族地区出现的各类纠纷，更多的是应用现代法律手段来解决，因而，理辞的社会职能也逐渐变小，老一辈的"歌师""巫师""理老"多已去逝，流传了千百年的理辞也逐渐走到了没落的境地。现在来研究苗族

---

[1] 参见吴德坤、吴德杰：《苗族理辞》，贵州民族出版社2002年版。
[2] 参见李建军："苗族理辞文化与功能"，载《中央民族大学学报》（哲学社会科学版）2007年第6期。

理辞的社会功能不仅能促进人们对苗族历史文化的了解，也是对维系苗族社会稳定的苗族理辞的继承和发展，同时也是对苗族历史文化的保护和弘扬。

侗族山区传统桥梁文化遗产的抢救保护与传承利用

向同明

关键词
侗族 桥梁文化 抢救保护 传承利用

作　者
向同明
黔东南州文化研究所研究人员

邮　编
556000

侗族传统桥梁文化在侗族文化体系中具有重要地位，但是，当前侗族桥梁文化面临营造技艺失传与桥体建筑年久失修等濒危现状，令人十分担忧。因此，亟须就侗族桥梁文化遗产的保护与抢救，展开建设性的研究探讨。

大小迥异、造型不一的山川桥梁是山地民族聚落文化景观的重要元素之一。诚如侗族学者石林教授所述："侗族居住区除了田地，就是一望无尽的山林，很难见到荒坡秃岭。他们既要种稻养鱼，又要挖地造林。田地为侗族提供粮食，山林为侗族提供建材和现金收入。因此，侗族在生产上是一个稻林兼作的山地民族。"[1]侗族特殊的山地居住环境也造就了别具一格的桥梁文化景观。侗族的桥梁正是石林教授所总结的"侗族三宝"之一，[2]坐落于村头寨尾的"风雨桥"构成了侗族传统聚落最亮丽的文化风景线。侗族聚居区究竟何时开始有目的的伐木架桥？已无法考证。但是，可以推断，侗族人民聚族而居形成农业聚落，长时期地居住在某一相对稳定的地理单元内并维持"人—地—粮"的平衡，聚落成员之间形成了聚落生活，即从生产、交换、分配到贮藏和消费的整个经济活动的全过程。聚落内的建筑群便建立在此经济基础之上，桥梁文化的繁荣发展，亦是如此。

桥是工程的实体，也是科学与文化的物质体现。侗族地区溪河纵横交错，山高谷深林密，特殊的自然地理环境造就了侗族独特的桥文化。侗族桥文化源远流长，丰富而广博。它是木质结构桥梁建筑、结构造型、材料力学、建筑美学、环境艺术、意识形态、宗教信仰、经济发展、文化美学、文学艺术、民俗风情等的综合集成，构成了一种综合性的独特文化丛结（cultural complex）。

本文拟对侗族传统桥文化进行梳理，介绍其类型特征和形成桥文化的独特人文环境，论述侗族桥梁文化在侗族文化体系中的地位；然后，针对当前侗族桥文化面临的营造技艺失传与桥体建筑年久失修等濒危现状进行分析探讨，并就侗族桥梁文化遗产的保护与抢救问题提出一些建设性的意见。

---

[1] 参见石林："侗族地名命名模式初探"，载《原生态民族文化学刊》2014年第1期。
[2] 参见石林："侗族的三大文化瑰宝"，载《民族论坛》1995年第4期。

一、侗族的桥梁及其类型

侗族聚居区位于我国的西南，在东经108度~110度、北纬25度~31度之间。这里的地势西北高东南低，海拔在300~2 000米。境内多为低山丘陵、河网密布，有清水江、都柳江、舞阳河、渠水、浔江、孟江、八江、斗江、龙江河、野鸡河、车坝河等大大小小的江河数以千计。“有的村寨四周都是高山，有溪流穿洞而出，进寨的小路也是随溪流穿洞沿岸进入，史书称这类山道为‘溪洞’；有的村寨住在山边，面向河流。”[1] 这些特殊的自然地理环境，为侗族桥梁文化形成与发展提供了基本的自然条件。

关于“桥梁”的概念，据汉代古籍许慎《说文解字》云：“桥，水梁也”“梁，水桥也”。清代段玉裁在《段氏说文解字注》中也说：“梁之字，用木跨水，则今之桥也。”说明“梁”字原意是桥，即所谓河梁。故“桥”和“梁”为同义异名、互为通释。但“梁”的意义还不同于今天的桥。“梁”的字义不仅指架木跨水的桥，还有含义指垒石培土、绝水为堤梁之意。在文字应用上，“桥”晚于“梁”，“桥”字大约出现在秦汉时代。

侗族的桥梁一般指架在江河、山谷等道路障碍物上面以便通行的建筑物。在侗族聚居的地方，有河必有桥。桥梁大都建筑在村前寨尾的交通要道上，主要有独木桥、圆木桥、木板桥、石板桥、石拱桥、浮桥，还有一种让世人都赞叹不已的风雨桥（花桥）等类型。除以上以交通功能为主的桥外，在侗族地区还有一些独具民俗功能的桥，主要有求子桥、保爷桥、祈寿桥、寨门桥、凉亭桥等。其中，以风雨桥最具民族特色，是侗族文化的标志之一。

侗族的桥梁除了桥体建筑之外，还增添了一些桥梁附属结构建筑来丰富桥梁文化，如桥屋、亭阁、栏槛、牌坊、木作雕刻、石作雕刻

[1] 参见欧潮泉、姜大谦：《侗族文化词典》，华夏文化艺术出版社2002年版，第221页。

等，这些附属结构增添了侗族桥梁文化的内涵与特色。

二、侗族桥梁文化及其在侗族文化体系中的地位

"作为一个以水稻耕作和人工育林为主要生计的山地民族，侗族人民建村立寨主要遵循依山傍水和聚族而居这两大原则。"[1]侗族村寨都以依山傍水之势建有寨门，寨门成为一个村寨聚落生活区域边界的标志。为此，侗寨的建筑群中，桥是连通外界的重要建筑物。

人们通过架桥铺路来连通外界，解决人们日常的交通问题。由此也衍生了丰富多彩的桥文化。可以说，侗族桥梁本身是一个集物质文化与精神文化于一身的文化复合体，既体现了侗族人民的传统技术知识，也体现了侗族文化中的民俗审美和象征仪式等精神层面，形成了侗族文化体系中的一个独特的子系统。概括地说来，侗族的桥梁文化系统主要包涵着以下几个学科的知识：

一是建筑学方面。侗族的桥梁文化由一棵杉木横在河谷之上解决两岸之间的交通问题的木桥，逐渐演变成结构复杂集桥、亭、廊、阁为一体的风雨桥，这一演变过程就是侗族桥梁技术发展史。"侗族桥梁全木结构，不用一钉一铆，构建中各个企口之间像锁一样能牢固衔接，桥墩、桥面和桥亭独特的承接力设计，体现了侗族人民对建筑结构、材料力学、建筑美学、建筑造型、环境艺术等方面的认知能力。"[2]在侗族地区，桥梁成了人畜通行不可或缺的交通建筑，它沟通了村寨之间的联系，促进了侗族文化与外来文化的交流、接触与融合。

---

[1] 参见龙耀宏、欧俊娇："侗族聚落建筑模式的理念与民居建筑的风格"，载《苗侗文坛》1995年第4期。

[2] 参见向同明："侗族鼓楼营造法探析——以黎平'天府侗'为例"，贵州民族大学，2012年7月。

从桥的形状及饰物来看，侗族的桥文化除了解决人们的交通和休息纳凉的作用外，还具有改造聚落风水的作用，侗族人民的风水观强调“藏风聚气”，人们会在村寨的下方修建风雨桥来拦住上游带来的财运、镇住水里的妖气、庇佑村寨的安宁。因此，侗族的桥文化直接影响着聚落格局的设计。

二是民俗学方面。侗族的桥梁，作为侗族人民集交通、对外交往、婚恋习俗、文化活动于一体的公共文化空间，它蕴含的地方性知识、象征意义及仪式认同等内容，成为侗族民俗文化传播的重要场所。此外，侗族人民在长期的生产劳动和文化接触中，形成了这样的世界观和人生观，即“把这个世界分为‘阴、阳’两界，‘阴界’又分为‘上界’和‘下界’。上界是指天上，这是神仙居住的地方，下界是指地下，这是鬼魅居住的地方。‘阳界’是指人类居住的地方。在侗族地区有这样一个传说：相传在阴间与阳间的交接处有一条河，它的名字叫阴阳河，在阴阳河上有一座桥，世上所有的人，无论是出生还是死亡都要渡过这座桥，当人转世时要由阴间走过这座桥去阳间，当人死后又要从阳间经过这座桥回到阴间”。[1]因此，侗族人民对桥文化的理解和认知不仅仅是交通功能上，还把桥视为生死转换的媒介，具有“投胎转世”和“消灾安魂”的功能，影响着人们的世界观、人生观和信仰等终极问题。侗族人民每个人都有属于自己的桥，有保爷桥、祈寿桥等，由此还形成了“敬桥节”这一独特的文化空间，为人们筑起精神文化的桥梁。

三是美学方面。侗族桥梁文化的美学文化价值主要体现在风雨桥这一类型的桥梁文化遗产上。风雨桥在装饰方面蕴含了丰富的美学价值，展现出许多美学符号特征。集桥、亭、廊、阁为一体的“风雨桥”，体现的是侗族木、石建筑营造技艺与侗族美学艺术的完美结合，桥内的各种雕刻、彩绘艺术，其形态、雕饰等艺术风格都蕴含着

---

[1] 参见石开忠：“侗族风雨桥成因的人类学分析”，载《贵州民族大学学报》2010年第4期。

丰富的侗族文化特质。人们在桥的廊柱上雕刻龙凤、十二生肖等吉祥图案，从江高增东门风雨桥就是典型代表。人们把侗族人民生产生活、民风民俗的场景通过彩绘艺术再现在桥亭廊道两侧，供后人学习，起到潜移默化的教育作用。

四是民间文学方面。侗族的风雨桥是人们休息、纳凉、避雨、对歌、聚会、迎送宾客、嬉戏游玩的公共场所，在这独特的公共文化空间，产生了丰富多彩的民间文学，如情歌、酒歌、民间爱情故事、神话传说等民间文学精品。此外，桥的两头都悬挂着反映地方人文特色的楹联、诗词，以及为歌颂资助和修造者功德所立的功德碑，供行人学习。文人骚客对桥梁艺术的赞美，由此产生了桥梁文学，桥梁文学的产生在一定程度上反映了侗族桥梁艺术的发展成就，如1965年郭沫若先生为程阳桥题诗“艳说林溪风雨桥，桥长廿丈四寻高”。[1]正是郭沫若先生写下赞美侗族风雨桥的经典诗句，后人对桥的称谓由传统的“花桥”改为“风雨桥”便由此开始盛行。

总之，侗族桥梁作为一种公共文化建筑，是人们在一定地理及人文环境中产生的文化遗产，建筑物的产生与人们的生活习俗息息相关，它体现了侗族在修建桥梁、使用桥梁的时候所表达出来的物质和精神文化财富。侗族的桥梁文化，不仅体现在结构精美、造型独特、力学巧妙的物质文化上，还包涵了丰富多彩的非物质文化。特别是阴阳桥作为生死转换的媒介，影响着人们的世界观、人生观。因此，侗族桥梁文化在侗族文化体系中的重要地位是不言而喻的。

---

[1] 参见潘晓军：“侗族风雨桥文化”，载《广西地方志》2006年第1期。

三、侗族传统桥梁文化遗产的濒危现状

侗族桥梁文化遗产主要指侗族人民在满足自身发展需求的同时，在处理与生存环境和谐相处的过程中，为解决人畜交通问题建造出来的物质文化遗产，以及建造这些桥梁的营造技艺、与桥梁相关的民俗、信仰、民间文学、雕刻彩绘艺术和桥梁文学等非物质文化遗产。

当前，侗族传统桥梁文化遗产中其物质文化遗产部分总体上是呈现繁荣发展的局面。一是各大旅游景点和民族旅游村寨纷纷建造供人们休息乘凉的风雨桥；二是为了迎合旅游和美丽乡村建设，许多年久失修的风雨桥，得到了维修改造，许多地方的桥亭又得到了复原。这些因素都促进了侗族传统桥梁的繁荣发展，但是这些都是千篇一律的批量生产而已。然而，在桥梁物质文化遗产繁荣发展的背后，不得不面对桥梁建筑非物质文化遗产——传统营造技艺发生变迁及后继乏人的困境。

受建筑材料的影响，传统的木质材料逐渐被钢筋混凝土结构建筑材料所取代。建筑材料发生了改变，随之营造尺度也发生变化。然而侗族桥梁的结构方式、构件尺度，均为掌墨师长期营造经验的总结，并非西方建筑学中力学计算的结果。因此，受钢筋混凝土建筑材料的冲击，传统的侗族桥梁营造技艺也面临失传的危险，亟待将掌握在掌墨师大脑里的营造法整理成文字文本形式，进行保护与传承。

此外，侗族桥梁建筑营造技艺的传承人趋于老龄化，年轻一代则纷纷外出务工谋生，过早地离开了传统口传身授的传习环境。桥梁建筑营造技艺的传承体制遭受到巨大冲击。据笔者的田野调查统计，现在还能够掌握风雨桥这类结构复杂的桥梁营造技艺的匠师们其平均年龄为62岁；导致这一现象的主要原因是，聚落内的青少年成员要么在校读书，而不愿意读书的青少年，要么初中毕业之后便外出务工，从事其他工种的劳作，根本没有机会和条件学习传统桥梁建筑的营造技艺。

人是营造法的发明者、使用者、传播者，也是营造法传承体制的主体。一旦失去了传承主体，意味着一项技艺不经常操作，也意味着它逐渐失去生命力，其营造技艺就得不到自然地传习，一两代之后就面临失传的危险。因此，任何一项营造技艺的长存，离不开技艺的使用者、传播者。而当前出现老龄化和后继乏人的危局，导致侗族桥梁传统的营造法传承体制发生区域性瓦解的局面，营造法的传承更是到了万劫不复的境地。

四、侗族桥梁文化遗产传承保护与开发利用的思考

如前文所述，侗族桥梁文化遗产面临着薪火相传的困境。如何更好地传承保护与开发利用侗族桥梁文化遗产资源，笔者认为可以从以下几个方面来加强传承保护与开发利用。

第一，收集、记录和整理侗族桥梁文化遗产的营造做法，形成文字文本式保护。面对社会转型、文化变迁，营造技艺后继乏人的情况，为了使这些极具地方性知识的营造技艺，不至于在城镇化建设的大潮中失传，当务之急便是通过影像、文本等形式，记录侗族桥梁文化遗产的营造做法，保存一份珍贵的文化遗产。集思广益，整合资源，整理出一套不同类型桥梁营造做法的文字文本，供后人学习和借鉴。无论科技如何进步，人类最珍贵的资产还是其睿智的思想。研究匠师的营造思想，才能吃透建筑文化的精髓，只有记录与传承这些珍贵的营造做法，我们才能不断地创造出更加科学、美观、环保、舒适、适用的建筑。

第二，充分挖掘侗族桥梁的美学特征，把侗族桥梁文化遗产作为一种文化资源加以开发利用，设计出具有侗族文化元素的旅游纪念品。整合匠师资源，培养一批桥梁模型纪念品设计人才，对桥梁模型旅游纪念品进行批量生产，由以往单纯的景点观光、民俗文化

体验升级为消费具有地域特色的产品、提高侗族地区旅游文化资源的经济价值、增强侗族人民的经济收入、丰富游客消费选择的旅游产业模式。游客在欣赏和消费的过程中，实现了对桥梁纪念品的解读，这无形中促进了民族文化的交流与传播，满足了游客旅游过程的精神物质需求。

第三，合理利用侗族桥梁文化的非物质文化遗产资源，开展一些体验性的文化旅游产业，通过体验桥梁的营造过程，参与桥梁民俗活动，开展桥梁文学创作，从而实现通过文化资源体验带动旅游业的发展，促进经济的快速增长。侗族桥梁非物质文化遗产资源要走生产性开发保护的方式，才能使其得到更好保护与传承。

第四，拍摄侗族桥梁文化变迁史的纪录片，加大对侗族桥梁文化遗产的宣传力度。对不同类型、不同功能的桥梁，对其建造过程、建筑结构、美学特征、环境艺术、营造民俗进行专题拍摄；对与侗族桥梁有关的民间故事，进行剧本策划，拍摄一些具有民族特色的微电影，宣传侗族桥梁文化的同时也带动了侗族文化产业的发展。

第五，积极打造一些与桥梁文化有关的精品舞台情景剧目，挖掘与侗族桥梁文化相关的民间歌谣、民间故事的文化价值，形成文化创意产业，从影视动态视觉和美学的角度，让桥梁文化活态再现给观众，让人们对侗族桥梁文化史有更深刻地了解，对宣传侗族桥梁文化以及今后的桥梁设计与美学创作都起到促进作用。

田野寻踪

雷山苗族鼓藏节调查

潘定发

关键词
贵州雷山 苗族 鼓藏节 田野调查

作　者
潘定发
雷山县苗学会副会长

地　址
雷山县城教场坝步行街7栋楼1号宅

邮　编
557100

本文通过对雷山县苗族鼓藏节的田野调查，基本弄清了该节的来龙去脉及其蕴藏的苗族悠久历史与丰厚的文化内涵，了解到该节也是在不断改革中传承以及如今部分苗寨过鼓藏节的具体年月等。从而使人们更加理解2006年5月国务院将雷山苗族鼓藏节列为首批国家级非物质文化代表作名录的重要意义。

在雷山县众多的苗族节日中，鼓藏节（也叫鼓社节或祭鼓节）是其中规模最宏大，气氛最隆重，历时最长久，参与人数最多，文化内涵最为丰厚的一个节日。为了进一步弄清雷山苗族鼓藏节的来龙去脉及其蕴藏的苗族历史与文化，以及如今部分苗寨过鼓藏节的具体时间等，以便让人们更进一步加深理解2006年5月国务院将雷山苗族鼓藏节列为首批国家级非物质文化代表作名录的重要意义。笔者根据亲自参加目睹一些苗族村寨过鼓藏节举办活动的盛况，走访一些深知鼓藏节细节及其演变的高龄鼓藏头、祭师、寨老，以及与一些熟悉苗族鼓藏节的苗族知识分子的访谈，结合所搜集到的文献记载，整理而写成本文。

一、鼓藏节释义

鼓藏节，又叫鼓社节。有些苗语名词在汉字里因找不到相同读音的字，无奈只能用读音近似的汉字来替代，往往又词不达意，而且苗族内部有方言土语，即便仅在雷山境内，各地也不尽完全相同。本文只记译西江千户苗寨苗民对此节的称呼，他们把鼓藏节称为“馕薅闹”或“馕将略”。[1]“馕”直译为“吃”，但其意相当于汉语之过节中的“过”字。而“薅闹”或“将略”实指“鼓社”节之意。例如“馕将略”就是过鼓社节或过鼓藏节的意思。但在雷山，大家都习惯称鼓藏节。鼓藏节中的“鼓”字至少有两层意思：一是鼓社之意，这是苗族古代社会的一种社会基层组织的形式，今天来看，这是一种遗风。古代的事物仍留在现今苗民的记忆中，它让我们看到苗族远古的社会制度，这就是研究古代历史的价值。二是苗族基于原始宗教中“万物有灵”的观念，加上先民们不断迁徙，不能到远距离祖先的坟

---

[1] 参见侯天江：《中国的千户苗寨——西江》，贵州民族出版社2006年版，第14页。

地去祭祀，便先制木鼓后用铜鼓，认为鼓正是列祖列宗灵魂的安全居所，祭祖便用祭鼓来替代。“藏”字即苗民们过完此节后要把鼓庄重地珍藏在鼓藏头或德高望重的寨老家中（古代是把木鼓珍藏在固定的通风且干燥的岩洞中），即有藏鼓之意。“节”字不言自明。

人们发现有些学者（包括个别苗族学者或记者）在文章、史书和报刊中却把苗族鼓藏节记译为“牯脏节”或“吃牯脏”或“牯藏节”。笔者认为，这是很不对的。为什么呢？他们除了不知晓上述讲的鼓藏节的含义外，还有是由于他们片面地观察事物所致，这就得要对该节日作追根溯源。原来此节是缘于苗族先祖姜央（也有许多苗区称为伏羲）为祭祀其母蝴蝶妈妈而开启的，以后的后裔又增加了祭祀列祖列宗。以几个家族、宗族或一村寨、数个村寨为一个鼓社单位来举办祭祖活动，后来又增加贺喜的内容。开始用木鼓后改用铜鼓（均认为是祖宗灵魂的居所），祭祖变成祭鼓。祭祖有一系列程序：醒鼓、立鼓、杀牯牛祭鼓、送（藏）鼓等仪式。祭祖在古代时是杀牯牛，以后逐渐改为杀猪。以往的文人只看到杀牯牛、吃坨坨牯肉的这一环节便称此节为“牯脏节”或“吃牯脏”或“牯藏节”，这显然是不符合鼓藏节的本义的。对此，二十多年来，许多苗族同胞和苗学专家都严肃地提出呼吁：再也不能把苗族鼓藏节称之为“牯脏节”或“吃牯脏”或“牯藏节”了！

二、鼓藏节的来龙去脉

鼓藏节起于何时，现各村寨的老人们谁也说不清楚具体的年月，只知道是一代代沿袭下来的。许多寨老、鼓藏头讲：他们听老人说，苗家的鼓藏节是在古老的时候，由苗族的祖先姜央公（有些苗民称为伏羲公）祭祀其母亲“妹榜妹留”（蝴蝶妈妈）兴起的。相传自从原本是兄妹的姜央公、姜央奶在一场灭绝人类的大洪灾后幸存而不得不成家育子以后，年年风调雨顺，岁岁谷米满仓。但后来有一年突然发生瘟疫，人畜死得很多，第二年又天下大旱，庄稼颗粒无收。为了弄清原因，姜央请来了巫师，巫师说：是因为姜央的大崽没有把水牯牛管好，有几回踩到蝴蝶妈妈的坟上，使老太太的灵魂生气了，要姜央秋收后杀头水牯牛孝敬她。杀牯牛前或后还要让两牯牛打架给她看。姜央只好遵令行事，果然灵验，又恢复了两年前人人康乐、风调雨顺、谷米满仓的好景象。从那时起，苗族先民们便兴起了年年都要祭祖。后来，由巫师祷告祖灵得到允诺每年秋收后按天干地支历法的十二地支每年举办一小祭（后来叫苗年），每隔12年举办一大祭（后来称鼓藏节，待以下详记）。

年年要祭祀蝴蝶妈妈，而蝴蝶一般在农历二三月份便开始活动出来采花了，因而多数的苗寨就在农历二三月上山到蝴蝶妈妈（以后加上姜央、蚩尤和一系列祖先）的坟上祭祀之。逐渐就形成类似近现代的清明节（苗语称普倒榜两，意为上祖宗之坟，烧香化纸祭祀祖先），在农历三月初举行。

有部分苗寨还逐渐形成规模宏大的招龙节。这些苗寨的苗民把秋收后才过鼓藏节的内容加在每隔12年过一届的招龙节里。如现今的郎德上寨、猫鼻岭和龙塘等苗寨，时间定在农历二月。这些苗寨的老人们都说：招龙节实际也是过鼓藏节，也是每隔12年一届，每届历时3年。招龙仪式本是鼓藏节中的一项重要程序，现在多数苗寨在过鼓藏节时已作淡化处理，而上述少数苗寨则突显出招龙的仪式（有另文详述）。

之后，经常有一部分苗族先民迁移到新的住地，没法到蝴蝶妈妈和姜央公的墓上去祭祀了。姜央的儿孙们从“蝴蝶妈妈是从枫香树心生出来的” 的传说中得到启发，便砍下枫木锯成约五尺长，挖空枫木心，两头箍上兽皮，制成圆柱形木鼓，人们便称此鼓为祖宗鼓，即为蝴蝶妈妈祖灵栖息之地。祭祖便成了祭祖宗鼓。祖宗鼓是不能随便敲击的圣器，要等到祭祖节，唤醒祖灵来享用牺牲品，与子孙同乐时（即后来的鼓藏节或招龙节）才能敲击，过完节日后还要将它送回专门珍藏的山洞。由于长期放在野外，极易损坏，故几乎每过几年都要重新制作新木鼓。因为祭祖（鼓）节有唤（引）鼓、立鼓、送（藏）鼓等仪式程序，故称为鼓藏节。

苗学专家李廷贵先生在《简论苗族的社会组织》一文中指出，苗族古代社会的基本单位是鼓社。苗族先民最早举行祭祖活动时，只祭祀女性祖先，鼓社用枫木鼓也只是象征女性祖先蝴蝶妈妈的安息之所。此木鼓珍藏于干燥的山洞中。[1]学者韦启光先生在《也谈苗族鼓社、议榔的起源问题》一文中说：这表明苗族的鼓藏节（鼓社节）起源于苗族先民的母系氏族社会时期，此时的鼓社是氏族外婚制集团。[2]

后来，苗族先民为祭祀姜央公、姜央奶的神灵又特地制作了另一种木鼓称为子孙鼓，企盼氏族部落人丁兴旺，平安发达。此鼓除用作祭祀祖宗神灵外还可供人们过苗年或过鼓藏节时击鼓跳舞即跳芦笙舞时，先祭祖后作乐，既娱祖先又娱自己。祭祀和欢庆完毕后，可将鼓珍藏于寨老的房舍中，因而除火灾、战争等原因外，一个优质木鼓可用百余年后才需制新代旧。人们从经验中认识到，要过好鼓藏节，还得由民主选出的鼓藏头及其得力助手来组织才行（但也有的鼓藏头是世袭的，西江千户苗寨便是）。

再后来，大约在距今5000多年前，苗族的文明始祖蚩尤领导的九黎部落联盟与黄帝部落联盟决战于涿鹿而失败后，大部分的苗民只好四处逃遁迁徙。于是族长召开议榔会议决定：分宗支迁徙后可以以各个宗支或家族或若干宗支结为一个鼓社为单位来举办祭祖活动，故又称为鼓社节。因为蚩尤打了败仗并被杀于战争结束前的农历十月上中旬，其尸骨被肢解，有部分埋在今涿鹿，首级埋在今山东阳谷县境，有部分埋在河南安阳或濮阳一带等地。此后多数地方的苗寨先民始以蚩尤被杀的十月为岁首（今山东阳谷县境埋蚩尤首级附近的居民还有于每年农历十月初祭祀蚩尤的习俗）过苗年和过鼓藏节。现在雷山境

---

[1] 参见李廷贵：“简论苗族的社会组织”，载《贵州文史丛刊》1999年第4期。

[2] 参见韦启光：“也谈苗族鼓社、议榔的起源问题”，载《贵州民族研究》1983年第2期。

内多数苗族村寨仍沿袭于农历十月上中旬过苗年和鼓藏节。而且有的木鼓也由枫木（黑鼓）改为楠木或樟木（称为白鼓）制作。白是雪色，代表寒冷，寒冷刺骨使人伤心和难过，象征殇祭。原因是蚩尤被擒有意用苗族先民视为鼓社树的枫香树制为桎梏，以示羞辱。故从此苗族先民制鼓忌用枫木，改用楠木、香樟等优质树种。这就是后来相传苗族的鼓社有黑鼓和白鼓，而白鼓是从黑鼓演变而来的缘由。如今几乎全不分黑或白鼓了，但都禁用枫木制作。

即便后来在三苗国时代，苗民们基本上还是以宗支或几个家族联为一个鼓社单位就地就近举办祭祖活动。如一年一度于农历三月的上坟挂亲（即扫墓）、农历十月的苗年和按十二地支历法每隔12年一届的农历二月招龙节（实为二月过的鼓藏节）和农历十月上中旬的鼓藏节。

由于苗族先民无数次的长途迁徙，民族不断分家析产，不同的支系、宗族居住在不同的地方，对木鼓的取舍也略有不同。个别寨仍保持有祖宗鼓和子孙鼓，分别藏于村寨附近的岩洞和住宅中；大多数的苗寨（如今雷山县全境过鼓藏节的苗寨）则合二为一，珍藏于鼓楼、鼓堂或有名望的寨老居室中；还有的既用木鼓于祭祀祖宗又兼作舞蹈伴奏乐器。

大约自商周时代，铜鼓出现以后，苗族也普遍运用于鼓藏节。但有些苗寨仍沿袭着古代用木鼓过鼓藏节的，例如，现在的郎德镇乌流、也改和排夫苗寨。到了近代，多数的苗族村寨甚至用麻江型铜鼓完全取代了木鼓，藏于鼓藏头家中。其功能除了仍有祭祀祖宗外，还有欢庆丰收，召唤族人团结奋进，供人娱乐等功能，使鼓藏节的活动内容更加充实，气氛更加浓郁。

雷山苗族先民由于种种原因从长江中下游流域历尽艰辛迁徙到雷公山地区安居下来，至今已有两千多年了。苗族先民是分批从不同的路线先后到达雷山县立足后，在不同的年份开始建寨，且多是以家族小支系为单位。因而不同的苗寨过鼓藏节的年份也就不同。

1729年，清廷虽在这里建立了丹江厅，派了一些流官来统治，但屡遭苗民的反抗，一直到清朝末年，苗族社会仍一直处于“鼓社”组织形式。鼓社、议榔、理老（或寨老或鼓藏头）是三大社会支柱。[1] 从姜央兴起的这种以氏族、宗族为单位的鼓社社会体制是苗族古代社会的政治制度，在苗族特殊（不断迁徙）的历史条件下沿袭了六千多年。它在团结族人、发展生产（含人口增殖）、传承传统文化、抗击入侵之敌、调解和解决内部纠纷和矛盾、稳定社会起了很大的作用。

从传说中知，苗民们在过此节时曾用过水牯牛、蚂蚱、竹鹨、猪等动物，（如今个别苗寨全“鼓社”只用一头牯牛，后来认识到牯牛是农耕的主力，改用猪代替）。新中国成立后，有些苗寨把鼓藏节的祭祖活动都放到每年一度的苗年和其他节日中去，从中节省一些开支，因此也就不再过鼓藏节了。可见，苗民的习俗也是在不断地改革着。

直到现在，苗民过鼓藏节的时间虽不同，但都沿袭古代兴起的按天干地支历法的十二地支每隔12年过一届。而且过的内容既有祭祖、拜天地神灵，又有庆贺丰收，唱歌跳笙鼓舞；还有举办传统（新中国成立后加有篮球赛等现代项目）体育娱乐活动如斗牛、斗鸡、斗鸟等。有的苗寨仍按引（起）鼓年、立（转）鼓年、送（藏）鼓年的程序进行，但如今大部分苗寨都已将三年分别兴办的主要程序加以简化浓缩，合并在第三年里隆重地举行。人们平常说某寨某年过鼓藏节一般就是指的第三年。特别指出的是：如今已有不少苗寨每届只历时两年，如望丰乡的排肖苗寨，第二年也相当于上述的第三年的活动；也有不少苗寨只历时一年，如郎德镇的报德大寨、也利苗寨以及大塘乡的高岩村、水溪村、小河村；桃江乡的乌勇、桥王等苗寨以及望丰乡的三角田、青山、乌响、羊卡、乌迭等苗寨（上述只列出代表，限于篇幅不一一列出），这一年也相当于上述的第三年的活动。调查中还发现有个别苗寨表面上已不过鼓藏节了，但却还把原先过鼓藏节中祭

---

[1] 参见李廷贵、酒素：“略论苗族古代社会结构的‘三根支柱’”，载《贵州民族研究》1981年第4期。

鼓这一最庄重的祭祖和拜天地神灵的仪式放入每年一度的吃新节中，如大塘乡的新塘村各苗寨。

在过节时，一般都以宗族或房族为单位，一般在第二天或第三天分别邀请祭师唱诵呼唤天神地神和祖宗圣灵来过节的“鼓藏歌”，追溯苗族自远古直到本家族的历史，对全体鼓社成员进行一次次的历史与文化的再教育，要求大家世世代代永远牢记苗族的历史与文化。

三、鼓藏节的举办

时至当今，在雷山县境内的许多苗寨，仍沿袭古代按十二地支历法每隔12年，于农历十月上中旬过一届鼓藏节（但也有几个苗族村寨如郎德上寨、猫鼻岭苗寨等于农历二月过的既称为鼓藏节又称为招龙节）。但各个苗寨每届举办的第1年引（醒）鼓、第2年立（转）鼓和第3年送（藏）鼓的具体年、月、日是不同的。据老人们讲，这是各苗寨或寨内各个小支系根据到雷山建寨的年、月、日或少数苗寨按最早建寨先祖（如西江千户苗寨）之生肖的年份，或首迁来的寨老苗名属相来确定本寨鼓藏节的年份的。还有传说，各个小支系或村寨确定举办鼓藏节的年、月、日是根据蚩尤完善伏羲（雷山多称为姜央）木星历中的十二星辰纪年法计算或推算出来的。年、月、日、时均以十二星辰名（即十二生肖）命名排列推算。年和日的排列顺序如下：

……子、丑、寅、卯、辰、巳、午、未、申、酉、戌、亥……

……鼠、牛、虎、兔、龙、蛇、马、羊、猴、鸡、狗、猪……

（一）雷山县苗寨鼓藏节第3年的活动年份

据初步调查，雷山县境内有关苗寨（或片区苗寨）从2009年起每年农历十月上中旬（但郎德镇的上郎德苗寨和西江镇的猫鼻岭和龙塘苗寨是在农历二月上旬过）过每届鼓藏节的第3年（含有些苗寨每届鼓藏节只过2年或1年者）的活动年份如下：

（1）2009年（丑，牛）：①郎德镇的乌流、也改和排夫等苗寨（但杨姓不过）；②永乐镇的小开屯苗寨（韦、吴姓）和乔洛苗寨（韦、老吴姓）。

（2）2010年（寅，虎）：①西江镇的西江千户苗寨、干荣、长乌、白碧、开觉、乌高、白高、乌杀、麻料、控拜各村苗寨；②永乐镇的小开屯苗寨（李、杨、张、高）、丛木（郎姓）、岩寨（陆、张姓）、排浪（高姓）。

（3）2011年（卯，兔）：①西江镇的乌尧、小龙坳、大龙坳、黄里大寨、黄里中寨、羊吾村各苗寨；②郎德镇的报德大寨（文、梁姓）；③丹江镇的陶尧片区（唐、杨姓），白岩苗寨、乌东苗寨（杨姓），水电村的鸡勇苗寨，脚孟村；④桃江乡的干角、三湾两个苗寨的杨姓；⑤永乐镇的丛木寨（杨姓），排教苗寨（杨姓），开屯村（杨、张、蒋姓），岩寨（李姓）。

（4）2012年（辰，龙）：①郎德镇的报德（除文、梁两姓外）、排苟、干吾、中寨、棉花寨、也利苗寨和乌瓦村、乌吉明村各苗寨；②丹江镇的大小固鲁、大郎当苗寨、教厂、桃子寨、猫猫村苗寨、乌秀村苗寨、水电村（莫、李、杨姓）、羊排村、党高村、乌开村、排翁村、排卡村；③望丰乡的三角田、青山、乌响、羊卡、乌迭等苗寨；乌降（龙姓）、乌江（李姓）、乌局（吴姓）苗寨；④大塘乡的小河村、水溪村、高岩村各苗寨；⑤桃江乡的岩寨、皆角、三湾、乔仿（李姓）；⑥永乐镇的任家寨（任姓）、乔洛（新吴姓）。

（5）2013年（巳，蛇）：①郎德镇的乌肖苗寨；②桃江乡的乌勇、桥王两个苗寨（余、李二姓）；③望丰乡的青岗村（杨姓）。

（6）2014年（午，马）：西江镇的猫鼻岭苗寨、龙塘苗寨（农历二月招龙节，实为鼓藏节）。

（7）2016年（申，猴）：① 望丰乡的排肖苗寨（只过两年）；②郎德镇的上郎德苗寨（农历二月招龙节，实为鼓藏节）；③乌肖苗寨。

（8）2017年（酉，鸡）：郎德镇的下郎德村各苗寨。

再分别过12年，又是上述相关苗寨又将过下一届鼓藏节的第3年。例如，到2021年（2009+12）11月和2022年（2010+12）11月又分别是前述相关苗寨［①郎德镇的乌流、也改和排夫等苗寨（但杨姓不过）；②永乐镇的小开屯苗寨（韦、吴姓）和乔洛苗寨（韦、老吴姓）］和［①西江镇的西江千户苗寨、干荣、长乌、白碧、开觉、乌高、白高、乌杀、麻料、控拜各村苗寨；②永乐镇的小开屯苗寨（李、杨、张、高）、丛木（郎姓）、岩寨（陆、张姓）、排浪（高姓）］过下一届鼓藏节的第3年。一般正常情况下，会如此一届接着一届地传承下去。

（二）雷山县部分苗寨鼓藏节三年年程和第3年日程

下面笔者用表格形式列举少数有代表性的苗寨每届过鼓藏节历时三年的简况（见表1）和第3年按通常情况举办的（不含延长天数者）大体日程安排简况（见表2）。

表1　雷山县部分苗族村寨鼓藏节年程表

村 别	第1年起（醒）鼓	第2年接（转）鼓	第3年送（藏）鼓
A村（乌流）	亥年（猪年）十月	子年（鼠年）十月	丑年（牛年）十月
B村（郎德上寨）	午年（马年）二月	未年（羊年）二月	申年（猴年）二月
C村（西江）	子年（鼠年）十月	丑年（牛年）十月	寅年（虎年）十月
D村（乔兑）	子年（鼠年）十月	丑年（牛年）十月	寅年（虎年）十月

注：表1和下面表2中的A村为郎德镇乌流、也改和排夫等村，B村为郎德镇上郎德村（又习惯称郎德上寨），C村为西江镇西江千户苗寨（含羊排、南贵、平寨、东引等村，现并为西江村），D村为桃江乡乔兑村。中华人民共和国成立后，大多数苗族村寨已将第一年、第二年中的重要仪式并入第三年举行，并加以简化。目前大家都习惯把某寨第三年举办的鼓藏节活动称为某寨某年过鼓藏节。

表2　雷山县部分苗族村寨鼓藏节日程表

村别	第1天	第2天	第3天	第4天	第5天	第6天	第7天	第8天	……	最后一天	备注
A村	子日下午客人入寨	丑日上午杀猪祭祖下午请客	寅日上午　请客，下午客人返家	卯日上午打糍粑，下午自由安排	辰日中午请木鼓　入场，下午开始踩木鼓	巳日继续踩木鼓	午日继续踩木鼓	未日继续踩木鼓		下午结束跳芦笙和踩木　鼓后，藏木鼓	近几次过节情况
B村	未日下午客人入寨	申日上午　杀猪，上山祭祖祭天，下午请客	酉日，上午鼓藏头到各家拜年，中午引鼓入场下午开始踩铜鼓	戌日继续踩铜鼓	亥日继续踩铜鼓	子日继续踩铜鼓	丑日继续踩铜鼓	寅日继续踩铜鼓		基本同A村	近几次过节情况
C村	寅日下午客人入寨	卯日清晨杀猪祭祖，下午请客	辰日继续请客	巳日继续　请客，也有下午起鼓	午日起鼓，下午踩铜鼓	未日继续踩铜鼓	申日继续踩铜鼓	酉日继续踩铜鼓		基本同A村	近几次过节情况

续表

村别	第1天	第2天	第3天	第4天	第5天	第6天	第7天	第8天	……	最后一天	备注
D村	卯日下午客人入寨	辰日拉牛踩堂，说牯	巳日宰牛祭祖，安牛角祭祖	午日拉牛喝水	未日祭木鼓，引鼓	申日踩鼓祭祖，起房造田，招财进宝	酉日狂欢，藏木鼓	戌日跳跳芦，踩笙铜鼓		下午笙鼓舞结束	1950年过节情况
	卯日下午	辰日清晨杀猪祭祖下午请客	巳日客人午饭后返家，下午引鼓入场开	午日继续跳芦笙，踩铜鼓	未日继续跳芦笙，踩铜鼓	申日继续跳芦笙，踩铜鼓	酉日继续跳芦笙，踩	戌日继续跳芦笙，踩		下午笙鼓舞结	近几次过节情

注：（1）各村寨在举行跳芦笙、跳木（铜）鼓的同时，还举办斗牛、斗鸟、赛马、赛跑、篮球等活动。（2）各村寨跳芦笙、跳木（铜）鼓的天数为7～13天（取单数）不等。每届各年尤其是第三年过节的天数不固定，年景好时天数就延长。例如，西江千户苗寨1986年即该届鼓藏节第三年过的天数为33天；2009年乌流片区的苗寨该届鼓藏节第三年过的天数也由通常的13天延长为23天（11月27日～12月19日）。时间加长，有许多仪式就细化了。如2009年11月乌流片区的苗寨在该届（第53届）鼓藏节中于12月1日～12月3日就细化了“下鼓和引鼓串寨”的仪式。（3）抬猪腿肉回家的客人通常是在第三天下午，但若天气炎热，怕肉坏时也可在第二天下午返家。

（三）鼓藏节的主要活动

笔者在此简要记述一些有代表性的苗族村寨通常大致过每届鼓藏节在第一至三年开展的主要活动（若各年过的天数有增或减后，有些仪式则相应要细化或淡化。具体由当年的鼓藏头和寨老确定）。

1. 第1年起（醒）鼓

（1）郎德镇乌流片区苗寨。

起鼓时间为亥年（猪年）农历十月上中旬，不请客。于上年年底或本年年初通过“议榔”或寨老会议，确定举办本届鼓藏节的有关事宜。从这时起，家家户户都要做好节日的准备工作，努力搞好生产，备足粮食，养好牛猪等。

寅日上午，一家或房族叔伯几家杀一头猪，办几样好菜，在自家祭祀列祖列宗。中饭后，上坡结束一年的秋收、秋种工作。

卯日上午，自家蒸糯米打糍粑，备肉鱼、烧香化纸、献酒祭拜祖先。下午，有的上山筹备柴火、牲畜用草等。

辰日凌晨三四点钟，家中男主人起床，蒸糯米饭、杀鸡、煮鱼、煮甜酒。备好后，全家人一起摆到香火（祖宗灵位）前，男主人一边烧香烧纸，掐些糯米饭、肉、鱼、鸡肝，酌点酒于地，一边念祭祖词，祭祀祖先。祭毕，把饭菜摆在堂屋中间地板上，然后在堂屋门外放鞭炮贺新年，最后全家人围在一起，在天亮前，吃第一餐鼓藏饭。到八九点钟，又备一桌饭菜，请房族叔伯兄弟来喝新年酒。这样各家房族叔伯兄弟，一家挨一家串门吃喝，直至天黑。喝新年酒，苗语叫“登仰”（denfniangx），意为“踩年”即跨入新年。

巳日凌晨，由鼓藏头、祭师等人引木鼓入场。有老人说：在20世纪10～20年代举行时，这些人需要带糯米饭、肉鱼和香纸到干南友村对面珍藏木鼓的“干炸略”即ghab zat niel（藏木鼓的岩洞）先祭祀木鼓，然后由10多个壮汉抬回村寨。一路上，壮汉们弯腰曲背，异口同声反复念：“哎啃，隔12年轮到一回，男女老少难等到；今日轮到好节气，要请‘妹留榜’Mais Lief Bangx（即蝴蝶妈妈，下同）入场，和大家一起过节；风调雨顺多打粮，子子孙孙代代传。”念一句走一步，步调要一致，念错了一句或走错了一步，都要反回藏鼓岩洞重来。不到500米的山路，要花五六个小时才能把木鼓引到鼓场。到20世纪30年代，木鼓改为珍藏在鼓藏头或寨老家的谷仓顶梁上。（再后来珍藏在小学校的砖房里，现珍藏在鼓藏头家。）鼓藏头、祭师等人带着煮好的肉、鱼、糯米饭和酒等来到谷仓脚，从仓顶梁上把木鼓“请”下来，祭祀“妹留榜”后，大家把木鼓引到寨中的鼓场。从即日下午起，人们穿着节日的盛装，围着木鼓，随着鼓声和芦笙曲调欢乐地跳起舞来，这样持续7天到亥日的下午四五点钟结束。

同时，村里派人挑糯米饭和米酒来到鼓场上，分发给每人一团饭，敬每人一口酒，大家在一片欢笑声中散场。天黑时，由鼓藏头、祭师组织人把木鼓又珍藏起来。第一年的“醒鼓”仪式到此结束。

（2）郎德镇上郎德村。

起鼓时间为午年（马年）农历二月，不请客，主要活动是跳芦笙舞3天，其他活动同第三年基本相同。

（3）西江镇西江千户苗寨。

起（醒）鼓时间为子年（鼠年）农历十月，不请客。鼓藏头会同祭师或巫师选择吉日后，身着古装，头戴藤帽，来到珍藏祖鼓（木鼓）的山洞，用酒、鱼、肉、糯米饭等祭告祖先，将祖鼓“请”回鼓藏头家。之所以称为“醒鼓”，意为唤醒居住在祖鼓内的祖宗神灵，邀请他们一同返回鼓藏头家接受祭祀。

辰日申时，起（醒）鼓人员由领鼓祭师、背鼓手、笙歌手、接鼓手等男女人员组成。从山上请鼓下山时，三步一停、五步一叩，念接鼓词：“娘鼓爹鼓像太阳，看遍整个世界。它来保佑我们，老的坐得更老，小的快长快大，像太阳照在天上，像月亮挂在天空，大家都健康长寿。”

醒鼓一般没有大的活动或集会，也没有杀牲祭祀，只是全宗鼓之族人合资购买一头旋毛端正的水牯牛作为祭牛饲养于鼓藏头家待用。这一年的主要活动是跳芦笙舞3～5天。以上是民国中期（有说为1936年）以前的起鼓过程，以后这种仪式已加以简化并入第三年举行。

2. 第2年立（转）鼓

（1）郎德镇乌流片区苗寨。

接鼓时间为子年（鼠年）农历十月上中旬的寅日，不请客。上山接鼓仪式与第1年的起鼓仪式基本相同。第3天（辰日）下午开始跳芦笙木鼓舞，持续5～7天。

（2）郎德镇上郎德村。

接鼓时间为未年（羊年）农历二月申日，不请客。上山接鼓仪式与第3年的送鼓仪式基本相同，主要活动是跳芦笙3～5天。

（3）西江镇西江千户苗寨。

接鼓时间为丑年（牛年）的农历十月，要请客。由鼓藏头、祭师会同寨老等人，到村寨的东方深山砍伐楠木，挖空制成木鼓，置于鼓场。之后，在鼓场上举行隆重的杀牛仪式，牛角置于鼓藏头家堂屋，牛皮蒙在鼓身制成新鼓，由巫师祭祀后，请祖宗神灵迁到新鼓内安息。

巳年，除了全鼓社祭祀共同祖先外，房族叔伯兄弟各家也一起杀水牯牛祭祖。后来因多数家庭难以承受，据说，有一年，先通过巫师祈祷征得祖宗英灵允诺后又经当时清廷设置的行政机构鸡讲（西江）司的“司管理委员会”和鼓藏头出面召集各寨的寨老开会决议：以黑猪代水牯牛祭祖，并传承至今。杀猪时，不用开水烫，而是用稻草烧毛刮皮。民国晚期（有说1948年）后，第2年的仪式又被加以简化并入第3年的活动之中。1961年以后，第2年的活动只是跳芦笙舞5～7天。1978年改革开放后，不再请客。

3. 第3年送（藏）鼓（最热闹的一年）

（1）郎德镇乌流片区苗寨。

送鼓时间为丑年（牛年）农历十月上中旬。这年的开起时间要比第1年的起鼓和第2年的接鼓早2天，即从子日开始。在子日之前的20天内，各家各户就派人去通知亲戚朋友，其中舅家、姑家是一定要请到的。

第1天（子日，以下天数顺推为丑、寅……）下午三四点钟，全寨各家邀约的亲戚朋友抬着必备礼物即一只鸭、3～9条（单数的）鲤鱼、十多斤糯米饭或米、一壶白酒、两三千枚以上的鞭炮和其他礼品从四面八方陆续进寨，来到各自主人家门前便放爆竹，以示祝贺和报到。主人听到炮响，立即出门热情迎接。从下午3点钟到傍晚，整个村寨硝烟弥漫，爆竹声响彻云霄。晚上主人用客人带来的糯米饭、鸭、鱼、肉、米酒等招待客人。饭菜煮好后，主人在香火前地上摆上糯米饭、鱼鸭肉、酒等祭品，酌白酒、点香燃纸先祭祀列祖列宗和天神地神，请他（她、它）们一起来过节，先吃喝，日后护佑全家和亲朋好友及人类安居乐业。祭毕后主客共进此节的第一餐。

第2天上午主要是杀猪。有条件的家庭宰杀水牯牛，无力承受的家庭则是叔伯兄弟一起杀牯牛（以后全片区只杀1头，无力时可免杀牯牛）1头，持刀杀牲者一般由亲戚担任。祭祖用的猪最好选用阉割后12只奶头须齐全、旋窝须端正的黑猪，杀猪也用稻草烧毛刮皮（以后改用开水烫毛刮皮），在井边连奶头切成12块菱形，专用于祭祖，其余部位切成菱形，视就餐人数而定。

清晨从鼓藏头家开始杀猪，然后才是其余户杀猪。杀猪者由舅家等来客担当。特别讲究的是从凌晨到吃完午饭前只能讲鼓藏语，如杀猪叫“叩干勒”即敬酋长；杀猪刀叫“石片”；用稻草盖猪叫“盖被子”；用火烧叫“拖哈”即晒太阳等。烧猪刮毛洗净后，把胸部的五花肉呈菱形割下，切成约重2两的坨坨“鼓藏肉”放在清水中煮熟。待其他饭菜做好后，将饭、鱼、12块鼓藏肉、猪肝、酒等各种祭品摆在香火前地上。主人一边献祭品于地，一边念祈祷词。念毕，宾主才开始动筷。鼓藏肉是每人都要吃的，多少随意。用餐中仍要讲鼓藏语，如吃饱了叫“仓满了”，餐毕后就不必讲鼓藏语了。从下午约两点钟起互请房族叔伯兄弟及亲戚朋友“吃转转饭”“喝转转酒”，一家挨一家。聚在一起唱酒歌和古歌；回忆苗族历史；交流思想和生产经验。天气炎热而怕猪肉变坏时，抬猪腿肉的客人下午可返回自家。

第3天中午饭后，客人们抬着主人送的一腿猪肉（约20斤，大舅得的是带尾巴者）和其他礼品喜气洋洋陆续回家了，这情景也是十分壮观！未走的客人，下午继续吃饭喝酒。

第4天上午煮糯米饭打糍粑，下午“罩鱼”，上山再备足日后数天牲畜用草和厨房用柴。

第5天（辰日）凌晨三四点钟，家里的男人们（这是有别于其他苗寨的一大特色）起来煮饭、制作各种佳肴。男主人先做祭祖和天地仪式后在门前放鞭炮，全家人围在地板上吃肉、鱼、糯米饭、喝酒，这是新年即乌流苗家称为寅年的第一餐饭，此刻天刚蒙蒙亮。上午8点多钟后每户重办一桌新鲜菜，请叔伯兄弟来喝酒，这叫“腾仰”即步入新年，从一家到一家，在房族内家家都请到为止。

第6天开始跳芦笙木鼓舞。先由鼓藏头出面举行接鼓入场仪式后大家才穿着节日新装（女性为盛装）跳起芦笙木鼓舞，这有别于其他跳铜鼓舞的苗寨。到第7、8天时，跳笙鼓舞的一般仍是本寨及邻近村寨的人。第9天后邻县邻乡四方八寨的亲戚朋友就陆续扶老携幼、母亲带着女儿，穿（苗族妇女们参加盛会，有的是将盛装用箩筐挑着前往，到目的地后再穿戴。）着银饰盛装来参加，一天比一天热闹。从邻乡来跳笙鼓舞的作客姑娘，一般都准备有礼品向木鼓赠送如花带、毛巾或丝绸花布，挂在木鼓上，给木鼓披上了五彩缤纷的新装。

第13天（子日）是本届鼓藏节的最后1天，也是最热闹的1天，（但也有延长至某单数天为结束日。如2009年阳历11月27日～12月19日举办的第53届鼓藏节的结束日是第23天），笙鼓场上人山人海。人们围着藏有祖宗灵魂的木鼓按逆时针方向一圈又一圈地跳着芦笙木鼓舞。其中最引人注目的是安排有本寨未婚男青年吹芦笙向意中的可开亲的外寨姑娘讨花带。女方在中意时便把自己绣织的花带或银项圈或银压领系挂在小伙子的芦笙管上，此时整个笙鼓场顿时欢声四起，掌声雷动，早有准备的男方也拿出相当价值的钱币酬谢女方。日后通过多次游方加深感情，有不少到最后喜结姻缘，白头偕老。到下午五点钟左右，村里给跳笙鼓舞者每人1条毛巾，由鼓藏头或德高望重的寨老向众人宣布：这一届鼓藏节到此结束，欢迎大家过12年再来相会！之后，村里发给在场者每人一团糯米饭，并敬上几口米酒，众人乐得哈哈大笑，依依不舍地散去。夜幕降临，由鼓藏头、祭师等人庄严地将木鼓送回藏鼓的地方。这时，村寨里家家户户宾朋满座，喜气洋洋，划拳打（猜）码，一片欢腾，每隔12年过一届的鼓藏节到此结束。

（2）郎德镇上郎德村。

送鼓时间是申年（猴年）农历二月上中旬。

第1天（未日）下午三四点钟以后，宾客挚友陆续进寨，所带礼物有糯米、鸡鸭、鱼肉、米酒等。

第2天（申日）上午七八点钟，鼓藏头、祭师等一行把珍藏的铜鼓“请”出来以后，全寨各户派代表跟随祭师和寨老，爬到屋背最高的山坡上，取一撮泥土，敲12下铜鼓，祭师用一只活公鸭、12条煮熟的鲤鱼、12个熟鸡蛋、12坨糯米饭和白酒，烧香化纸，祭祀天地神灵、列祖列宗。祭祀祭师念祭词时，全场肃穆。祭毕，在祭地再取一些泥土，与原在最高的山坡上取的泥土合为一包后，有序地下山返家。走在前面的祭师牵着鸭，随后的鼓手有节奏地击打着铜鼓，发出肃穆沉重、古典幽远的鼓声。在大家上山前，祭师还选派4位壮汉分头到四面的高山上念祭词后，各自取一包泥土带回。回到寨头的坪地，杀一头猪，摆好长桌，放好各种祭品，祭师念祭词后，将带来的泥土以及糯米饭、鱼肉等分给每户一包。然后祭师、寨老等人来到芦笙坪（鼓场），把鸭杀掉，煮给在场的人吃，以图吉利。就在每户派代表上山祭祖的同时，寨上的其他人在家杀猪，煮鼓藏肉，准备中午的鼓藏饭。上山的人们各自回家后，把分到的泥土放在堂屋的祖先灵位下并献上祭品，烧香化纸，念祭词祭祀自家的祖先。家人和亲戚朋友一同吃鼓藏肉之后，开始吃肉喝酒，划拳打码。下午，房族叔伯兄弟，一家挨一家地请客吃肉喝酒，交流感情。

第3天（酉日）上午，鼓藏头、祭师带着鼓手等人到各家，念祭祖词，祝贺家家户户过好节。主人拿出好菜好酒招待，个别人家还把彩带挂到鼓藏头、祭师等人脖子上，以示酬谢。亲戚朋友吃完中饭后，便抬着主人回赠的一腿猪肉和其他礼品高高兴兴地回家去了。下午三四点钟，全寨男女老少便云集到鼓笙坪开始跳芦笙，踩铜鼓。

从第4天起，邻近苗族村寨的客人纷纷前来观赏，并参加跳芦笙、踩铜鼓以及斗牛比赛、篮球比赛等活动。晚上，男女青年们也开始在“游方”场上“游方”、对歌，寻觅意中人。

到最后1天的下午五六点钟，芦笙铜鼓舞结束后，鼓藏头和祭师祭祀铜鼓后，又把铜鼓珍藏起来。

（3）西江镇西江千户苗寨。

民国晚期（有人说为1948年）以后，该寨已把鼓藏节第1年、第2年的许多活动并入到第3年举行。

第1天（寅年农历十月寅日）下午二三点钟以后，客人（主要是中老年男性）陆续进寨。客人一般要带一篮糯米饭（或6～7公斤糯米）、1只鸭、3～9条（单数）鲜活鲤鱼、1坛米酒（5～10公斤）以及1万响左右的鞭炮，在快进门时就燃放爆竹，以示祝贺和通知主人。因此，整天下午炮声不断，响彻云天，热闹非凡。晚上只能吃客人带来的食物。

第2天（卯日）清晨，从鼓藏头家开始杀猪祭祖，杀猪者由舅家来客担当。烧猪刮毛洗净后，把胸部奶头以下的五花肉成菱形割下，切成重约100克的方块，放在白水中煮熟。这种肉称为“鼓藏肉”，因其是取于猪胸部下，也叫“仓门肉”。猪的4条腿（每条腿8～10公斤）要留给亲戚朋友，其中带尾巴的1条后腿要留给舅家或姑爹家，让他们带回家去请没有前来参加鼓藏节的亲戚朋友吃喝。特别讲究的是凌晨到吃完午饭之前，只能讲鼓藏语，如“拿杀猪刀来”要说成“拿石片来”；“杀猪”要说成“叩干勒”（“敬酋长”）；“用稻草盖”要说成“盖被子”；“用火烧”要说成“拖太阳”等。待饭菜做好后，要和米酒等一起献于祖宗灵位之下，然后点香化纸，一边掐贡品于地，一边念祝祷词。念毕，全家人与宾客挚友才开始动筷。鼓藏肉是每人都要吃的，但吃多少坨自便，一般成年人能吃1～3坨，能吃4坨以上的深受众人羡慕，说明他体强能干。吃饭喝酒时，同样要讲鼓藏语，如“喝酒”叫“喝水”；“打酒”叫“打水”；“吃饭”叫“扒谷（砂）子”；“吃饱了”叫“仓满了”或“满仓了”等。一般此次用餐结束后就不必再讲鼓藏语了。下午，在房族范围内开始请“转转客”，吃“转转饭”，喝“转转酒”。

第3天（辰日），继续在本房族内请“转转客”，吃“转转饭”，喝“转转酒”，一天下来，至少要吃上7～8家。请“转转客”，是亲戚朋友聚会，交流思想，增进友谊的大好时机。路程远的客人饭后，抬着主人送的猪大腿和其他礼品回家了，路程近的客人下午四五点钟也离去，未回家的亲朋好友继续吃饭喝酒。

第4天（巳日），继续请客喝酒（有时，从这天起就举行下述第5天的活动）。

第5天（午日），这天是起鼓的好日子。由鼓藏头、祭师等人身着苗族盛装，拿着鸭头、鱼、猪肉、米酒、糯米饭等先到鼓藏头家门口祭拜铜鼓和祖先，然后又到也东村的“干打略”（鼓场）、羊丹的“干打敢”（芦笙场），把披挂红绸的铜鼓绑在备好的2柱木架上吊起，再用特制的木桶放在其下接鼓，然后点香烧纸，鸣放鞭炮，敬献酒肉。最后由鼓藏头敲击铜鼓3下，宣布“今天我们按照苗家古老习俗，来过13年一次的鼓藏节，祝福全寨人和亲戚朋友长命富贵，和睦吉祥。吹笙跳铜鼓舞从今天开始，共9天，祝愿大家尽情欢乐”之后，鼓藏头向在场的族人和来宾一一敬牛角酒。从这天起盛大的芦笙和铜鼓舞便正式开始，“游方”的男女青年成群结队往西江涌来，每户接待的客人少则十多二十人，多则达几十人。

在芦笙铜鼓坪上，随着芦笙和铜鼓的音调，白天人们穿着银饰盛装围成一圈又一圈在跳芦笙舞和踩铜鼓舞，围观者挤得水泄不通。夜间，姑娘们换上便装，或在奔放的芦笙曲中翩翩起舞，或在“游方”场上对歌传情，寻觅意中人。

第13天（寅日）（有时是第19天或第23天甚至是第33天，1986年那届的结束日是第33天）是最后一天，也是最有意思最热闹的一天。吹芦笙的本寨小伙子向坪内来自其他苗族村寨正在跳芦笙的姑娘讨花带。被讨者只要中意小伙子，就可以把花带挂在其芦笙上，特别中意者，甚至给他献上银项圈。此时，围观的人们会高声呼喊，掌声雷动，一片沸腾。小伙子则暗中把银项圈折算（或由双方寨子有威望的长者折算）成钱付给姑娘，并表示由衷的谢意。如果双方父母都中意对方，认为是天生一对的，则按当地婚俗商定礼钱及婚期。下午四五点钟时，鼓藏头放鞭炮庆贺节日的圆满结束，宣布："全寨父老乡亲、亲戚朋友们，本次鼓藏节今天结束，大家回去要努力生产，好好工作，待下次鼓藏节我们再相会！预祝大家身体健康，发财发富！"最后鼓藏头、祭师等人将铜鼓抬回鼓藏头家珍藏起来。

在这笙歌鼓舞不断的9天（或更长时日）里，还开展丰富多彩的飞歌比赛、刺绣工艺比赛、斗牛比赛、斗鸟比赛、篮球比赛等活动，借此增添节日的气氛，丰富节日内容。

（4）桃江乡乔兑村。

桃江苗族属超短裙苗族支系，大约在民国初年即1912年以前，每次过鼓藏节都要经过子年（鼠年）农历九、十月起（醒）鼓，丑年（牛年）农历九、十月转鼓，寅年（虎年）农历十月送（藏）鼓的传统过程，后逐渐将第1年、第2年的鼓藏节活动并入第3年。1950年，原雷山县政协秘书长杨正光亲自参加了该寨鼓藏节的第3年（寅年）活动，目睹了将第1年（子年）和第2年（丑年）的主要活动并入第3年（寅年）10月举行的情况。

第1天（卯日）下午，舅、姑、姨等亲戚和挚友带着礼物于四五点钟陆续进寨，到主人家门前，燃放鞭炮。当晚，主人将客人带来的鸭、鸡、鱼等食物办成宴席，饮酒叙旧，气氛十分热闹。

第2天（辰日）从清早起，举行两项活动：第一是拉水牯牛踩堂。先由鼓藏头拉牛到斗牛场转三圈，然后各家各户再拉牛到斗牛场转三圈。家庭富有的人家还给牛披上绸缎，给牛角挂上银项圈。第二是"说牯"。各家各户请巫师或祭师来"说牯"，即用巫词理词向水牯牛交代鼓藏之理，说"开天辟地，世上万物，是'妹榜妹留'的造意。苗族祖先姜央的诞生，文明始祖尤公（蚩尤）的被害，是苗家的不幸。为了纪念祖先，是天之意，是牛之福"等道理。

第3天（巳日）主要举行2项活动：第一是宰牯祭祖。鼓藏头家率先宰牯，有条件的1户宰1头，无条件的数户或十几户宰1头。宰牯由亲戚（首推舅爷）来进行，两人披麻戴孝手持凿刀或大锤，其余拉脚，协同宰牯。剥皮剖腹洗净后，取其肉、心、肝煮熟连糯米饭、米酒、鱼等一起祭祖，同时把两只水牯牛角连在一起砍下备用，然后吃鼓藏肉。饭后一两点钟，亲戚朋友悄悄抬着牛腿和其他礼物陆续返家。第二是安置牛角供神祭祖。客人走后，把全寨的牛角捆绑在一根成梯状的大杉树杆上，鼓藏头家的捆在第一，其他人家的依大小捆绑，再由祭师念祭词。之后，各家各户取自家的牛角回家安放在祖宗灵位处。

第4天（午日）早晨，主要举行一项活动，即“拉牯喝水”。各家各户准备一根长竹竿，竹尖留着枝丫，枝丫粘上白鸡毛，象征牛尾，拿到水井边，点香化纸，表示水牯牛喝水，示意水牯牛顺利归天。

第5天（未日）主要举行2项活动：第一是祭鼓。把预先制好或珍藏的约2.5米长的木鼓抬到离寨1公里远的东方，置于搭好的支架上，由一名祭师念祭鼓词，陈述苗家人从姜央开始制鼓祭祖的来龙去脉。第二是引鼓。由4位男青年抬着木鼓走在前，众人跟随吹着祭祖曲调的芦笙者边走边跳，从上午10点左右开始直到下午3～4点才走到寨子中央的芦笙木鼓堂，并把木鼓悬挂在鼓架上，结束引鼓活动。

第6天（申日）主要举行三项活动：第一是上午举行敲鼓祭祖。事先在鼓架上放一副人造牛角状的木鼓角，祭师头戴凤（鸟）尾，身穿长衫祭服，手擂木鼓，口念祭祖词，先颂扬祖先的创业功勋，后邀请蝴蝶妈妈、姜央、蚩尤和各房族的祖宗神灵一起上鼓堂，与大家共度佳节。第二是起屋造田。第三是招财进宝。起屋造田和招财进宝由各家各户自请巫师或理老在自家举行。

第7天（酉日）主要举行两项活动：第一是在晚上9点左右开始跳狂欢舞，表达繁衍后代、人丁兴旺之意。由一名鼓手敲击木鼓，众人像跳迪斯科一样，跟着鼓曲狂欢。第二是深夜举行的藏鼓，一般老人和女性不参加。藏鼓之前，由祭师击木鼓，口念送鼓词，首先是歌颂木鼓给列祖列宗神灵创建了一个极好的安息之所，为苗家人的生存与发展做出了永垂千古的贡献；其次请在古代战争中阵亡、与毒蛇猛兽搏斗牺牲以及在生产劳动中献身的先民之灵魂来参加跳芦笙和踩木鼓，共享节日之乐，企盼日后护佑全寨和亲戚朋友安康幸福。最后，牛角状的大木鼓被抬到“干炸略”（藏鼓的岩洞）珍藏，而木鼓珍藏在粮仓侧边干燥处。鼓藏节的主要祭祖仪式至此结束。

在这7天中，尤其在祭祖时，吃饭喝酒都用鼓藏语和手势来交流，气氛悲伤，所以祭祖期间，不开展娱乐活动。

第8天（戌日），人们开始身着盛装欢乐地参加跳芦笙、踩木鼓、斗牛等活动，尤其是女性更是讲究，多数都穿戴银饰盛装。活动一般持续3～5天。这时的活动属于庆丰收、乐佳节的性质，人们改变了前7天那种肃穆而悲伤的面容，喜笑颜开。

1950年10月雷山解放后，乔兑、桃江、大塘、桥港等许多宰杀水牯牛祭祖的苗族村寨为了保护耕牛，减少不必要的浪费，用猪代替水牯牛，并把鼓藏节的重要内容并入到一年一度的苗年中进行。有的村寨在过鼓藏节时也只是象征性地以“良单”方式祭祖，即用猪心、猪肝、猪肉、鱼、糯米饭、米酒、水果等作祭品，摆在堂屋祖宗的灵位下，由家中男性长辈一边捏一点祭品于地，一边念祭祖词。从杀猪到用餐这段时间只能讲鼓藏语，其余活动主要是请客吃饭，以及跳芦笙、踩铜鼓、斗牛等活动，一般持续5～7天，最后以藏鼓于德高望重者家中结束。也就是说，有不少苗寨从此不过鼓藏节了，但却把鼓藏节的精华化解入一年一度的过苗年和其他节日中。

此外，永乐镇肖家寨鼓藏节结束时，就地在鼓场挖坑埋藏铜鼓，珍藏于有神灵的大地下。而报德一些苗寨接鼓时还按招龙习俗办理，送鼓时将鼓送到鼓藏头家，在鼓藏头家堂屋左侧挖坑埋藏，后来改为将鼓存放在谷仓或存放谷子的房间。当鼓藏头发生人事变更时，则从老鼓藏头家“取”鼓，呼唤祖先神灵进入鼓内，抬到祭鼓坪祭祀，结束时再抬到新鼓藏头家存放或珍藏。报德一些苗寨送鼓为辰年（龙年）农历十月，龙日下午杀水牯牛和迎客进寨，蛇日凌晨家家户户杀阉割的黑公猪祭祀祖先，活动连续13天（有时延长），到龙日结束。陶尧，起鼓在丑年，转鼓在寅年，送鼓在卯年，祭祀程序也相同，这也只是大体的情况。

四、鼓藏节与苗年之间的关系

如前所述，苗族先民在很久远的时候就兴起了举办一年一小祭的活动——苗年，和每隔12年举办一大祭的引、立、送（藏）鼓活动——即鼓藏节。据初步调查，黔东南苗族过苗年，古代时分为头年（首年）、中年（大年）、末年（尾年）三大环节，分别在农历十月、农历十一月、农历十二月的上中旬卯辰日过。但如今有的只过头年，有的只过中年，有的则只过末年，有的则3次都过。例如，在农历十月过的有雷山县的南猛、报德、乌瓦、乌流、郎德，凯里市的季刀、排乐、乌烧、摆底、挂丁巴拉河上游等苗寨；在农历十一月过的有雷山县城附近苗寨；在农历十二月初过的有雷山公统地区苗寨、达地也蒙苗寨等；有的则3次都过，例如西江地区苗寨。雷山巴拉河苗族人民保留着古代“以十月为岁首”的历法过苗年。过苗年延续的天数不尽一致，有7天、9天、11天、13天等，最长的可达一个月。每年农历十月的第一个“兔”日为送旧年日，辰（龙）日为新年的开始，即相当于汉族春节的初一。当然，在这2个节日中，除了祭祖外，还有庆贺丰收、亲戚好友相聚交流情感等内容。下面列举2个苗寨。

（一）西江千户苗寨鼓藏节与苗年的关系

表3　西江千户苗寨鼓藏节与苗年的关系

年份 节日	…	戌	亥	子	丑	寅	卯	辰	巳	午	未	申	酉	戌	亥	子	丑	寅	卯	辰	…
Ⅰ		√	√				√	√	√	√	√	√	√	√	√				√	√	
Ⅱ				√ ①	√ ②	√ ③										√ ①	√ ②	√ ③			

注：（1）表中的Ⅰ为苗年，Ⅱ为鼓藏节；其中的①、②、③分别表示第一年、第二年、第三年。（2）打“√”者表示过节的年份。

从表中可见：第一，凡是没有过鼓藏节的年份，均要过苗年。据一些苗族老人讲，大约从1948年以后，每届鼓藏节之第1年、第2年的主要活动都被简化并入到第3年进行，而第3年中的许多内容（除一些大的礼仪如请客送猪腿、一些大的活动如踩铜鼓等外）也都与过苗年的内容一样。第二，前一届鼓藏节的第一年、第二年、第三年与下一届鼓藏节的第一年、第二年、第三年均对应相隔12年（含本年在内），故称每隔12年或每13虚年过一届鼓藏节。

西江千户苗寨一年一度的苗年要过3次即开小年、大年和尾年。

（1）小年：于农历十月上旬卯日过，一般要打糯米粑、煮鲤鱼和作猪肉等来祭祖，一般不喊亲戚来。

（2）大年：于农历十月中下旬第二个卯日过3天，一般要杀鸡杀鸭、做甜酒、蒸糯米饭、打糯米粑等作祭品来祭祖，此外还要敬桥梁、祭岩妈、祭花树等。

（3）尾年：于农历十一月间的卯日开始过，家家户户要杀猪、打糯米粑，并用猪头祭祖。

辰日下午开始的芦笙舞，首先由羊排村的鼓藏头房族入场，身穿节日盛装的全寨男女老少跟随其后，近一二十年来，也兴踩鼓。夜间，男女青年“游方”直至天亮。这样持续5～7天，苗年就结束了。

（二）郎德上寨鼓藏节与苗年的关系

郎德上寨的鼓藏节（也叫招龙节）是在农历二月上旬过的，而苗年是在农历十月过，而且苗年1年只过1次，互不相关。因此该寨年年都要过苗年。具体日程基本符合吴正光先生的记述：[1]

---

[1] 参见吴正光：《在郎德过苗年》，载《贵州日报》1999年11月26日。

前1天（寅日）：打扫卫生，准备过苗年，家家户户宰牛杀猪，在房族内互请吃“泡汤”。

第1天（卯日）：各家各户蒸糯米饭、打糯米粑，一来自家享用，二来馈赠亲友。吃饭前，用糯米饭、糯米粑以及肉、鱼、酒等作祭品祭祖、祭桥、祭花树、祭猪圈牛圈等，并烧香化纸，祈求祖先神灵保佑家家户户人畜兴旺。

第2天（辰日）：为新年的第1天，凌晨鸡叫时分男主人起床后，杀鸡、煮饭、做菜，并在自家的岩妈（爹）、祖灵台、门窗、炉灶、猪圈、牛圈、犁耙、碓、磨以及寨外的保爷树、保爷桥、保爷凳等处贴上钱纸，以示祭祀。完毕，才能喊女人起床，洗脸梳妆，然后用餐。饭菜全部摆在火塘边铺就的稻草上，餐具只能用土陶、葫芦、蚌壳之类的器皿，因为“要这样，祖先才得吃”。这天不扫地，不往外泼水，妇女上午忌串门。午后，房族间互相宴请吃“转转饭”，互祝新年吉祥。

第3～5天（巳日～未日）：继续请客吃“转转饭”喝“转转酒”。

第6天（申日）：下午两三点钟，保管铜鼓的寨老等人，烧香化纸，燃放鞭炮，用鱼、肉、酒等祭鼓后，先由寨老家人踩几圈铜鼓，然后全寨男女老少及来客（主要为女青年）跟着踩。这天，人人穿着节日盛装，在芦笙的伴奏下，踏着鼓点，围圈跳芦笙铜鼓舞。夜晚，本寨和外寨未婚男女青年在河滩等地“游方”，对唱情歌，寻觅伴侣。晚上的“游方”活动持续到第10天（子日）才结束，这时外寨的男女青年才依依不舍离去。

第11天（丑日）：凌晨鸡鸣过后，每家男人用撮箕提些油盐葱蒜、牛粪、芭茅草、枫树枝等到自家田边去祭田。之后，回家煮好饭菜才叫醒家中女性起床吃饭。下午，房族叔伯兄弟再次吃“转转饭”，直到深夜方散。这年的苗年节到此结束。

第12天（寅日）：开始1年的生产，可上山下地干活。

五、鼓藏节在改革中传承

我们在调查中发现，对于这样一个历史特别悠久又记载着苗族，至少是黔东南苗族的历史与文化的隆重节日，数千年来苗民们也与时俱进，为了苗族的发展而在不断改革中来传承和发展此重大节日。限于篇幅，仅举几项。

（一）主祭品的变迁

如前所述，为了祭祀祖宗以获平安和兴旺，每户或每寨每年都要杀一头水牯牛作为祭品。苗族先民们在多数情况下难以承受，于是经过请巫师祷告祖灵得到允诺：（1）秋收后按十二地支每年举办一小祭（不杀牯牛，只杀猪，后来叫苗年），而每隔12年要举办一大祭（后来称鼓藏节）；（2）以后又改革为全寨或1个鼓社（由数寨组成）只需杀1头牯牛即可。自然，个别生活富裕的人家也可杀1头牯牛；（3）苗民不断迁徙中过此节时还曾用过蚂蚱、竹鸚、魚等动物来祭祖。后来认识到牯牛是农耕的主力，普遍改用猪代替。

（二）用祭鼓来祭祖

由于苗族先民经常迁移到新的住地，无法远距离走到列祖列宗的墓上去祭祀了。他们从“蝴蝶妈妈是从枫香树树心生出来的”传说中得到启发，便砍下枫木（后来用其他优质木）锯成约5尺长，挖空枫木心，两头箍上兽皮，制成圆柱形木鼓（以后用铜鼓代之），作为祖灵栖息之地，祭祖便成了祭鼓。后来，鼓的功能除了祭祀祖宗外，还有欢庆丰收，召唤族人团结奋进，供人娱乐等功能。过完节后要把鼓珍藏起来。

（三）祭祖程序由复杂到简化

过鼓藏节一般要按引（起）鼓年、立（转）鼓年、送（藏）鼓年的程序进行。但如今大部分苗寨都已将各年的主要程序加以简化浓缩，并在第3年里隆重地举行。故平常说某寨某年过鼓藏节一般就是指的第3年。

（四）把祭祖列入其他节日中

有部分苗寨在旧中国时还有部分苗寨在新中国成立后不久均已不再过鼓藏节了，但却把鼓藏节的核心内容之一即祭祖安置到其他的节日中去。如大塘乡的新塘村和独南村各苗寨把祭鼓这一隆重仪式分别放入每年的吃新节和每年农历五月栽完秧后举办。

调查者思考：由此项不再过鼓藏节的改革和苗民由黔东南迁徙到其他区后也入乡随俗而不再过鼓藏节的事，可以推想而知：在古代，黔东南内外有许多苗寨的苗民是过鼓藏节的，只是后来由于种种原因而不过此节或改称或把祭祖等主要内容并入其他节日中去了。把这样一个承载着苗族悠久历史与绚丽多彩而又丰富厚重文化的隆重节日丢掉了，的确是太可惜啊！但这些苗民不再过鼓藏节是有他们的想法的。因此，首先，我们一定要进一步加深理解，2006年5月，国务院将此节列为首批国家级非物质文化遗产代表作名录的重大意义。其次，请求各种媒体要把此节完整地记录下来。最后，上级党政领导要求和支持至今还过鼓藏节的苗寨一定要将此节日好好地保护和传承。

（五）由单纯祭祖和庆丰收扩展为彰显苗族的悠久历史与文化内涵

由于历史的原因，苗族在旧中国未能形成本民族通用的文字，苗民们便利用源于单纯祭祖的鼓藏节来承载苗族的悠久历史与绚丽多彩而又丰富厚重的文化。详见下面第六部分的简述。

六、鼓藏节的文化内涵

笔者通过对部分鼓藏头、寨老的访谈和看到一些曾参与过鼓藏节的旅客以及人类学专家撰写的书文之记述及感言，深深感到：凡是到雷山参加过苗族鼓藏节并认真地研究后就会真切地体会到，雷山苗族鼓藏节的文化内涵的确是非常丰厚的，就像是令人百读不厌的“书”。

（一）鼓藏节是研究苗族历史与文化的“百科全书”

1. 从鼓藏节的来龙去脉中了解苗族的悠久历史

调查中得知，苗族的鼓藏节是在很古的时候，由苗族祖先姜央公（有些苗寨又称为伏羲公）祭祀其母蝴蝶妈妈兴起的，以后由祭师祈祷祖灵允诺按十二地支历法每年举办一小祭（后来叫苗年），每隔12年办一大祭（后来称鼓藏节），并沿袭至今（过程详见本文第二部分）。许多史学家都说：在中国关于伏羲的传说，甲骨文、金文没有记载。[1]直到战国中叶以后才有人把在楚国的苗族民间中自古以来就一直流传着的关于伏羲女娲的故事用汉文记录下来。这就是与楚国有交往的庄周第一个把伏羲简记在《庄子》一书中。闻一多在《伏羲考》中认为有关伏羲女娲在洪水大灾之后成婚的传说，最先是在苗族先民中流传的。著名史学家徐旭生、胡小石、袁珂、刘大杰、冯天瑜、陈连开、[2]白寿彝等也都持此观点。在操苗语湘西方言区，黔西

❶ 参见徐旭生：《中国古史的传说时代》，广西师范大学出版社2003年版，第65～76页。
❷ 参见吴荣臻总主编：《苗族通史》（第1册），民族出版社2007年版，第109页。

北（含云南）方言区的苗族也多称为伏羲兄妹。清初陆次云在《峒溪纤志》中载："苗人腊祭曰报草，祭用巫，设伏羲女娲位。"1936年受时任中央研究院院长蔡元培的指派，凌纯声、芮逸夫二人到湘西作苗族社会调查3个多月，后写了《苗族洪水故事与伏羲女娲的传说》等调查报告。为什么黔东南的多数苗民称伏羲为姜央呢？有人认为可能是黔东南这支苗族在辗转迁徙中对人名口传有误或因人名隐讳或怕人追杀等原因。其实姜央原本也许就是伏羲，或与伏羲一样都是一个族群的一个头领人物。黔东南苗族中也有称姜央式人物为伏羲的，正如汉文古籍中伏羲又称虑戏、宓羲、炮牺等同名异写或同一人有几种异称呼一样。

汉族学者田兵在其编选的《苗族古歌》[1]中说："苗族传说姜央和姜央妹或葫芦兄妹相两相芒，或者说伏羲和伏羲妹是其祖先。"杨昌国、胡晓东在《试论苗族远祖传说对"盘古"神话的影响》中也说：苗族古歌中的传说祖先姜央，无疑也就是伏羲。[2]苗族先民都说，姜央是远在炎黄蚩尤时代之前。中国史学家还认为，在中华大地上，伏羲氏之前还有燧人氏。黔东南州《苗族古歌·开天辟地》里记述：在姜央之前有一个"火耐老公公心灵手巧，用石互相敲，迸出红火苗，人人打锅灶，菜饭才过煮，得肉才过烧，吃的喷喷香，大家眯眯笑"。可见火耐公公就相当于史称的燧人氏。多数的中国史学家讲的三皇就是指燧人氏、伏羲氏和神农氏。可见，苗族过鼓藏节的源头年代是十分遥远的了。

过鼓藏节，一般都以宗族或房族为单位，在第2天或第3天分别邀请祭师（现多为房族中年老者代替）唱诵呼唤天神地神和祖宗圣灵来过节的"鼓藏歌"（或讲述过鼓藏节的历史故事），追溯苗族自远古直到本家族的历史，对全体鼓社成员进行一次次的历史与文化的再教

---

[1] 参见贵州省民间文学组整理、田兵编选：《苗族古歌》，贵州人民出版社1979年版，前言第7页。

[2] 参见潘定智等编：《贵州神话史诗论文集》贵州民族出版社1988年版，第136～143页。

育，让大家世世代代牢记苗族的历史与文化。许多史学家说：苗族是由旧石器时代就生产生活在长江流域尤其是长江中下游流域的苗蛮族团衍演而来的。

这样，你就能粗线条地知道了苗族的久远源头和历史框架大致可以记述为：苗蛮族团［……燧人氏时代（黔东南苗民称火耐时代）→伏羲氏时代（黔东南苗民称姜央时代）］→蚩尤九黎时代→三苗时代（苗族形成）→苗族讲苗语三大方言以大分散而小聚居状态分布在中国境地内外。

2. 在鼓藏节的活动中看到了苗族全面的文化

只要你细心观察，就会在过鼓藏节中看到苗族多方面的文化，涉及社会基层组织，政教（原始宗教）合一的传统“鼓社”是社会政治制度文化的遗风。苗民在漫长的历史长河中凝结了苗族的文化特质和群体精神，彰显着苗族人民独具特色的生存方式，使苗族人民世世代代的成员获得在族群内存活的文化认同感。因而在过鼓藏节中充分展现了苗族文化的整体风貌。苗族文化是苗族的标识和根魂，她涉及依山傍水而建、鳞次栉比的吊脚楼文化，五彩缤纷的传统服饰银饰文化，绚丽多姿的古典歌舞文化，荤餐素食、千年存香的饮食文化以及体现着苗族观察宇宙方式和人生价值观的哲学精神文化。

（1）苗族吊脚楼文化。你一进入苗寨，首先跃入你眼眸的便是依山傍水而建的吊脚楼民居建筑。苗民在斜坡陡坎上建房，留平地开垦田地，村寨周围层层梯田顺着山势紧连云天，充分利用地表资源利于生产。现今苗族的吊脚楼建筑工艺是7000多年前河姆渡遗址的干栏式建筑工艺的继承与发展。它是苗族先民从长江中下游流域辗转迁徙所带来的古老建筑工艺，是在雷公山区新环境中经过逐步完善的建筑文化的载体。它是十分宝贵的中华远古历史的中国南方人类民居建筑的文化遗迹，是研究中华上古南方民居建筑的活化石。苗民在修建吊脚楼中有成套的建房工序，如选择屋址、夯实磊建屋基、备石和木料、选中柱、发墨、拆枋、凿眼、立房、上梁、盖瓦、装房、立大门、立神龛（香火）、栽花树等及其整个过程中包含的礼仪和禁忌等，又将苗族的历史与文化融入吊脚楼民居建筑中。2001年6月国务院将雷山县郎德上寨吊脚楼群以“郎德上寨古建筑群”为名定为“全国重点文物保护单位”；2006年5月国务院又将雷山县西江千户苗寨吊脚楼营造工艺列为首批国家级非物质文化遗产代表作名录。

（2）苗族古典芦笙铜鼓舞。一般在过节的第四天，当鼓藏头家族的起鼓仪式结束后，过节的男女老少都身着节日盛装来到全“鼓社”的“干打略”即铜鼓坪，“照略”即跳最古典的苗族铜鼓舞。人们踏着敲击铜鼓发出的“咚—唔—咚，咚—唔—咚……”深沉而凝重、浑厚而有节奏的鼓点，围着藏有祖宗灵魂的铜鼓按逆时针方向不知疲惫地一圈又一圈地跳着：一般是中老年人在里圈（男开路在前而女跟随后），青少年女子在外圈，盛装在前，便装在后。而女盛装行列中，头戴银冠者在前。她们由数十名甚至数百名身着银饰盛装，头戴水牛角状的银帽，两角间有一轮太阳光芒四射……组成百角丽人行……人们一圈又一圈地在不知劳累地行进着。看！那舞步多么简单，说明多么古老！看！步伐又那么庄严，表达着对祖先的崇敬和对历史的回忆！它源于古代社会苗族先民的巫教文化，发展于山地的文化，确为苗族所独有的特色古典舞蹈。这沿袭数千年的原生态古典舞蹈在向世人昭示：作为圣物的铜鼓把过节的成千上万的苗族人及其亲朋好友聚集在一起，并使苗族人和祖先的圣灵、世间万物在此时此地相沟通；苗族先民长途迁徙，历尽艰辛，来自遥远的黄河之滨，长江之畔……它以生动的形象，描绘了苗族历代祖先及其子孙为创建一个又一个新家园生活和奋斗的历史画面。同时也昭示：中国甚至是整个世界就是一个微妙而美丽的圆圈，不管你是哪里人，是住在城市还是乡村，也不管你是哪个民族，所有的人民都是手拉着手或一个挨一个地连在一起走在一起的，按着地球自转的方向，大家都在朝着人类发展由原始到文明的方向前进！苗民们跳过庄严肃穆的祭祀祖先的笙鼓舞之后又跳起庆贺丰收的笙鼓舞。2008年6月国务院又将雷山苗族芦笙舞和雷山苗族铜鼓舞同时列为第二批国家级非物质文化遗产代表作名录。

（3）苗族女性服饰。苗族青年女性在鼓藏节的芦笙铜鼓场上，身着绚丽多彩的盛装，它是苗族原生态文化的符号和象征，一种无字的苗族历史存根。近20多年来，在各种影视屏幕上或在摄影画册上，只要苗族姑娘身着苗族独特的盛装、头戴水牛角状的银帽一出现时，人们十有八九准说："那就是苗族！"苗族青年女性头戴的水牛角银帽，角中间饰有凤（锦鸡）的图案，两角间有一轮光芒四射的太阳。这种牛角银帽就包涵着苗民钟情耕牛、崇尚太阳、以鸟（锦鸡）为图腾（嘎闹氏族），这些标志饰品先后见于大溪口文化、屈家岭文化、良渚文化遗迹里，说明苗族的农耕文化历史悠久，在各地苗族的传说故事中还把水牛拟人化地说成是苗族始祖姜央（有说伏羲）的兄弟。苗族在节日里举办的斗牛活动，就是一种崇拜水牛的顽强不屈、勇于战斗的精神象征，这也是一种激励苗族人民奋进的精神。苗族的传说故事和目前中国的考古遗迹，都证明了苗族先民的原始居住地——长江中下游流域是中国甚至全世界的稻作农耕文化的最早发源地。当年水牛是农耕的主要劳力，因此苗族历来十分钟情水牛，水牛角成了今日不少地方苗族的族徽。另外，在苗家姑娘那漂亮的盛装上显眼的地方还有那众多精美的刺绣图案。她们的衣或裙上绣有的彩色线条，是一条条河流（有人说是黄河、长江等），一条条山路；而背牌上的回环式的方形纹，是曾住过的古老城镇；那披肩上的方纹、水纹是长江中下游流域一丘丘肥沃的田园；那一幅幅彩绣着蝴蝶妈妈的图像，蕴藏着苗族古老的历史文化源头。这些绣品凝聚了苗族女性刺绣技艺和审美智慧。显眼的还有那服饰上精美绝伦、巧夺天工的苗族银饰：牛角型银冠、银珈、银项圈、银耳环、银手镯、银戒指……让你眼花缭乱。它们体现了苗族男性银匠们的精湛技艺和依附于苗族古老传说的艺术想象力，同时也表达了他们对本民族女性的热爱从而把她们塑造得那么雍容华贵！2006年5月国务院已将雷山苗族刺绣技艺和银饰制作工艺列为首批国家级非物质文化遗产代表作名录。

总之，雷山苗族鼓藏节确实是无数本无法用汉文字准确记述但却值得耐人品读的厚书，而且只有你亲临其境才能真正品味到它那丰厚的文化内涵。有人说，每一次与苗胞一起过此节，又有另一番新的体味；有人还说，苗族鼓藏节是数千年来苗族历史与文化的传承方式之一。过鼓藏节，使苗族人民追忆悠悠的岁月，以发展更美好的未来。因此，雷山苗族鼓藏节是研究苗族历史与文化的百科全书，其内容涉及苗族社会、经济、政治、文化等各学科的历史与现状，这些均体现在苗族人民的衣、食、住、行和人口繁衍及其习俗中。

（二）鼓藏节是体现苗族共同心理素质的“教科书”

数千年来，苗族人民及其先辈一代一代地按十二地支历法过着每隔12年一届的鼓藏节，传承和缓慢地发展着从其原始社会就开始的这种原生态的节日文化习俗。这到底是为什么呢？只要你深入其境，仔细考察，认真研究之后就会发现，苗族鼓藏节原来是一本天然地体现了苗族共同心理素质的原生态文化的教科书。

众所周知，共同心理素质是一个民族形成和发展之诸因素中最具有生命力的要素，是维系一个民族的精神纽带。

苗族的共同心理素质表现在方方面面，[1]诸如崇拜祖先、淳朴厚道、待人真诚、热情豪爽、好客爱友、尊老爱幼、和睦相处、团结互助、力主平等、与人为善、勤劳俭朴、开拓进取、适应性强、包容性强、不畏强暴、抗争性强、恋爱自由、婚姻自主、钟情耕牛、与自然和谐相处、迷恋笙歌鼓舞，等等。鼓藏节正是一本包涵了数千年来苗族人民形成的这些共同心理素质的天然的“厚书”。例如：

（1）崇拜祖宗，开拓进取。如前所述，鼓藏节中祭祀天神、地神和列祖列宗即包括蝴蝶妈妈、姜央（伏羲）、蚩尤和本支系本宗族、本房族、本家的一连串祖先。以原始宗教观念的“万物有灵”和

---

[1] 参见石朝江:“苗族心理素质浅谈”，载《苗侗文坛》1992年第2期。

“灵魂不灭”为基础，通过对天神、地神和列祖列宗的庄重祭祀又邀请他（她）们归来人间与子孙们共度佳节，共贺丰收，交流感情，同福同乐，活着的人既缅怀了古人，从而激励今人在与大自然和谐共处中向前奋进又祈求大自然和先人施以护佑，达到增强本家族、宗族、民族的凝聚力，从而振兴家庭、家族、宗族、民族，并与兄弟民族团结互助，同心协力发展当地的经济、政治、思想文化和生态环境。

（2）团结友爱，和睦相处。鼓藏节真实地体现了苗族古歌所言“姜央兴鼓社，全疆得共和。富裕大家有，繁荣人人享”的团结互助、和睦相处的理念。通过过鼓藏节，“鼓社”组织把社内外、族内外的人们紧紧地维系在一起。从社内来讲，从鼓藏头到每一位鼓社民都得在榔规范围内言行，大家都心甘情愿为办好鼓藏节，为发展家乡多做奉献。同时在芦笙铜鼓场上，一起跳芦笙踩鼓点，分享庄严而欢愉的气氛。从社外来讲，通过诚挚的邀请亲朋好友（不论族属）来共同鼓藏节，大家在家庭的长桌席上同吃难忘的坨坨鼓藏肉，在家族或全寨的大型长桌宴席上同喝转转酒，一起参加各种歌舞活动和苗族传统的民间体育活动如斗牛、斗鸟等（近50多年来新加篮球赛等现代体育项目）。这样加深了本寨与其他寨，苗族与其他兄弟民族的交往、沟通和了解。体现了苗族人民的热情好客、待人真诚、心胸宽阔的性格。通过鼓藏节活动，在人们的心中产生了团结友好、和睦相处、共同建造一个和谐社会的良好效果。鼓藏节是多民族地区的多元文化融合的催化剂，是营造多民族关系和谐的纽带和桥梁。

（3）恋爱自由、婚姻自主。自古以来，苗族是个未婚男女青年恋爱自由、婚姻自主（在旧中国，局部也有父母或舅方家干涉的）的民族。鼓藏节的日程活动中安排了在跳芦笙舞时，吹奏芦笙的本寨未婚男青年向中意的女青年（为可开亲的外寨人）“讨花带”的场面。在芦笙曲的反复吹奏下，女方在中意时，便把自己绣织的花带或身戴银项圈或压领系挂在小伙子的芦笙管上，甚至把毛毯披在男方的脖子上。每当这种情况出现时，整个芦笙铜鼓场顿时就欢声四起，掌声雷动。早有准备的男方也拿出相当价格的货币酬谢对方。在节日期间的夜晚，能开亲的未婚青年男女还可以通过在游方场上进行群体式游方的对唱情歌交流感情，寻找意中人。通过这些形式，初恋的男女青年就双方约定日后再次游方的时间和地点，进一步交流感情，加深了解对方。有不少对男女青年就这样逐步加深感情，最后喜结姻缘，白头偕老的。

（三）一个苗族历史与文化的“展览会”

中华民族的历史文化是由56个民族共同组成的多元一体化的文化。随着党的民族政策不断深入贯彻，民族风情旅游的不断开发，近20多年来，有数十万上百万的州内外、省内外、国内外的游客、社会科学工作者，先后来到雷山境内，亲临其境，和苗族同胞一起过鼓藏节，并从中对它进行研究，然后把结果通过各种媒体向他人进行宣传传播。鼓藏节中的芦笙铜鼓舞以及独特的银饰服饰和刺绣艺术品已频繁地登上了省内外、国内外大都市的舞台，展现在电视的银屏上，刊印在报刊画册里。苗族的酸汤鱼等饮食文化也走进了大都市的餐馆中。这一切都像磁铁一样吸引着全球各国人们的眼球。

总之，正如许多客人所说：苗族的鼓藏节和苗年、吃新节等节日一样，正日益成为全方位展示苗族历史与文化的窗口和展览会，成为苗族优秀传统文化向国内外传播的桥梁和纽带，在建设物质文明、政治文明、精神文明和生态文明等的社会主义和谐社会中起着十分积极的推动作用。人们将越来越理解2006年5月国务院将此节列为首批国家级非物质文化遗产代表作名录的重大意义。

远去的侗族风情『多达能』

龙初凡

关键词

黎平肇兴 “多达能” 民间传统娱乐活动

作　者

龙初凡

贵州省黔东南苗族侗族自治州民族研究所所长、副研究员

凯里学院贵州原生态民族文化研究中心研究员

凯里学院特聘教授

主要从事侗族文化研究

邮　编

556000

“多达能”是黎平县肇兴的民间传统娱乐活动，益于健身，情绪欢乐，独具民族风情，又能让人们身心愉悦。“文化大革命”期间，被视为不文明的活动而渐渐消逝。随着改革开放的深入推进和民族文化旅游业的迅速发展，对其重新挖掘和开发，对丰富民族文化、繁荣地方经济，推动民族旅游业发展具有重要意义。

1986年金秋十月，大学毕业工作不久的我有幸到黎平县参加“吴勉历史文化学术研讨会”，会议期间安排会议代表参观肇兴侗寨。汽车在颠簸了2个多小时后，正睡得昏昏沉沉的我，突然被“快看啊!肇兴到了。”的叫声惊醒。我急忙睁开眼睛一看，一个坐落在群山环抱的山间狭长坝子之中的侗族村寨映入我的眼帘。在鳞次栉比的吊脚木楼中，5座鼓楼错落有致地矗立在寨中的不同方位，雄伟而又挺拔。作为侗族村寨文化一个最醒目的外在标志，它使每一位视觉触及它的人都强烈地感受到侗民族文化的嵌入。难怪常听人们说：“肇兴侗寨是侗族地区拥有鼓楼最多的地方。到侗寨，不到肇兴会终身遗憾！”我第一次接触侗族文化就被这个古老而神秘的侗寨深深吸引了。

肇兴侗寨位于黎平县南部，距离县城70公里，是肇兴乡人民政府所在地，海拔410米，东经109° 11′，北纬25° 54′，夏无酷暑，冬少严寒。寨东南靠麒麟山，东有“关对”（侗语音译）坳，两条溪水于寨中汇合后流向西北。肇兴，旧名“肇洞”，它与黎平县的顿洞，从江县的洒洞、贯洞、云洞、独洞，民间历来称为“六洞”，是侗族南部方言区较大的村寨之一。清代咸丰年间以前，传说该寨曾达千户以上，故有“七百贯洞，千家肇洞”之称。因此，肇洞又被当地人称为“六洞”之首。1996年，贵州省原省委书记刘方仁在肇兴侗寨视察工作时，为肇兴挥毫题下：侗乡第一寨。该寨占地面积为180 960平方米，现有850多户，3500多人，为黎平县自然村寨之冠。

肇兴侗寨全为陆姓侗族，全寨分为五个大房族，分居五个自然片区，肇兴侗族把这种自然片区叫作“团”，各“团”建有自己的鼓楼，分别以仁、义、礼、智、信五团（寨）称之。原名称作“高寨”“登格”“登凳”“斗闷”“斗迫”，片区之间没有明显的分界线。五个大房族又内分为十二个房族：龙、袁、邓、嬴（宰）、满、孟、夏、白、曹、鲍、郭、马，家族内部秘传称为“内姓”，对外却一致称为陆姓。根据肇兴侗寨民间广泛相传的陆氏是开寨之主和《陆氏祖宗家谱》以及纪堂寨的《陆氏族谱》所记载的家族史来推断，肇兴侗寨大约已有700余年的历史了。因此说肇兴不愧为一个古老的侗寨。

20世纪90年代我先后两次又到肇兴侗寨对其民风民俗进行考察，这里不仅民风民俗淳朴，而且较完整地保存了诸多侗族优秀的传统文化：天籁之音的侗族大歌，集中国古典建筑与民族建筑为一体的民族建筑奇观——鼓楼、花桥，古老的婚俗、奇特的丧葬、多彩的节日文化、古风犹存的服饰文化、民间艺术奇葩——侗戏，等等。

2000年10月的某一天我再次来到肇兴侗寨考察，无意间获知在70年代以前，肇兴侗寨还有一项非常有趣的民间传统娱乐活动——“多达能”（汉语意即“踢水相击”或“水中相击”）。虽然这项活动不是在固定的节日里举行的，但这项活动给人们带来了胜似节日的欢乐，增添了无穷的乐趣。在和陆坤贤老师到纪堂侗寨考察回来的路上，当走到肇兴侗寨对面的山坳上，我举着照相机正准备拍摄肇兴寨的全貌时，陆老师突然对我说：“过去肇兴每年夏秋两季经常举行一种打水仗的活动，非常有意思，年轻人们拍击的嬉水声和观众们呐喊的助威声就传到这山上来，回荡在这山林之间，直到夜幕降临。”哦！我好奇地催着陆老师给我讲一讲，他说：传说，侗族祖先是从梧州一带沿河而上，到贵州黔东南落寨安家，繁衍人口的。后代为了纪念祖先沿河迁徙之举，便到河里去举行这一活动。每当夏秋两季到来时，侗家的姑娘小伙们从坡上劳作归来后，传事即击锣高喊：“多达能拜罗！”（即“踢水相击去罗”）人们听到喊声，纷纷赶到河边。人到齐后，以鼓楼族姓分为两队。每队40～50人，有时竟达百人之多。一队在上游，一队在下游，两队相距40余米列开阵势待命。当领头人高喊一声“战斗开始”。队员们便双手叉腰，单腿立地，用一只脚踢水，缓缓向前进攻，那气势如同几十人的踢球队，踢得整齐而颇有节奏；又如同几十人的水枪队，相互击向对方，水柱交织，双方毫不示弱，形成了一个人造的“水幕墙”。两岸观众也群情激昂，不停地为两队呐喊助威。当两队短兵相接时，开始互相踢击对方的臀部（规定只准踢击臀部）双方队员个个活泼灵巧，如水上蛟龙。在踢击中，有的因躲闪不及而被对手踢倒，也有的因自己用力过猛，使身体失去平衡而摔倒。每倒下一个人，参加活动者和两岸观众便发出热烈的掌声和善意的欢呼声……不知不觉，夕阳偷偷映在了河面上，如捣碎了的金子洒落在河床里，晶莹莹，亮晃晃，闪悠悠的，夜幕已经降临。“多达能”的战斗也以一方踢倒对方多人为胜，败者退回原处而宣告结束。“战斗”结束后，双方队员便在清水处洗头抹身，让一天的疲劳和烦恼都随水流走。这时姑娘和小伙子们悦耳清脆的歌声和开心惬意的笑声便轻轻地荡漾在河面上，慢慢地流淌着，飘向侗寨月夜的深处。

“文化大革命”期间，“多达能”这一民间传统娱乐活动被视为不文明的活动——“打屁股战”而被勒令禁止了。随着改革开放的深入和民族文化旅游业的迅速发展，这种益于健康，情绪欢乐，能给人们带来身心愉悦的独具民族风格的民间娱乐活动应该重新挖掘、开发出来，这有利于丰富我们的民族文化，繁荣地方经济，推动民族旅游业的迅速发展。

台江县革一乡、台盘乡苗族银饰专题调查报告

郭宸利　国兴文

关键词
苗族银饰　现状　历史变迁
传统文化　取向与传承

作　者
郭宸利
四川大学在读博士生
国兴文
毕业于贵州民族大学

苗族千百年来顽强地沿袭着自己的银饰传统，创造出最绚丽的银饰文化。银饰对于苗族不只是单纯的艺术品、美的象征、财富的标志，它根植于苗族历史文化、民俗生活的深土，有着更为广阔的社会功能和丰厚的文化内涵。在市场经济的冲击下，银饰的主要功能由原来的财富展示，逐渐偏重于审美情趣的追求和民族精神的凝聚，博大精深的银饰文化，正是这个顽强的民族力量的凝聚，性格的张扬。但是意识的物化，广泛的符号性，决定了苗族银饰作为传统文化的载体，不会因时间的推移被淘汰，也不会因现代文明的冲击而动摇。银饰文化的传承实质就是苗族文化的传承，这种“金银情结”必将世代延续，苗族银饰文化也将生生不息。

引 言

2007年9月30日至10月6日，由贵州民族学院民族文化学院师生组成的全国非物质文化遗产调查小组，赴黔东南台江县进行了为期7天的非物质文化遗产普查工作。我们对革一乡、台盘乡的苗族服饰、剪纸、刺绣、银饰作了专项调查。以革一乡的后哨村、北方村、大寨村、田坝村以及台盘乡的阳芳村为重点调查对象，对她们的盛装银饰，作了详细的拍摄和调查纪录。

当地苗族银饰主要包括头饰、耳饰、项饰、胸饰、手饰、腰饰、衣饰。每个苗族支系的银饰都不尽相同，显得璀璨多姿。就我们所调查的台江县革一乡和台盘乡来看，各个村寨间都存在着差异，可谓是百花齐放。

头饰包括银角冠、银帽、银童帽饰等，是最显眼、最重要、最华贵的饰品，纹饰细腻，组合繁杂，制作工艺也最为精致。银冠的形式有半球体全封顶式银帽、角冠式、冠状不封顶式等。苗族银饰追求重、大、多的观念，集中体现在了头饰上。

耳饰即耳环、耳坠，银耳环是苗族妇女的必备首饰。为了戴耳环，女孩从小就要穿耳朵，用糯米草一根根插进耳洞里。草的数量逐年增加，耳洞也逐年增大，这样就能换上更大的耳环。耳环造型主要有圆轮型、圆柱型、灯笼型等。

颈饰、胸饰种类包括银项圈、银项链、银排圈、银压领、银胸牌、银胸吊等。项饰有圆圈、扁圈、盘圈、藤形圈、扭丝圈、银环链条等。佩戴的时候按从大到小的排列呈套圈状。胸饰一般是压领、银锁、银胸吊饰等。

手饰包括手镯、戒指等。手镯有实心圆柱型、镂空盘丝型、扭丝螺旋型等，花样繁多。戒指多为传统的无花纹的样式，盛装、便装都可佩戴。

腰饰是较为独特的一项银饰，如果上衣镶满或是镶有较多银片、银泡的，一般就不再佩戴银腰带了，只有上衣没有镶银衣片的才用银腰带加以装饰。所以只有革一乡后哨村和台盘乡阳芳村的服饰上佩有银腰带。

衣饰包括银衣片、银衣泡、银衣吊、银铃、银扣等。银衣片是黔东南特有的装饰。用来装饰服饰，其数量不固定，有的将数百件的银衣片、银铃缀钉于绣衣之上，除刺绣衣面，满衣悉银，尽掩布色。追求银饰愈多愈美的审美习俗，在银衣上表现最为典型。在自织自染自绣，色彩深沉的土布上装佩上各式闪光的银饰，加上悠扬发声的银铃银片，打破了银饰的单调感，再现有动有静、有声有色、艳丽斑斓的综合效果，具有诱人的立体感，展现了苗族人民在服饰上的特殊造诣。盛装银衣一般要在很隆重的场合才穿，如婚嫁、节日庆典或参加别人的喜事时。

每个村寨一般都有专门打制银器的银匠，银料主要靠自家购买来，需要打制什么银饰，银匠就打制什么。银匠一般都是子承父业，世代相袭，手艺极少外传。

下面分别以几个比较典型的村寨银饰为例：

一、革一乡后哨村

后哨村因其地理位置与黄平接壤，服饰、银饰都接近黄平风格，在革一乡独树一帜。服饰色彩亮丽，满衣皆绣，绣花细碎，纹式多是几何纹样，排列紧凑而有规律。银饰则以银帽和银腰带最具特色。

（一）头饰

银帽为半球形，全封顶。分内外两层，用铁丝箍出球状造型。顶部是三只老鹰。银帽主体由成百上千的喇叭花朵和蝴蝶状的银花构成，簇簇拥拥，十分繁密。有凤鸟、蝴蝶、螳螂高踞花簇上，形态逼真。帽箍为压花银片，沿帽箍分三层垂下三排吊穗。帽后有五条银飘带，飘带上为发辫纹式，象征女子的长发。

（二）耳饰

耳饰是由蝴蝶状银片呈灯笼型连接而成的耳坠。

（三）项饰、胸饰

后哨村的颈饰和胸饰共有一件银压领和一个银项圈。

银压领是从长命锁演变而来，因其贴着衣襟而得名。为简单的实心连环相扣式链条，下面吊着分三段式的胸吊牌，吊牌上是龙的图样，左右两边还各附着一条小的龙。银项圈上有“双龙戏珠”图案，下面由各种图案（福字、猴子、蝴蝶、天鹅等）的银片及铃铛缀饰组成。

（四）手饰

手镯样式传统，没有加以花纹修饰，强调拙朴、实在。用银丝拧成，纽丝式结构。厚度约1厘米。

（五）腰饰

后哨村的银腰带较为独特，因为其盛装满背皆绣，不用镶银衣片，而以银腰带代之，形成特色。银腰带是把银菩萨缀钉在布带上，一般镶两排，个数多达百余枚。第三排则是蝴蝶、鱼、蜜蜂等图案的银片，下端坠有吊穗和铃铛。后面是交叉系的布带，也镶有银菩萨。银菩萨像体现出了银腰带的庇佑驱邪功能，象征吉祥。

（六）衣饰

后哨村服饰因为满衣皆绣，没有任何银衣片装饰，但是巧妙设计银腰带作点缀。整套盛装色彩亮丽，枣红色绸缎面料，无扣交襟式。

衣襟、两袖及整个背部都绣满花。色调鲜亮，以粉红、大红、橘红、蓝色为主色。绣花细碎，纹式多是几何纹样，有细条状、圆点状、浮云状、蝴蝶状、波浪形等，排列紧凑而有规律。裙子是百褶裙，枣红色底色，裙摆部位是织锦和绣饰。穿戴时前后各系一块围腰，围腰上绣有水车纹饰。

二、革一乡北方村

北方村的服饰银饰特点是结构复杂、纹饰细腻、花样繁多。盛装银饰佩戴很繁杂，件数较多。

（一）头饰

北方村的银冠是牛角冠。角冠是苗族最古老的头饰之一，其历史可以追溯到有关蚩尤氏的记载，苗族先民在战争时就曾佩戴模仿水牯牛角的头饰，之后一直被延续下来，苗族角冠正是祖先崇拜的物化。角冠的结构为半球形全封顶银冠，在其顶端插有牛角银片。牛角上饰有“双龙戏珠”的纹样，其上栖有两只凤凰和一朵大花朵。冠体由繁密的4个花瓣的花朵样银花簇成，银花丛上也踞着4只凤凰。帽檐垂有鱼、蝴蝶、喜鹊等图案的银片吊穗。

（二）耳饰

耳饰是镂空雕花圆轮型的大耳柱，其大与重的特色也体现了苗族银饰追求重、大、多的特点。

（三）项饰、胸饰

北方村的盛装银饰佩戴较为复杂。项饰、胸饰共计6件，有2个银藤圈（一大一小）、一个盘丝圈、一个节套式项圈、一条银链、一个双龙抢宝项圈。银藤圈苗语名为“pu”，是拧花状藤形项圈，有大小两个。藤形象征犁田的绳索，花式省略，突出重量显示财富。佩戴时一般把各项圈按从小到大的排列呈套圈状。在两个银藤圈中间佩带的是一种由一节一节的银圈串成的项圈，再大点的是一个由银丝绞成的镂空式项圈。最大的则是双龙抢宝项圈，其中央有“双龙抢宝”纹式，下端为花朵、鱼图案的银片和铃铛串成，每串有4片银片。

（四）手饰

手镯有实心圆柱型和丝状缠绕型。圆柱型的是传统样式，没有任何花纹修饰。盘丝型的则是新的样式，用细细的银丝缠绕成宽大的手镯，但因为是镂空结构，所以很轻巧，不笨重。

（五）衣饰

北方村的盛装是典型的银衣，满衣悉银，较有特色。盛装色彩为单一的枣红色，绣花图案纹饰丰富多彩，保留了与历史传说及生活环境相关的传统图案（如公鸡、树根、蝴蝶、螃蟹、浮萍等），带有原始崇拜元素。但后背部分不绣，而以银泡、银片装饰。银衣片以两片半圆在背后合为中心，银衣片向四周铺展呈辐射状，这是一种较为特殊的排列形式，展现了独特的审美观，中央围成的圆圈意为“锅盖”。衣领、前襟、背部、袖口、衣角等大部分都镶有银片、银泡。衣领和袖口镶有一圈花朵状的小块银泡。衣角处镶有三角形、长方形的银片。衣摆的银片下沿坠有一圈银吊铃，穿上银衣，但凡举手投足，则环佩叮当，铃声不绝。银衣片的图案主要有鱼、天鹅、龙、花、蝴蝶、池塘里的漂浮物及“骑马武士”像等。

三、革一乡大寨村

（一）头饰

大寨村的头饰和北方村相似，但是有成人帽饰和童帽之分。

嫁妆银冠也是牛角冠，半球形全封顶。顶端插有牛角，牛角上饰有“双龙戏珠”的纹式。主体由细碎的4个花瓣的银花丛构成，银花皆用簧形银丝同帽体相连，有花枝和3只喜鹊呈飞翔状支在其上，走动时银花晃动，摇曳生姿。帽檐有蝴蝶银片和铃铛坠饰。

童装银冠结构比较简单，为半球状，不封顶。顶端有3只小鸟，并有摇曳的花枝，花枝上吊有铃铛。主体是花草丛状的银花，中央有大朵葵花，周边是小葵花装饰。帽箍有“骑马武士”样的压花，下面有一排吊穗。

银菩萨童帽饰，在绣花童帽的额顶部分并排缀有“菩萨”状的银片，认为菩萨具有庇佑儿童驱邪免灾、平安成长的功用。沿帽镶有一圈圆形银片，背面坠有3个铃铛。

（二）耳饰

大寨村的耳饰也是由银片串成的吊坠形式。

（三）项饰、胸饰

盛装项饰、胸饰共计4件，两个银藤（一大一小）、一个节套式项圈、一个双龙抢宝项圈。便装银饰则随意搭配，一般只佩戴一两件，如戴一串银链条和一个银藤圈。其各件项饰、胸饰的形式基本和北方村的雷同。

（四）手饰

大寨村的手饰和北方村相似。手镯一般也是圆柱型和丝状缠绕型。

（五）衣饰

大寨村的盛装银衣与北方村的雷同，也是满衣皆银，衣领、前襟、背部、袖口、衣角等大部分都镶有银片、银泡。盛装后背银片也呈辐射状排列，只是排列得更为紧密，银片数量更多。童装银衣的后背银片装饰简单，为两排银衣片，呈竖状直线排列。银片图案有龙、花朵、蝴蝶、老鹰、人马像、福字。

四、台盘乡阳芳村

台盘乡阳芳村的服饰、银饰都与革一乡差别较大。服饰色彩艳丽，裙子是最有特色的扫地裙。银饰佩戴相对简单。

（一）头饰

银冠为半球状结构，不封顶。顶端用3根铁丝并排支有3只凤凰，带有吊穗。周围由百合花状的银花簇围成，中央是大朵的葵花，下端有喇叭状吊穗。银花有塑料彩色珠子做花蕊点缀。帽箍为压花银片，有“骑马武士”和喜鹊的图案。沿帽箍有一排吊穗。

（二）耳饰

耳饰是镂空雕花圆轮型的大耳坠。

（三）项饰、胸饰

台盘乡阳芳村的颈胸饰很简单。只佩戴一个银藤圈和一个银压领。银压领，是由一条银链条挂上一个长方形的锁状胸牌，银牌上有“双狮戏珠”图案，下端坠有铃铛，垂至衣摆部位。

（四）手饰

手镯形式多样，有传统实心圆柱型、藤形纹型、方柱扭索型、螺旋型等。与革一乡相比，显得多样化。

（五）腰饰

因为阳芳村的上衣只有衣襟、衣袖部分有绣饰，没有镶任何银片、银泡，所以在腰际部位用银腰带形式来装饰，使整体显得不单调。银腰带是在上衣背部腰际的绣条上，镶上蝴蝶样的银片，并吊上铃铛吊坠，只有从背面可见。

（六）衣饰

阳芳村的服饰很特别，色彩搭配十分和谐典雅，再配上银饰显得雍容华贵。整体色彩艳丽、璀璨夺目、绣花独特，但没有银衣片装饰，而是以银腰带作点缀。裙子是别具一格的条状扫地裙。

上衣是绸缎面料，宝石蓝为底色的交襟式。衣襟处有织锦纹饰，两袖较宽且长，黑粗布为底，绣有精致的绣花。绣法为很独特的堆绣和编绣，色彩以黄、红、绿为主，对比度强，并有质感。图案整体结构很大，为对称的两条龙，以金黄的亮片和彩带作装点。背后有两条绣条作飘带。

裙子俗称为“扫地裙”，是由23条长及脚踝的绣条组成。色彩鲜亮，与上衣搭配十分和谐。每条裙片由5段绣片串成，有三条长方形的，中间用两片椭圆形的相间隔开来，相接处有银色亮珠点缀。裙片以黑色尼龙为面料，上面绣花，图案周边用金黄色的细丝带圈出轮廓。图案是常见的花鸟鱼虫等各类动植物，如花朵、草丛、向日葵、菊花、葡萄、南瓜、柿子、金鱼、鸭子、蜻蜓、喜鹊等。裙摆部位是统一的倒钩状图案。

五、小　结

以上是对所选取的台江县革一乡、台盘乡几个不同村寨的银饰简介。通过这些调查记录，有很多值得深思的话题。

每个民族的服饰与装扮形式，都与其社会经济和文化发展历史紧密相连，反映出独特的历史变迁、意识形态、文化艺术和审美原则。绚丽的银饰在苗族社会生活中有着举足轻重的地位，发挥着不可忽视的功用，展示了极其丰富的社会内容，映照出苗族人民在不同历史时期的民风、审美情趣、思维方式等广阔的社会生活图景。

苗族千百年来顽强地沿袭着自己的银饰传统，坚持保留它独特的造型、图案和表现方法，即使受外族的排斥和影响，最终仍然没有将其同化。人们不禁要问，千百年来，为什么银饰会成为一个民族的象征？苗族为什么要用白银来装饰自己，是什么因素在起作用？他们仅仅是为了装饰而装饰，只是简单的爱美原因？苗家女子盛装披银，银冠、银项圈、银链、银镯……全身的银装沉重而繁杂，然而她们要比谁的最重、最大、最多，这种奇怪的心理因素究竟是为什么？这一切只能从这个民族特殊的历史背景、文化状态等诸多因素中去探求。

（一）根深蒂固的“金银情结”

白银为什么会成为一个民族的象征？是什么因素在起作用？答案得追溯到远古时代的苗族先民。苗族对于金银的喜好源远流长，有着代代相传的、根深蒂固的“金银情结”。[1]从银饰在苗族中产生，并最终确立在其心目中最神圣之地位，经过几千年的岁月风化，仍然得以传承，根本原因就在于这种“金银情结”。

苗族先民因常年的战乱而四处漂泊和迁徙，所以他们把所有的财富随身戴在身上，把钱财化为饰品，是最实际的方式，这也许是苗族好银的直接原因。其次，苗族先辈认为银饰可以避邪、去毒、防止瘟疫，对白银有了崇拜。而且银是一种贵重金属，拥有银制品的多少，是见证这个家庭是否富有，衡量是否受到传统的家庭文化教育的标准。苗族银饰的产生还有着深层的精神动因，借助银饰来表现精神信仰以及内心情感世界，从深层面上来讲，银饰可以说是充当了某种心灵沟通的媒介。有文字的民族，会把这些历史变迁、精神信仰、文化传承汇成一部史诗，但苗族没有文字，他们只能将记忆与情感倾注到银饰中。所以银饰不再是单纯的艺术品，它根植于苗族历史文化、民俗生活的深土，有着博大精深的社会功能和文化内涵。

（二）文化性与符号性

苗族银饰是具有文化性和符号性的，可以说是苗族的一张名片，是记载苗族迁徙争战历史的符号、是对外彰显民族特征的符号、是对内区别族内各分支的符号，是显示财富与社会地位的符号，是标志年龄与婚否的符号。[2]

苗族自古没有文字，而服饰、银饰就取代了文字的功能，成为承载苗族历史文化的载体，所以人们称苗族服饰是“文字史书”，称苗族银饰是“活态金属艺术”。服饰上的每个花纹图案都是一段历史故事的演绎，银饰的每种纹饰造型都是苗族文化精华的传承。

作为民族的外部标志，它起到符号标志的作用；作为传承物，它

---

[1] 参见宛志贤：《苗族银饰》，贵州民族出版社2004年版。

[2] 参见胡起塑、李廷贵：《苗族研究论丛》，贵州民族出版社1988年版。

把族内同一祖先的子孙紧紧地维系在一起；作为崇拜物，它从心理上给予人们安全感；作为嫁妆，它是人们幸福婚恋生活愿望的表达，给人们带来了无穷的寄托。意识的物化，广泛的符号性，决定了苗族银饰作为传统文化的载体，不会因时间的推移而被淘汰，也不会因现代文明的冲击而动摇。

（三）独特的审美意识

每个民族都创造了属于自己的独一无二的审美文化，服饰与配饰就是这种审美文化最直接、最鲜明的载体，是审美情趣无声的表达，个性的演绎。苗族银饰是美的象征，这种美是原始的美、自然的美、神圣而朴素的美，它美在古朴的形式，美在自然的展示，美在神圣的意蕴。

说它原始，因为它保持着古老的形态，带有浓厚的历史气息。例如，牛角冠可追溯到苗族先民在战争时曾佩戴模仿水牯牛角的头饰，延传至今。说它自然，因为注重服饰与银饰之间的搭配，以及对健康的生态美的体现。盛装服饰搭配隆重的盛装银饰，珠联璧合，显得雍容华贵，庄重得体；便装则佩戴简单银饰，方便简洁又大方；并且银饰本身的造型结构、纹饰图案都是精心搭配而成，显得和谐灵动。从另一个角度看，以其重、大、多为美的追求，本身就是对人体健康活力美的欣赏，呈现出生命的自然状态。说它神圣，因为它充满了神性的张扬和想象力的自由驰骋。在古老银饰的图样造型中，通过各种纹样的寓意来表达人们不同的祈愿。

苗族银饰具有一种展示性，既是基于现实生活的也是表现艺术的。苗族民谚说："无银无花，不成姑娘。"在过节或婚嫁这样的重要时刻，都要着盛装佩戴银饰，且越多越美。在苗女心目中，只有在银饰的装扮下，才能展示出最为美丽动人的一面。并且在属于自己的服饰和银饰中，最能展现自己精巧的手艺和个人的审美情趣。这是一种美的展示，这种展示导致了银饰艺术的交流，使得苗族的艺术审美能力不断提高，从而促进银饰艺术的不断繁荣。

（四）古今财富观的变迁

苗族把拥有银饰的多少和精美与否，作为衡量财富多少和地位高低的标准。苗族的财富观在银饰上得到最佳诠释，对银饰普遍追求愈重、愈多、愈大的观念，形成独特的夸富心理。不重吃住，而讲究银饰的穿戴，把全部精力用在置办盛装银饰上，甚至有“无银不成婚”的习俗。银饰伴随苗族的一生，从出生到婚嫁，直至离世都离不开银器，这是根深蒂固的财富观所致。然而在市场经济的冲击下，苗族的传统财富观也在时代的进步中发生了改变。随着苗乡生活水平的提高，人人家里都有了置办银饰的经济能力，光从银饰并不能完全体现出其家境状况。所以不再把银饰作为唯一的财富标志，银饰的主要功能由原先的财富展示意义，逐渐偏重于审美情趣的追求和民族精神的凝聚。

（五）现代苗族文化的取向与银饰的传承

在现代文化浪潮的冲击下，为什么苗族银饰还能顽强的立足并沿袭下来，呈日益繁荣之势？随着现代化的推进，苗族地区过去由于地域和时空的限制所造成的社会生活和文化生活的相对封闭性被打破，文化传统对于社会成员文化选择的唯一性也逐渐被打破，苗族对于文化有了更大的选择空间，传统文化的稳定性受到冲击，完整性受到威胁，文化传承链面临断裂。[1]现代服装和工艺品大量进入民族地区，多元化的大市场对民族传统装束有着强大的吸引力。但是苗族传统服饰、银饰的根依然很深，其神圣地位并没有动摇，苗族不仅把它看作

---

[1] 参见素晓霞：《并非两难的选择——云贵少数民族文化保护与开发问题研究》，贵州人民出版社2003年版。

一种饰品，而更看成是本民族优秀文化传统的最生动、最美的体现，因而无论是祖辈都生活在苗乡的老一辈，还是正在受大都市时尚风影响的年轻人，都不愿轻易摒弃世代相传的服饰与银饰文化。从另一角度看，随着旅游业的繁荣，大批的民族传统服饰、银饰都被作为旅游工艺品出售，成为可以带来经济效益的商品符号，在旅游开发区甚至逐渐有了一些专门批量生产制作银饰的工厂，代替了原来古朴的手工制作工艺。[1]现今苗族银饰文化的生存空间与氛围渐渐淡化，民间文化由参与性文化褪变为观赏性、表演性文化，银饰由过去人人必须拥有必须展示，逐渐沦为旅游节日、娱乐内容的道具和附庸。[2]但是不可否认的是，外界多元的审美追求也是当今苗族银饰继续生存发展的动力，市场在给苗族传统银饰带来负面影响的同时，也刺激催生着苗族银饰的不断发展，市场需求是其得以继续存在发展的土壤，只要民族自身还需要，市场还需要，苗族银饰就不会退出历史舞台。博大精深的银饰文化，正是这个顽强的民族力量的凝聚，性格的张扬。坚持传承传统银饰文化，这是苗族在现代社会中，对传统文化的选择和变迁发展的取舍，也是一种民族自信心的体现。苗族人对祖先的信仰崇拜从未消失，对本民族的热爱之情不曾减退，维系民族生存的情感纽带不会中断。

这个坚强不屈的伟大的民族，以她最独特的姿态巍然屹立于世界民族之林，向世人展示着她绚丽多姿的民族文化以及令人震撼的民族精神。银饰文化的传承实质就是苗族文化的传承，这种“金银情结”必将世代延续，苗族银饰文化也将生生不息。

（本文受访者：杨稀，女，25岁；田兴兰，女，50岁；张两八，女，49岁；杨胜梅，女，24岁；杨台妮，女，12岁；熊朝珍，女，41岁）

---

[1] 参见杨正文:《鸟纹羽衣》，四川人民出版社2003年版。

[2] 参见杨正文:《苗族服饰文化》，贵州民族出版社1998年版。

九寨侗族妇女服饰与婚姻关系的田野调查

傅安辉

关键词

九寨 侗族 妇女服饰 婚姻 群落 关系

作 者

傅安辉

凯里学院教授 省管专家

研究方向

侗族民间文化

邮 编

556000

贵州省锦屏县九寨山区的侗族妇女服饰在九寨侗族社会生活中可起到区别所属群落的作用，成为识别和确定婚姻范围的标志。一种服饰为一个婚姻群落，穿着不同款式服饰的妇女表明她们是属于不同的婚姻群落。不同服饰的群落一般不缔结婚姻关系。

爬上贵州省锦屏县九寨山区这片侗族腹地，人们会感觉到其厚重的民族文化艺术氛围。尤其是侗族的服饰文化艺术，作为九寨侗族文明发展史的符号之一，留给人们的印象更为深刻，那是山区特有的服饰，与生存环境息息相关。本文所探讨的是九寨侗族妇女服饰与婚姻的关系。九寨山区不同的侗族服饰款式属于不同的婚姻群落。九寨侗族不同的居住群落有不同的服饰款式，穿着不同款式服饰的妇女属于不同的居住群落。相同的居住群落有相同的服饰款式，相同服饰款式的人们才能缔结婚姻关系。因此，服饰成为识别和确定婚姻范围的标志。一种款式的服饰代表着一个婚姻群落，不同服饰的群落一般不缔结婚姻关系。也就是说，靠服饰区别所属婚姻群落，婚姻群落实行的是内婚制。

一、九寨侗族妇女服饰的不同款式表明她们属于不同的婚姻群落

（一）服饰款式

九寨山区现有一乡一镇，即彦洞乡和平秋镇。九寨妇女服饰有五种款式。其中彦洞乡有两种，平秋镇有三种。

1. 彦洞乡两种款式

（1）彦洞瑶白款。彦洞瑶白款包括采芹、下茶、登尼、救民、西月、救王、仁里、归洛、理榜等村寨的服饰。妇女上衣下裤，颜色多为青、蓝色，盘辫于头，包扎布头帕，戴少量银饰，衣长裤短，捆腰带，穿自制鞋。

（2）黄门仁丰款。黄门仁丰款包括九勺、登泵、塘俄、老权、塘伦、归榜、归架等村寨的服饰。妇女上衣下裤，颜色多为深蓝色或浅青色，包有印花的毛巾头帕，头发与红头绳编成辫子盘绕于头上。衣裤长短宽窄适度，穿自制鞋。

2. 平秋镇三种款式

（1）平秋石引款。平秋石引款包括富故、开了、岑良、岑拱、万丰、兰托、圭宿、小岸、岩有、平勤、三德、桥问、更斗、更我等村寨的服饰。妇女上衣下裤，颜色以黑色为主，也有深蓝色等颜色，从花冠、银梳、银簪、耳环、项圈、银排扣、银胸花、银衣扣到银手镯，样样佩戴。非常讲究头饰，挽长发于脑后部成发髻，别上银簪，插上银梳，再罩上花冠，或打结式地包上黑头帕，在头后打结后，一帕角斜朝上，一帕角斜朝下。穿衣用彩线镶边，衣袖有黑、青、白三环颜色，捆腰带，穿自制的翘鼻绣花鞋。

（2）魁胆平翁款。魁胆平翁款包括各龙、孟寨、凸寨、便大等村寨的服饰。妇女上衣下裤，衣至膝盖，裤至小腿。颜色多为黑色、青色或蓝色。佩戴银饰少于平秋石引款，平时不扎头巾，多用红头绳与长发编辫子盘绕于头上，或包黑色头帕，在脑后打结，一帕角斜朝上，一帕角斜朝下。所穿衣裤均宽大，捆腰带，或穿浅色衣服，不捆腰带。穿自制的翘鼻绣花鞋，或其他自制鞋。

（3）高坝皮所款。高坝皮所款包括高岑、高车、归叶、孟白、开了、新寨等村寨的服饰。妇女上衣下裤，服饰布料一般从市场上购买，不自产布料，服饰款式已经汉化，当地人称“穿洋装”。颜色以鲜艳浅色为主，但很少穿花衣裳，不束胸，不捆腰带，不戴银饰。留短发，并在头两侧用红头绳或胶线圈捆两小股头发。额头留一排流海齐于眉毛处。衣裤与躯体相称，宽窄适中。外出穿草鞋或商品鞋，在家穿自制布鞋。

九寨山区侗族服饰的不同款式的存在，主要是从妇女身上体现出来。九寨山区的侗族男人服饰从民国以来基本上已经汉化，与附近汉族和苗族男人的服饰大体相同。

（二）服饰与婚姻

一个初来乍到的外地人，可以区别出九寨山区侗族妇女的五种服饰款式，但是，不能与婚姻群落相联系。就是说，他们不知道哪种服饰款式属于哪个婚姻群落。而对于九寨本地人来说，只要看见一个人的穿着打扮，就能识别出她所属的婚姻群落。

在九寨山区，一个侗族妇女，从她出生的那一天起，就已经决定了她穿哪一种款式的服饰。从幼年到老年，直到谢世入棺，她都只能穿这一款式的服饰，不能随心所欲地更改成其他的款式。一个侗族妇女，劳动场合穿属于她们款式的便装，社交场合穿属于她们款式的盛装。无论是春、夏、秋、冬，无论是气候冷暖雨晴，劳动场合都穿便装，社交场合大多都穿盛装。没有条件的才穿便装进入社交场合。

九寨侗族妇女的每一种服饰款式，都是由一个固定的居住群落穿着。一个居住群落，只穿一种款式的服饰；一个款式的服饰，也只能属于一个居住群落的人穿着。所以，九寨侗族妇女服饰的五种款式，已经把九寨侗族社会划分为五个固定的居住群落。九寨侗族的男性，则分别属于自己母亲的那个居住群落。在社会发展和民族相互交往的过程中，其他民族如苗族、汉族进入九寨变成了侗族，他们也必须严格遵守这一规则。穿着某一款式的服饰，成为这一服饰款式对应的固定群落中的一员。

由侗族妇女服饰的不同款式划分出来的居住群落，实际上就是一个婚姻缔结联盟，穿着不同款式服饰的人群，就是不同的婚姻缔结联盟。九寨侗族的婚姻，一般是在婚姻缔结联盟内部进行。不同的婚姻缔结联盟，相互间不通婚。例如，魁胆平翁的人一般都不与彦洞瑶白、高坝、皮所、黄门仁丰等居住群落的人结亲，平秋石引的人也不与高坝皮所、彦洞瑶白、黄门仁丰等居住群落的人结亲，黄门仁丰的人也不与魁胆平翁、平秋石引、高坝皮所等居住群落的人结亲。五种款式服饰对应的五个婚姻缔结联盟，相互之间在过去是不通婚的。

从以上所述，我们可以认为，九寨侗族妇女服饰所具有的社会功能，就是在九寨侗族社会中界定婚姻范围，限制婚配对象。九寨侗族的婚姻，是以妇女的服饰款式为标志的婚姻群落内婚制。九寨侗族妇女服饰是侗族社会中识别和认定婚姻群落的标志。

二、九寨侗族妇女服饰在九寨侗族婚姻活动中的作用

九寨侗族婚姻群落，也就是婚姻缔结联盟实行内婚制，这在婚姻的整个活动中都必须严格地遵守，否则，会遭到排斥和打击。如何严格遵守而不至于发生犯规呢？九寨侗族妇女服饰在其中起到了重要作用。

（一）在恋爱求偶活动中的作用

恋爱求偶活动是侗族婚姻的基础，也是侗族婚姻生活的一项重要内容。侗族青年男女人人都有权利自由参加恋爱求偶活动。每当行歌坐夜、玩山赶坳、赶歌场或其他集会活动时，九寨的侗族青年男女和附近天柱、剑河、黎平等地的侗族、苗族、汉族青年男女都赶来参加。但是，九寨侗族青年男女和不同婚姻群落以及外来的他族青年男女仅仅局限于对唱情歌取乐或比试才华，不能发展为恋爱求偶。只有同一服饰款式的人们才可以通过对唱情歌等方式发展为恋爱求偶的相互交往。

在成千上万人参加的节日或集会活动中，如何识别出对方与自己是同一婚姻群落的成员呢？这是参加节日或集会活动进行恋爱求偶的每一个侗族青年男女必须首先解决的一个问题。怎么解决？逐一去问，既笨又行不通。在那么多的人群之中，在极有限的时间以内，必须采用一个准确无误、简单可行而又有效的办法，这就是利用服饰的款式来识别。不同的服饰款式，属于不同的婚姻群落，这是一眼就可以辨别清楚的。九寨侗族青年男女的恋爱求偶活动，一般是男的首先去联系女的，只要男的识别出了同属一个婚姻群落的女方，就不会发生弄错恋爱对象的事情了。在人山人海的歌节场合或其他集会场合里，九寨侗族女青年凭着她们不同款式的服饰，明确地表明她们所属的婚姻群落和她们的通婚范围，而与同一婚姻群

落中的侗族男青年进行恋爱求偶活动，从而保证了九寨侗族婚姻群落的内婚制的顺利进行。

九寨侗族的恋爱求偶活动，白天晚上都可以进行，一年四季都可以开展，它是为了解决未婚青年男女个人的婚姻问题而进行的社交活动，但是，已婚的青年男女也可以参加这些集体性的恋爱求偶活动。那么，又如何来识别已婚的青年男女呢？仍然要靠服饰来解决这一问题。已婚的少妇，一般头饰与未婚的女子头饰不同，通过头饰的不同可以把她们区别开来。已婚的青年男子所穿的服饰也要比未婚的青年男子逊色一些，在那一小群男子的穿着中，很容易看出他们是已婚者。已婚女子的头饰、已婚男子的穿着有别于未婚青年男女，这在同一婚姻群落人们的心目中很容易辨别出来，但是，这在外族人或不同的婚姻群落人中很难看出来，这其中的问题在于不会识别同一款式服饰中头饰与衣着颜色的不同之处。

为了表明青年男女双方同属一个婚姻群落，也为了让青年男女双方的父母相信他们的子女恋爱求偶没有弄错对象，九寨侗族青年男女在两三次的交往之后有互相赠送信物的习惯。而这信物，一般是一件衣服，或者一件能表明婚姻群落的银饰品。

（二）在缔结婚姻中的作用

九寨侗族的婚姻，一般都是当事人通过数年时间的恋爱求偶活动之后而缔结的。在恋爱求偶活动阶段，男女双方已经明确了同属一个婚姻群落。因此，妇女服饰在缔结婚姻时已经没有识别的作用，也无须再去识别。但是，妇女服饰的确影响着婚姻的缔结。

九寨侗族妇女，从七八岁起，就要跟着母亲学习纺织、缝制、刺绣，到青年时就要学会制作服装。因此，只有会缝制服装的侗族女子，才被侗族男子娶做妻子。如果不会缝制服装（从种棉、纺纱、织布、染色、挑花、刺绣到缝制成衣服穿戴），男方家族里的人就会不同意娶她进来，因此，婚姻就难以缔结。一些人家为了女儿顺利出嫁，往往特别留意女儿的手上功夫的训练，在婚前让其大练女红本领。还特意允许她们出售家里的产品，如蔬菜、水果、家禽、家畜、粮食等，所得的钱用来购买针线、颜料、缝制服装的材料等。到出嫁之后，真正到了“坐夫家”之时，从娘家拿去的服饰越多，越被人敬佩。可见，一个会制作服装的九寨侗族妇女，在婚姻缔结中就会有很高的地位，就会受到人们的尊重和敬佩，以铸成十分牢固的婚姻关系。否则，不能缔结婚姻。即使暂时成了亲，日后由于不会缝制服装，也会成为对方提出离婚的理由。这从另一个侧面说明了九寨侗族妇女服饰在九寨侗族婚姻中的重要作用。

三、九寨侗族妇女服饰与婚姻关系的变化

（一）婚姻传统

在本文第一、二部分，我们已经知道九寨侗族婚姻的传统。

九寨侗族的婚姻是以妇女服饰的款式为标志的婚姻群落的内婚制，这是九寨侗族婚姻的历史，是长期以来形成的婚姻事实。九寨侗族的婚姻群落，是由若干姓氏家族组成。婚姻群落不是社会组织，也不是真正盟誓过的婚姻缔结联盟，它仅是依据妇女服饰的不同款式，把整个九寨山区划分为五个婚姻群落，以达到界定婚姻范围，限制婚配对象的目的。

九寨的每个婚姻群落内部，只禁止姨表通婚，禁止与被封为“鬼家族”的人通婚，却不禁止同宗通婚。因此，黄门村的王姓人和魁胆村的王姓人，其内部均可以同姓开亲。黄门村的王姓人，属于同宗的远房家族之间通婚。魁胆村的王姓人，属于真王姓人与假王姓人之间的通婚。魁胆村开始到村里拓荒的人姓王，后来加入魁胆居住的其他姓氏人改姓依附王姓，婚姻在先入者与后来者家族之间进行，所以是真正王姓人与假王姓人的通婚。这些婚姻情况也多少表明带有古代部

落族内婚制的遗迹。

从九寨侗族妇女服饰与婚姻的关系中，我们可以看到，相对的封闭，造成了通婚范围的相对狭小。九寨山区东西不过100华里，南北不过30华里，就存在着五种服饰款式，形成五个婚姻群落，实行着群落内婚制。几个村寨间世代联婚，这对提高人口素质有很多不利。

（二）过去的变迁

不同服饰款式的九寨侗族人不通婚的传统，也不是一成不变的。事物总是要发展变化的，没有一成不变的东西。今天看到的九寨侗族妇女的传统服饰，也是经过了许多变化发展而形成的。除了服饰布料葛布、麻布和棉布是自制的之外，其款式已经不是纯民族的东西。根据研究比较，如今九寨侗族妇女的传统盛装是宋、明时代汉服的款式，其传统便服则是明、清时代汉族人穿的便服款式。如今还能看到九寨侗族男子的传统服饰长袍马褂圆帽，则是清朝汉族满族人的服饰款式。至于九寨山区中高坝、皮所等村寨的“洋装”则是清代都市妇女穿的右衽圆领镶边衣，平秋石引等村寨妇女所戴的金银首饰也是对宋代以来汉族首饰样式的借鉴。从以上所述，足以看到九寨侗族的传统服饰是在继承和借鉴中不断发展变化的。

与此相适应，九寨侗族的婚姻制度也是发展变化的。九寨侗族不是自古以来就栖息在九寨山区，而是经过不断迁徙而落户在九寨这块山地里的。九寨侗族在未到九寨山区之前，肯定有他们与环境相适应的婚姻规则。到达九寨之后，由于重山阻隔，交通不便，居住在相近地缘的人们生活来源大体相同，相互间的来往促成文化艺术和思想以及价值观的认同，自然就形成了婚姻群落以及群落内婚制的规则。由于中原文化通过清水江源源不断地传播到锦屏县地，传播到九寨山区，九寨侗族在服饰文化上不断接受外来的东西，发生了传统服饰的变化。因此，也带来了婚姻关系的变化。现在九寨山区的五个婚姻群落并不是从九寨有侗族人以来就形成的、一成不变的，它也是在漫长的历史进程中不断发展变化形成的。

早在清末民初，九寨五个婚姻群落之间，已经有了婚姻缔结。但是，人数极少，往往为家人、族人、寨人所不容而离异。民国以来，不同婚姻群落之间的婚姻缔结也时有发生，但是，依然为极少数人的行为。

（三）现在的新变化

真正有点动摇“服饰不同不通婚”规则的情况发生在如今的21世纪初。改革开放以后，大量的人员流动，外面的人涌进九寨山区，而九寨山区的侗族青年男女纷纷离乡外出打工，他们到了沿海地区或其他城市，把九寨人视为最亲的故乡人，尽管彼此间属于不同的婚姻群落，却因为共同的打工遭遇而相处在一起，有了深厚的感情，发展成为甜蜜的爱情，于是，结成了姻缘。

如今的市场经济使全国各地的联系更加紧密，以汉族文化为代表的时尚文化迅速传播到各地少数民族地区，并且迅速被人们所接受。例如，以汉族服饰为代表的时装已经成为外出打工和在家干活的九寨妇女的服饰，过去九寨山区五个不同的妇女服饰款式基本上已经成为历史。在现实生活中，只有四五十岁以上的人群中的一部分仍在穿传统的便服，至于传统盛装，只有少数人在节庆等大型社交活动中穿着。九寨侗族妇女传统服饰的变化，引起了婚姻范围、婚姻对象的改变。现在九寨山区，五个婚姻群落之间都已经有了一些人通婚。这种势头会越来越强大，传统固定的婚姻关系再也难以完全保持。可以预测，以后九寨侗族妇女的传统服饰会完全消失，她们穿着与外地人一样的时装，由此而使九寨山区的五个婚姻群落解体，以致整个九寨的婚姻一体化。也就是说，与九寨的侗族妇女服饰的时尚化相一致的是九寨侗族婚姻的一体化。与此同时，由于九寨侗族妇女的服饰与外地妇女一样，就会带来两种可能：一是九寨侗族妇女可能嫁到外地去做媳妇；二是九寨侗族男子可能娶来外地妇女做妻子。因为相同的服饰会成就相同的婚姻，而不管空间距离有多大。

如今改革开放，搞市场经济，全国一盘棋，地区封锁越来越被打破，各地交往越来越频繁，互相之间取长补短，共同性在扩大，差异性在缩小。在这样的当今社会里，九寨山区也发生了翻天覆地的变化，尤其是九寨侗族传统服饰正在消亡，人们的穿着时尚化，取之于市场，相同于全国，封闭被打破了，带来了通婚范围的扩大，婚姻对象的自由选择，这应该是一种进步，非常有利于社会的改造和人口素质的提高。

九寨较为封闭的山门被打开之后，九寨与外界的交往频繁了，九寨侗族更快节奏地接受着外来的时尚服饰，九寨的侗族婚姻也就冲破了五个婚姻群落的坚固壁垒，向外发展变化，向外建立了新的婚姻关系。服饰的认同，带来了新的婚姻缔结关系的认同。新的九寨侗族婚姻的缔结，使九寨一体化的同时，会进一步向周边扩大，走出九寨，走向全国。

云南散居民族地区农村教育问题研究

——以昭通苗族地区为例

王 俊

关键词

散居民族 农村 教育 苗族

作 者

王 俊

云南大学人文学院博士研究生

云南省社会科学院副研究员

近年来，由于国家实施的多种倾斜政策和扶持措施，云南散居民族地区的农村教育发展取得了一定的进步。但是，云南散居民族地区农村大多数地方经济社会发展相对缓慢，教育发展总体滞后。昭通市属典型的少数民族散居地区，80%以上的苗族居住在高二半山和高寒山区，生产生活水平较低，教育问题尤为突出。民族教育滞后是散居民族地区农村经济社会发展缓慢的根本原因，若处理不当，有可能会影响到民族团结与社会稳定。本文以昭通苗族地区为例，探索云南散居民族地区农村教育如何在关照历史条件，又兼顾现实的需求下，走出一条可持续的良性发展道路，以期促进散居民族地区农村经济社会的和谐发展。

一、引　言

“散居民族”是指居住在民族区域自治地方以外的少数民族和居住在民族自治地方但并没有实行民族区域自治的少数民族。[1]散居民族地区农村既包括民族乡所辖区域，也包括少数民族人口占30%以上的村委会和村民小组所辖区域。

“大杂居、小聚居”是云南少数民族分布的一个显著特点。云南散居民族人口所占地区总人口比例约为11.8%。全省8个自治州、29个自治县共79个民族自治地方集中了1219万少数民族人口，在其他的50个县（市　、区）也都有少数民族分布。同时，在79个民族自治地方县内也有大量非自治民族散居其中。云南省未列入其他专项扶持规划的散居民族人口754.19万人，占全省少数民族人口的53%，少数民族人口占30%以上的村委会共4437个 。[2]

近年来，受益于国家多种倾斜政策和措施，如西部大开发战略、国家贫困地区义务教育工程、“两基”攻坚工程、现代远程教育工程、“两免一补”政策[3]等，云南散居地区农村民族教育取得了一定的进步。但是，云南散居民族地区农村大多地处偏远山区，基础设施条件较差，绝对贫困人口多，贫困面大且程度深，教育发展仍然十分滞后。

昭通市是典型的少数民族散居地区，既不属于自治州，也无自治县。全市有19个民族乡，126个民族村，2150个民族自然村，有24种少数民族共56万人，少数民族人口占全市总人口的10%。其中，回族18.5万人，彝族18万人，苗族17.9万人。昭通散居民族人口比例低，

---

[1] 参见敖俊德：“关于散居民族的概念”，载《民族研究》1991年第6期。

[2] 数据来源：规划编制组《云南省扶持散居民族地区发展规划2010～2015 年》（初审稿），2010年4月。

[3] “两基”：基本普及九年义务教育，基本扫除青壮年文盲；“两免一补”：免费教科书、免杂费、提供寄宿生生活补助费。

但绝对数大，点多面广，总量超过云南省内部分自治州的总人口。调研数据显示，80%以上的苗族居住在高二半山和高寒山区，生产生活水平较低，[1]教育问题尤为突出，且具有典型性和代表性。民族教育滞后是散居民族地区农村经济社会发展缓慢的根本原因，处理不当，可能影响到民族团结与社会稳定。本文将以昭通苗族地区的调研数据为例，探索云南散居民族地区农村教育的可持续发展之路，以期促进散居民族地区农村经济社会的和谐发展。

二、云南散居民族地区农村教育发展的历程

新中国成立前，云南各少数民族经济社会分别处于不同的发展阶段，社会经济形态多样而复杂，决定了云南民族教育发展的不平衡性和特殊性。云南散居民族由于多与汉族或其他民族杂居，处于不同地区的民族教育，发展水平差异也较大。加之散居民族的概念，是与国家相关政策的动态调整相联系的，且直到1984年之后才被明确地提出来。[2]因此，新中国成立前以此为口径的统计几乎是空白。但可以肯定的是，分布在边远山区的散居民族，其教育水平是十分落后的；分布在以汉族为主体民族区域内或居住在交通便捷坝区内的散居民族教育水平要高一些，但相对水平大多都是比较滞后的。

以昭通为例，其地历史悠久，开发较早，是古代中原通往云南的要冲。昭通教育始于汉，兴于清，私学先于官办。汉晋时期曾有过较高的文化，被称为“宁州冠冕”。但是由于山大坡陡，交通不便，加

---

❶ 截至2009年年底，昭通市民族乡农民人均纯收入1766元，民族村人均纯收入1419元。数据来源：《昭通市散居民族经济社会发展情况报告》（内部打印资料），2010年5月16日。

❷ 对散居民族的称谓，中国共产党在早期的历史文献中先后使用过“散处”“零星居住”“零散居住”提法。直至1984年10月1日施行的《中华人民共和国民族区域自治法》中第50条第3款规定“民族自治地方的自治机关照顾本地方散居民族的特点和需要”。至此“散居民族”的概念才被明确地提出来。

上政治上的种种因素，隋唐以后，发展逐渐趋缓。据昭通市教育局办公室主任张佐才介绍，昭通第一所民族学校创建于清雍正十年（1732年），镇雄知州设夷（彝族）义学一馆，以各里田银价120两为经费，尔后历任知州均筹措银两予以维持。镇雄夷义学的创办，在云南教育史上亦属民族教育学校的发端之一。[1]但新中国成立初期，学校校舍破旧，几乎多是利用庙宇、宗祠甚至山洞为学校，办学条件极为简陋。幼儿教育发展缓慢，高等教育、民族教育和特殊教育均为空白。[2]

新中国成立后，党和国家从人力、物力、财力等各方面大力支持民族教育发展，创办了许多新学校，培养了各类人才。但1958年以后，直至"文革"期间，新中国成立初期建立起来的散居民族政策受到严重的践踏，散居民族教育也难以提上日程，停滞不前。

党的十一届三中全会以来，省委、省政府从云南民族地区的实际出发，采取了一系列新的特殊措施积极发展民族教育事业并取得初步的成效。2000年开始实施的"三免费"[3]政策，到2002 年扩大到边境沿线112个乡镇的小学生和53个省定边境扶贫攻坚乡的初中生及7个人口较少民族、藏族聚居区的中小学生。在这些民族教育政策的推广中，也惠及至不少散居民族地区农村的少数民族。

这个时期，中国共产党从战略上高度重视少数民族经济发展问题，制定了扶持人口较少民族的政策，我国11个没有实行自治的散居

---

[1] 参见谢德智："走出民族教育发展的困境——昭通市民族教育发展现状与思考"，载《云南教育》2006年4月。

[2] 参见张佐才、邓成勇："改革开放30年铸就昭通教育辉煌"，载《云南教育》（视界时政版）2009年第1期。

[3] 参见云南省民族事务委员会、教育厅和财政厅联合制定的《云南省边境沿线行政村以下小学生免费教育试行办法》，对8个边境地州，2个边境县（市），129个边境乡镇的13万名边境各民族小学生实行免除教科书费、文具费和杂费的"三免费"措施。

民族都是人口较少民族。[1]至2008年，中央财政投入资金3.6亿元用于实施“兴边富民行动”，扶持120个边境县（旗）。在此过程中，云南省扶持7个人口较少民族脱贫发展工作有了新突破。随着散居民族社会经济的发展，其教育条件也得到了相应的改善。

同时，国家对散居民族教育也更加重视，一是制定相关政策。《关于加强民族散居地区少数民族教育工作的意见》中主要就少数民族享有平等的教育机会与权益做出了规定。《国务院关于深化改革加快发展民族教育的决定》等就确保少数民族散居地区设置专项补助经费、减免少数民族学生的学费、发放助学贷款进行了规定。《关于加强民族散居地区少数民族教育工作的意见》规定对散居民族实行加分或优先录取的照顾政策。二是高招少数民族考生优惠政策对适量招收散居地区的少数民族有明确规定。如预科班、民族班生源是重点招收边远农村、高寒地区、山区、牧区的考生，适量招收散居地区的少数民族考生。

但由于散居民族与汉族、散居民族地区与民族自治地方相比存在明显的异质性，加之人口占比较小，其困难和问题往往容易忽视。城市少数民族和汉族相比，也有教育相对落后的问题；农村普遍面临教育资源不足、发展不平衡等问题。散居民族教育政策的目标群体以及政策内容还缺乏鲜明的特色。云南散居民族地区农村的少数民族学生要实现从“没学上”到“有学上”再到“上好学”的转变，还有很多实际困难。

---

[1] 沈林提出散居民族还有一种分布形式：11个未实行自治的民族的散居民族。参见沈林、李红杰、金春子、杜宇：《散杂居民族工作概论》，民族出版社2001年版。我国目前还没有实行民族区域自治的民族有高山、京、布朗、阿昌、德昂、塔塔尔、乌孜别克、赫哲、俄罗斯、门巴、珞巴11个少数民族，这11个少数民族全体人员都属于散居民族。目前除高山、京、俄罗斯三个民族外，其他8个民族都建立了民族乡。如果按照《民族乡行政工作条例》中的“特殊情况”的规定，高山、京、俄罗斯三族也可以建立民族乡。

三、云南散居民族地区农村教育的问题

（一）教育水平总体滞后

1.办学基础设施条件差

云南散居民族地区农村的山区小学普遍缺乏校舍和最基本的教学设施、教学用品。基础设施薄弱直接影响到教育质量的提高，将会进一步拉大与其他地区的差距。

以昭通市为例，民族教育的政府投入有限，办学硬件严重不足，少数民族聚居点多数无校点。仅有的几所民族中学除市民族中学办学条件较好外，其他学校条件都较差；有些民族乡、民族村现有的学校连起码的教室、桌椅、场地等设施也远远满足不了学生就学的需要。有的学校校舍破烂，设备简陋，有的还是借用村民丢弃的危房办学。有的校点至今没有通电，至于电脑等现代化的教育设施，很多师生甚至都没见过，更谈不上普及教育。其他专门用于开展民族成人教育、职业技能技术培训的办学资源基本上没有。

昭通市永善县马楠苗族乡坪厂小学位于全乡最偏僻的坪厂村，海拔约2700米，交通不便，距乡政府约40公里，至今仍然没有通电。坪厂小学面临的办学条件困难的实际情况，是很多散居民族农村地区学校的典型代表。

第一，教育设施严重不足。该校仅有占地面积76平方米的2层砖混结构教学楼一幢6间约150平方米。由于教室紧张，不同年级的学生在一个教室中学习，这对于学生身心发展和教师的管理工作都是不利的。已有的教室拥挤、破烂，安全隐患大。遇到下雨，进出学校的小路几乎难以通行。

第二，没有办公用房，教师课间没有休息、备课的地方，也没有教师宿舍，教师每天都要奔波于上下课的路上。

第三，学生没有住宿条件。马楠苗族乡坪厂村原来有三个校点，校点撤并后只保留了村委会的坪厂小学一个校点，仅能招收1～3年级

的学生。但是对小的孩子来说，没有住宿条件，就要早出晚归，只要住地距离学校较远的几乎无法入学。若遇下雨下雪，学生读书的路途就更加艰辛。由于学校不能提供住宿条件，有的学生甚至被送到其他乡镇就读。若家长需给孩子在距离小学较近的地方租住民房，势必增加本已十分贫困的家庭的经济负担，难以维持。

第四，没有厕所和食堂等配套设施，环境卫生很差，甚至于没有操场，学生无法上体育课，也没有开展课外活动的场地。

2.入学率和升学率低

云南散居民族教育落后，昭通苗族的教育滞后又更为突出：小学入学率低，中学在校生少，升大学寥寥无几。据对民族乡、民族村范围的189个村民委员会的调查表明，民族乡、民族村的学龄儿童入学率为92.8%。其中，少数民族学龄儿童入学率约为85%，苗族学龄儿童入学率不到80%。在对50个散居民族聚居点的调研中发现，[1]学龄儿童入学率只有62.7%。有11个点入学率不到50%。在对民族乡、民族村以外的17个苗族聚居寨[2]进行调研中发现，入学率为62.9%。甚至有的苗族村组无一人入学，或者入学率非常低。如昭阳区彪水岩苗族寨25户人家，全寨适龄儿童为13人，当时竟无1人入学。[3]中学在校生少。按教育部门提供的数据，昭通市中学阶段在校生中，少数民族学生占总数的比例：高中为6.84%，初中（含职业初中）为8.76%。可见少数民族学生所占比例明显低于少数民族占总人口10.23%的比例。

---

[1] 参见邬永飞：《昭通市民族散居地区经济社会发展情况汇报》（打印稿），2008年5月13日。

[2] 这17个苗族聚居寨共757户3483人，学龄儿童594人，入学374人。这17个苗族聚居寨中的学龄儿童入学状况排类是：无人入学的1个，入学率不到50%的6个，达到50%～80%的8个，达到全市平均水平98.7%的没有。

[3] 这种类似情况较多，如大关县上高桥回族彝族苗族乡大寨村麻窝村民组，35户105人全是苗族，全寨27名苗族学龄儿童无一人入学。彝良县角奎镇拖脚村老寨村民组是一个41户172人的纯苗族寨子，61名学龄儿童只入学20人，入学率为33%。据威信双河、扎西的一些干部群众反映，在苗族中，适龄儿童入学率一般只70%～80%。茨竹坝半河、玉京山、黑并岩、李家沟这些偏僻苗族寨子，距学校5～7公里，学龄儿童不到50%。无人入学及入学适龄儿童不到一半的苗族村寨不少。

少数民族学生所占比例少，主要在于苗族学生少。[1]升大学寥寥无几。在昭通市的苗族中，大学生（含专科）所占比例是很低的。近些年来，全市每年高中毕业的苗族生一般都不到100人，能考入大学的（含专科）不到10人。

3.师资力量严重不足

由于办学条件差，民族教育人才队伍不足，整体素质不高，代课教师多，双语教师少。民族乡教师待遇低，教师中多为代课教师，月工资仅为500～550元，有的工资还不能如期兑现，骨干教师纷纷外流或不安心教学，导致教学质量无法提高。教师缺乏也突出地表现在学前阶段的教师素质和教育管理不能满足需求。

昭通市民宗局在对50个散居民族聚居点的调研中统计到，教师共有70名，其中公办教师49名，代课教师21名。[2]在前文提及的坪厂小学，2011年春季学期开学时，有4个教学班，有学生32人，有教师4人，其中公办教师只有2人。马楠苗族村教育落后，散居民族学生求学艰苦。现有村完全小学1所，学生去学校的路途从3～11公里不等。保留的两个校点，只设1～3年级，教师的文化水平仅为小学水平。代课教师每月只有200元的代课费。其中的一个校点（大河沟小学）的

---

❶ 据统计，昭通市民中、镇雄民中、彝良民中、威信民中这4所民族中学中，学生总数3671人，苗族学生仅有688人，苗族生占18.7%。其中，威信县苗族人口4万余人，苗族占全县少数民族总人口的94.3%。而在威信民中的329名学生中，苗族生只有182人，苗族生占53.2%。昭通市民族中学苗族学生更少，只占全校学生总数1008人的8.3%。经多方协调在市民中专门办的高中苗族提高班，最终都只招到苗族学生41人，后又流动2人。市苗族学生中，初中毕业的只有476人，高中毕业的只有76人。市一中是全市的重点学校，每年招生苗族多为空白，即使有，数量也极少。苗族人口居全市第一的彝良县，苗族人口5万余人，占全县总人口的9.13%，而苗族初中生只有755人，占全县初中生总数10 680人的4.48%；永善县有苗族11 674人，占全县总人口的2.78%，在全县中学阶段的12 121人中，苗族生只有93人，苗族在校生占在校生总数的0.77%，可见苗族在校初中、高中生大大低于人口比例。威信县玉京山苗族村的苗族同胞中，新中国成立以来，没有大学生，没有高中生，没有初中生。与此类似的还有永善冷米村青山、镇雄麻地海子、昭阳区炎山小河边等30多个苗族聚居的寨子。

❷ 参见邬永飞：《昭通市民族散居地区经济社会发展情况汇报》（打印稿），2008年5月13日。

老师是从大关县请来的初中毕业生，马楠苗族村本地没有这样的人才在校点教书。

除此之外，教育水平总体滞后还表现在发展不平衡，与国内其他一些较发达的省区、与汉族甚至与自治地方的同一民族相比较有很大差距。不同地区的同一民族、各少数民族之间、同一民族不同支系之间教育发展不平衡。例如，昭通市三种主体少数民族中，回族人均受教育年限最高，达到7.5年；彝族人均受教育年限次之，为5.2年；苗族人均受教育年限仅为3.4年。苗族、彝族都低于全市人均受教育年限6年的水平。[1]同时，基本上只有形式单一的中小学教育，没有形成包含幼儿教育、成人教育、职业技能教育等形式的完整的机构体系，民族教育缺乏统一管理的有效机制。

（二）教育落后制约少数民族人才和干部培养

云南散居民族地区农村教育的落后现实，已经严重制约着人才培养。苗族教育落后，已严重影响了苗族人才的培养以及苗族干部队伍的补充。以昭通市为例，目前，不但昭通市、县级单位苗族人才少，就是苗族居住集中的乡（镇），苗族人才也很少，即使有几个，多数也是前几年市里的民族专科班和民族预科班定向培养的。以树林民族乡为例，本地没有培养出苗族人才，仅有的几个就只得从外县、外乡调任。据介绍，在昭通市民宗局近年调研过的17个苗族聚居寨中，无大学生的有16个，无中专生的有14个，无初中生的有6个，无人外出工作的有13个，连外出当兵也无一人的有11个。就是历史上很有名气的彝良仙马、威信天池、镇雄发达、永善大坪子等这些以前文化较发达、也出干部的苗族寨子，这些年既无新增大学生，也未再出干部。目前昭通市有苗族干部约1200人，占干部总数的1.8%。苗族人口占全

[1] 参见童成清：“人才，民族的希望——昭通市少数民族人才培养的思考与实践”，载《今日民族》2008年第10期。

市总人口的3.34%，用干部与人口比例大体相当来测算，全市差苗族干部1000余人。近几年来，在农村的教师、公务员招考中，苗族很难进入。据对以古、树林、上高桥、伍寨等4个苗族人口较多的民族乡的调查，在连续五年中，4乡新招教师68人，苗族是空白。苗族中，由于大学毕业生少，参加公务员录用考试的自然就更少，能考上的几乎为零。处级干部的公开考试选拔，苗族干部同样是参考的极少，录用是空白。昭通市副处级以上少数民族领导干部121人中，苗族只有25人，占少数民族同级干部总数的20.7%，低于在昭通市少数民族人口中的比例近12%。

昭通市散居民族教育落后，一是民族结构不合理。最突出的仍然是苗族，干部比例明显低于人口比例。二是年龄结构不合理。苗族干部队伍出现“青黄不接”，特别是苗族中的花苗支系8万多人，现在没有一个正处级干部。三是分布不合理。一些与少数民族事业发展密切相关的部门没有配备少数民族领导干部，如，镇雄县有苗族人口31 476人，县级领导班子中，苗族是空白。该县的乡科级干部中，苗族有10人，任科级正职的仅有1人。在市直单位公务员系列中，苗族干部也很少，总数不到20人。❶

（三）散居多民族学校教育的特殊性容易被忽视

1.统一的教育模式不能适应多样复杂的现实需要

云南散居民族地区农村和发达地区在学生素质、生源、经济基础方面有显著差别，却用统一的招生模式、考试内容、评价体系、资金投入来办学，对民族学生性格、心理缺乏研究，管理和教育方法不够科学。一些民族学校是多种民族共同招生，有的学校中的少数民族学生多达十余种，有着不同的性格、心理、生活习惯和宗教信仰等，这

❶ 参见马敏荣：“对促进苗族地区经济社会发展的建议”，载中国人民政治协商会议昭通市委员会，http：//www.ztszx.gov.cn/zxhy/20120502/112024.htm ，2009年。

些特殊性增加了教育难度。有些少数民族内部支系多，语言难以完全互通，学生在学习普通话、英语方面普遍面临着更大的困难，也给民文教材的编译与出版、双语教师队伍的建设以至双语教学过程带来很多实际的困难，双语教师也明显不能适应现实发展需求。

2.民族文化传承比较困难

云南散居民族地区农村的学校，多是几种少数民族学生杂处共居，民族文化的传承比较困难。学校对民族聚居区与散居区、对单一民族文化传承和多民族文化传承的差别认识不清，普遍存在忽视各民族相互杂居的事实，仅是笼统地谈民族文化的传承。

首先，学校不具备传承民族文化的浓厚氛围。马楠苗族村的很多女学生都说："我们以前在村里读书的时候，同学中好多都是苗族，课间也讲苗语。我们也穿着自己的苗族服装去上课。但是升入集中办学的学校，尤其是进入镇、县一级的初中、高中后，我们原先带到学校的民族服装第一学期结束后就带回家了，在学校穿了会被笑的。苗语也讲得很少了，基本讲汉语了。"可见，散居民族相对聚居形成的民族乡或者民族村与民族自治地方相比，虽然民族人口相对较少，但受当地人口较多或占主导地位的群体文化的影响，又受汉族文化的影响较深，因而在学校教育中不具有保护和传承民族文化的优势，民族文化保护和传承体系较为脆弱。

其次，课程设置中缺少对民族文化的纳入。在散居民族学校中主要是按照统编课程设置教学任务，针对性不足。实行双语教学的学校也仅仅是对统编教材进行翻译，而没有纳入有关本民族的文化内容。用单一的汉族文化教育少数民族的学生，没有充分考虑到少数民族学生的学习、生活和心理素质与普通学校的学生的差异，使得各民族学生疏远了自己本民族的文化。

最后，民族文化传承"轻重有别"，缺乏合力。通过调研了解到，在大部分散居民族混合学校中传承民族文化时，只注重传承当地人数相对多且分布集中的民族的文化，对其他民族的文化并没有涉及。且学校教育中的民族文化传承与社区教育和家庭教育中的民族文化缺少有效的联系和合作。教师对学生校外的生活很少顾及，学生家长也很少参与到学校的活动中，生活中的民族文化知识无法与学校教育相结合，制约其进行有效的传承。

（四）校点撤并后出现新问题

1.辍学率不降反升

一些“一师一校”教学点撤并后，增加了学生在交通中的不安全因素，出现了新的失学儿童。许多学校没有学生宿舍，学生只能在一些临时搭建的简陋的棚子或者教室里住宿，受居住条件和观念等的影响，很多学生存在着时来时去的“间歇性失学”现象，使得入学难度加大，辍学率不降反升。

马楠苗族乡学校校点撤并后，最远的学生住地距离小学有10多公里山路，一个来回都要好几个小时。由于没有住宿条件，很多适龄儿童无法就读，只好辍学在家附近放羊、喂猪。学校早上无法开课，教学时间一般从早上11点到下午4点左右，学生回到家就要6点以后。教学时间比较短，教育质量无法提高。很多苗族学生无法持续在校就读，有的小学生毕业时已有十七八岁了。

2.校舍条件不足已成为收缩校点的“瓶颈”

大部分学校普遍缺乏教学基本设施和现代化教学设备等。在现有学生规模情况下，农村普通小学办学条件要达到国家规定的寄宿学校“八有”[1]最低标准，没有各级政府超常规的资金投入，目标难以实现。中小学布局调整后，由于上学路途较以前远，家长不得不负担学生的交通、住宿和生活等相关费用，增加了教育成本。

笔者在镇雄县林口镇化眉村调研时，一位苗族农户说：“我家里有三个小孩，分别就读于四年级、三年级和一年级，一个学期一个学

---

[1] 即有整洁的校园、有标准的运动场地、有现代远程教育设备、有满足师生就餐要求的卫生食堂、有水冲式厕所、有安全的宿舍、有足额的床位、有卫生的饮用水等最低标准。

生要250元，学校校点收缩以后，学生要住校，但是住校费用太高，子女一多就供不起了。老师一年只有10个月工资，代课教师每个月400～500元。老师的住宿条件也很差，常常因为待遇太差流失。教师的素质也是参差不齐，有的小学老师本身就只有三年级的文化水平，教育质量没有保障。一个社区几年都没有一个高中生，初中生也寥寥无几。因此，要集中办学就要解决好住宿问题，不能把住宿的负担转嫁给家长。”

3.教学和管理之间的矛盾突出

许多低年级寄宿学生不具备生活自理能力，需要生活老师协助，但由于教师编制不足，负责教育的老师不仅要承担教学任务，还要负责寄宿学生日常生活管理，各种矛盾显得更为突出。各民族寄宿学生不同的语言、生活习惯等差异形成的矛盾，增加了教育管理内容和难度。教师在教学、管理职责方面矛盾突出，各种可预见和不可预见的风险大为增加。

四、云南散居民族地区农村教育发展滞后的原因分析

（一）中小学校点分散导致办学规模小、效益低

云南的很多散居民族分散在各个交通不便的深山峡谷之中，昭通一些苗族村寨甚至是三人一村，五人一寨，居住零星分散，使得办学的客观现实是：点多、面广、发展难度大、信息闭塞、效益低、规模小、学校布点缺乏合理性。一些地区自然灾害多，也不利于办学。大部分边远山区的运输成本高，教育投资高于一般地区，需要经费上的更多扶持和支援。但国家在教育经费上对散居民族地区农村的投入远远不能满足需求，有限的教育资源就更为分散。分散办学使散居民族学生有了就近上学的机会，但多点、多校、小规模甚至是一师一校式的办学便成为无奈之举，使得教育质量、教学条件以及教育层次均处

于较低水平。分散教育还增加了政府对民族地区教育统一规划和领导的难度，许多教育政策难以有效落实，使散居民族地区农村教育处于自发、无序的状态。

（二）社会经济发展滞后

经济发展的滞后与教育发展的落后互为因果、相互制约。在云南散居民族地区农村这种关系表现得尤为突出。由于历史和地理环境等原因，云南散居民族地区农村大多生产生活水平低下，在现代化建设中还处于起步阶段，贫困程度深，贫困面大，贫困点分散，严重影响办学条件的改善。经济上的贫困必然导致教育投资上的严重不足，这就使得散居民族地区农村在教育基础设施、师资队伍建设上缺乏足够资金支持，许多教育政策和计划只能落空或拖延执行。[1]由于散居民族地区农村经济社会发展滞后，政府对贫困学生进行的经济援助无法全覆盖，因为贫困放弃接受教育的学生不在少数，导致辍学率居高不下。

（三）教育观念落后

伴随着散居民族地区农村发展滞后而存在的许多陈旧、落后的教育观念，也制约着教育事业的发展。大中院校实行自费上学后，国家不再包学生的分配工作，一些少数民族群众对教育缺乏长远目光，对教育的长期投入、高投入难以负担，使得许多少数民族群众认为“读不读书一个样”，读大学还要花费更多的钱，读出来也找不到工作，导致了“读书无用论”的泛滥，对子女的教育持消极态度。[2]另外，

---

❶ 参见田景春、袁明旭：“西部少数民族地区教育的现状分析——以云南少数民族地区为例”，载《楚雄师范学院学报》2008年第8期。

❷ 参见田景春、袁明旭：“西部少数民族地区教育的现状分析——以云南少数民族地区为例”，载《楚雄师范学院学报》2008年8月。

女孩受教育的机会由于“重男轻女”的思想影响而大为减少，文盲率远高于男性及全省文盲率的平均水平。教育观念的落后还使得国家的许多教育政策在散居民族地区难以得到有效的贯彻落实。

（四）教育体制存在弊端和有效政策不足

云南散居民族地区农村的教育基础十分薄弱，现代化的教育历史也十分短暂，办学经验有限，现行教育体制的弊端，如片面强调升学教育、考试教育、知识教育，不重视创新等等，也深刻影响着散居民族地区农村教育的健康发展。随着教育的产业化、商品化、市场化以及就业的自主化，[1]使得散居民族地区农村教育不断被边缘化。

云南省虽然散居民族众多，但由于不属于民族自治地方，国家对民族地区教育的一些特殊扶持政策，在全省很多散居民族人口众多的地方均享受不到。社会对云南散居民族地区农村教育的特点和困难了解不够，对教育的支持也难以完全契合当地的实际。

（五）教育资源配置不合理

从总体上来看，云南的教育资源配置上不合理，一般都是侧重于城市，忽视农村，尤其是边远地区得到的教育资源更少，教育经费的配置上存在着严重的城乡差别。教学质量差、学校数量少、层次低、规模小，且分布极不平衡是散居民族地区农村教育的普遍特征。按照宪法和法律规定，义务教育是国家投资的公办教育，原则上每个学生都应该获得相等的教育资源，但实际上云南散居民族地区农村的教育资源十分匮乏，不仅影响到教育机会均等、公平，而且影响到散居民族地区的农村教育和社会经济的发展。

---

[1] 参见田景春、袁明旭：“西部少数民族地区教育的现状分析——以云南少数民族地区为例”，载《楚雄师范学院学报》2008年第8期。

（六）散居多民族混合学校中对民族文化传承的重视程度有限

在现代化和全球一体化的浪潮中，在“重主流轻自我”“重一体轻多元”的心理影响下，散居民族地区农村学校一般按照主流文化教育模式实施教育，民族语课程只是国家汉语课程的复制和翻译，没有融入当地民族文化知识，难以营造浓厚的传承氛围。按照主流文化编制出来的课程，与散居民族地区农村的实际社会生活在一定程度上是脱节的；散居民族地区农村的学校对民族文化的传承没有相关的评价体系，得不到应有的重视，难以满足民族学生和社会的需求。

五、云南散居民族地区农村教育发展的对策建议

（一）积极发展散居民族地区农村经济，保障教育发展的资金需求

民族教育与民族经济两者是相互依赖、相互制约、相互促进、互为因果的辩证统一关系。要积极发展散居民族地区农村经济，建立散居民族教育投入机制并完善配套设施，改善办学条件，增加办学经费，不断调整优化教育结构，通过建立教育投入机制、扩大教育经费来源渠道、增加教育经费在各级政府财政支出中的比重保障教育发展的资金需求。同时建立教育投入的监督机制，重点检查专项教育资金的使用情况，杜绝地方政府擅自挪用或截留农村教育经费。

（二）积极采取特殊政策措施，扶持散居民族地区农村发展教育

扶持散居民族教育的发展，应该承认差别，照顾特点，充分考虑其特殊性，不能搞“一刀切”，应对散居民族继续实行特殊倾斜政策，继续采取专项补助的办法，对散居民族学生实行补助。在学校招

生、公务员和事业单位招考中，继续对散居民族考生实行适当的照顾政策，或采取以条件照顾为主、分数照顾为辅的形式。帮助散居民族地区农村抓好师资队伍建设，采取措施提高教师待遇，对自愿到边远地区任教的教师给予浮动工资等奖励。

（三）完善教育管理机制，多层次、多渠道发展散居民族地区农村教育

一是相关部门，尤其是教育部门和民族工作部门要密切合作，充分发挥其归口协调作用和主管作用，加强整体规划，建立一套行之有效的管理运行机制。从散居民族地区农村的实际出发，对现行的教育结构、教育内容、教学方法结合当地特点进行改革，建立适应散居民族地区农村经济社会发展需要的职业技术教育和成人教育（农村技术培训）教育体系。

二是应建立新型办学机制，以国家公办为主，集体办学为辅，私人办学以及其他社会力量办学为补充，[1]各级党委、政府要鼓励和扶持集体和私人办学，改善办学条件，调动各方面的办学积极性。

（四）优化教育资源配置，实现教育资源配置的科学性和公正性

从加大农村教育经费投入、加强农村师资力量建设、改善农村教育办学条件、实现城乡教育资源共享、深化城乡教育体制改革、拓宽城乡教育融资渠道等方面采取具体措施，发挥政府在优化城乡教育资源配置中的基础性作用，从根本上优化教育资源的配置，改变轻职业教育、基础教育的问题，鼓励民办教育，开发新的教育资源，增强教

---

[1] 参见陇静华：“昭通市民族教育现状及对策”，载《全国商情》（理论研究）2011年第1期。

育的活力，实现教育资源配置的科学性和公正性。[1]由于散居民族地区农村大多数地方政府财政都比较困难，由中央财政承担基础教育的经费可以从根本上解决教育经费投入不足的问题，可以逐渐实现教育的公正性。

（五）重视散居多民族混合学校民族文化的传承

一是学校应对本地区民族文化资源认识，进行再建议合理利用和适当吸收有助于培养学生能力和有助于学生形成多元价值观的民族文化知识。依据本地区的实际及多民族学校中民族文化的多样性特点，多元化地设置课程内容，应把少数民族的语言作为重要内容并鼓励学生使用母语，等等。

二是培养多元的师资队伍，把多元文化的方式引入到教学和与学生的交往中。

三是加强学校与家庭、社区的合作，充分利用民间艺人和能工巧匠等人力资源，将其整合到学校的师资队伍中来，协助教师完成民族文化的相关课程，形成良好的民族文化教育的生态系统。

四是促进民族学生共同参与民族文化传承，加强不同民族同学之间的了解和交往。

（六）慎重对待中小学布局调整，创造更好的办学条件

一是照顾现实，设置适度的布局调整目标，正确认识农村小学教学点的作用，慎重对待其撤留问题，不能根据单一的标准来判定其去留，主要应考虑这样几个因素：位于偏远地区、山区学生转到其他学校上学确实不方便的应暂时保留；中心校或完全小学如果不能解决学生的寄宿

---

[1] 参见田景春、袁明旭：“西部少数民族地区教育的现状分析——以云南少数民族地区为例”，载《楚雄师范学院学报》2008年第8期。

问题，其所辖的村小或教学点或放缓撤并；对于村民及家长都不同意撤销的村小和教学点，应该遵从群众的意愿不能强行撤并。[1]

二是加大对农村寄宿制学校建设提供经费支持，改善生活学习条件，在用地及收费等各方面实行减免等优惠政策，做好改水、建厕、建食堂和澡堂等基础设施建设，切实保障学生和教师的基本生活。

三是提高教育质量，从适当放宽农村中小学教师编制入手，加强农村中小学师资队伍建设。为切实解决双语教师等特殊岗位提供政策通道。应尽快出台优待政策，确保农村骨干教师队伍稳定。建立教师由城市向农村、由强校向弱校、由超编校向缺编校定期流动的轮换交流机制。鼓励大学毕业生、高等学校留校青年教师、各级党政机关新进公务员到基层、到农村任教、支教。

四是应进一步加大对农村贫困学生资助力度，避免贫困家庭少数民族学生因寄宿增加负担而辍学。要因地制宜，防止出现教育资源的流失和浪费。充分利用撤并学校资产，对场地、校舍等不可动资产，可作为教育实验场所和用于开展勤工俭学。在土地山林资源较为丰富的地方，建议各级政府结合林权改革、种植业结构调整、农村科技推广、农村供销系统改革等，出台相应政策，所在村委会提供条件，强化学校勤工俭学的意识，宜农则农，宜林则林，宜商则商，积极组织实施“小基地、小菜园、小养殖、小门市、小科技加工园”等“五小工程”，培养师生劳动技能，拓展知识能力，丰富学校生活，增强学校自主改善办学的动力和能力。[2]

---

[1] 参见郭清扬：“我国农村中小学布局调整存在的问题、原因及对策”，载《2007年中国教育经济学年会会议论文集》2007年10月；又见《华中师范大学学报》（人文社会科学版）2008年第1期。

[2] 参见姬兴波：“曲靖市民族小学区域布局调整工作面临的问题及对策建议”，载《今日民族》2010年第1期。

参考文献

[1] 敖俊德:“关于散居民族的概念”，载《民族研究》1991年第6期。

[2] 滕星:《20 世纪中国少数民族与教育》，民族出版社2002年版。

[3] 沈林、李红杰、金春子、杜宇:《散杂居民族工作概论》，民族出版社2001年版。

[4] 邬永飞:《昭通市民族散居地区经济社会发展情况汇报》（打印稿），2008年5月13日。

[5] 姬兴波:“曲靖市民族小学区域布局调整工作面临的问题及对策建议”，载《今日民族》2010年第1期。

[6] 马敏荣“对促进苗族地区经济社会发展的建议”，载中国人民政治协商会议昭通市委员会http://www.ztszx.gov.cn/zxhy/20120502/112024.htm，2009年。

[7] 田景春、袁明旭:“西部少数民族地区教育的现状分析——以云南少数民族地区为例”，载《楚雄师范学院学报》2008年第8期。

[8] 王俊:“散居民族村经济社会发展的个案研究——以永善县马楠苗族彝族乡马楠村为例”，载《昭通师范高等专科学校学报》2012年第8期。

山地文化与传统知识

黔东南榕江、从江月亮山区苗族风俗改革『议榔』概述

徐晓光

关键词

榕江 从江 苗族 风俗改革 “议榔” “埋岩”

作 者

徐晓光

凯里学院教授 法学博士

贵州省凯里市

邮 编

556000

2009年3月、11月和2010年3月黔东南月亮山区苗族群众在榕江县的加两苗寨、摆垭山地区和从江县的能秋分别举行了“议榔”活动。这三次活动均是苗族自发的民俗改革活动，三地的习俗改革都针对苗族地区的相同问题订立了“榔规”，内容涉及苗族日常生产生活的方方面面。这几次议榔活动的内容、性质、效果和影响对民族法文化研究有着非常重要的理论和现实意义。

月亮山位于贵州省从江县、榕江县、荔波县和广西壮族自治区融水县交汇地带，区域内居住着苗族、壮族与水族，而以苗族最多，是黔东南南部苗族的主要聚居区，苗族人口比例在98%以上。发源于月亮山主峰的污牛河由南向北注入都柳江，全长121公里，沿途流经从江县光辉乡、加鸠乡、榕江县计划乡、从江县东朗乡、停洞镇、下江镇。主要支流上还分布着从江县的加勉乡、宰便镇等。流域内高山陡峭，河谷深切。山顶是茂密的森林，半山以下常有许多雄伟壮观的梯田。村寨大多悬挂在半山以上。

苗族在古代没有文字，月亮山区苗族的“民间立法”便是以议榔形式进行，议榔时把相关村寨的寨老聚集在一起，召开议榔大会，通过杀牛祭神，以栽岩盟约的形式，用口头宣布法规。在黔东南月亮山区以“能秋栽岩”历史最为悠久、也最有名。能秋在加瑞、高台、加学三寨之间，位于污牛河和乌秋河汇合处，面积不过四五百平方米。由于地势平缓、位置适中、山清水秀、风景宜人，因此是栽岩活动的最佳场所。“能秋栽岩”岩身呈柱状，上端弯向东方，高出地面20厘米，宽10厘米。此岩被当地群众视为神物，历代都倍加保护，至今完好保存。栽岩背后枫树茂密，其中最高一棵30余米，干粗3围，据当地苗民说枫树和岩是同时栽下的，说明该岩年代久远。据说苗族先民们在“能秋栽岩”之后，各村在寨老的主持下，按能秋做法纷纷栽岩立约，于是就有了总岩（能秋）分岩（各寨）之分，如加鸠、加瑞、加勉、加牙、加叶、加翁、孔明、宋罗宋等八个分岩。[1]

---

[1] 参见岑秀文：“从江县加鸠区‘能秋’栽岩活动的调查报告”，载《贵州民族调查》（之六）。

一、“议榔”活动与立碑

（一）“加两议榔”

计划乡位于榕江县南部，地处月亮山腹地，辖区面积262.9平方公里；全乡14个行政村、89个村民小组、96个自然寨，12 698人，苗族人口占93.6%。2008年全乡农民人均纯收入1380元，是国家级的极贫乡。

2009年3月21日榕江县计划乡所在地的加两苗寨举行了一次议榔活动，来自该县计划、八开、定威、兴华、三江、两汪、平江7个乡50多个苗寨、400多名苗族男女参加了议榔大会。当地苗族祭师按传统的议榔方式栽岩立碑、唱祭词，议榔大会代表一致决定废除部分长期以来严重支配和影响人们思想和行为的陈规陋习。在议榔仪式中，计划乡的领导和榕江县人大副主任、县苗学会会长陈德科讲了话。议榔内容涉及婚姻、嫁娶、丧葬、贺礼、鼓藏节、文化传承、子女教育、环境卫生等。在废除原来5个旧议榔部分榔规，所谓的“耶摆叶格引利（vib bail vil gil venx lit）”“耶九堆格松干（vib jux deib gil dlongs ghangt）”“耶旮航格贾孬（vib ghangl hangl gil jax bieet）”“耶引醒格摆挝（vib venx xend gil bail ghob）”和“耶贾果格贾这（vib jad gox gil jax zet）”等栽岩榔规的基础上，新订的榔规规定要执行婚姻法规定的结婚年龄，禁止违背男女任何一方意愿的抢婚、包办婚姻。对嫁娶、丧葬、贺新房、鼓藏节等节日典庆活动，要根据各家的条件从简办理，量力而行，节约更多的资源用于子女的教育等。议榔过程中以苗族传统的“栽岩”形式，树立了“八开南部地区苗族习俗改革简介碑”，内容如下：

> 八开南部地区苗族习俗改革，以国家《宪法》《民族区域自治法》和《黔东南州自治条例》为依据，为适应现代文明发展的需要，促进本支系苗族村寨的和谐与发展，决定废

除旧的栽岩榔规，制定新的榔规。新的榔规涉及婚育、丧葬、贺新屋、婴儿满月、鼓藏节、文化教育、卫生等方面的习俗改革，共10章53条。

参与这次习俗改革的村寨有：计划乡的加两村、加去村、计划村、污略村、加化村、摆底村、计怀村、摆拉村、摆王村、加宜村；八开乡的摆赖村、高雅村、党秧村、亚类村、分懂村、摆奶村、摆柳村；定威乡的计水寨、公挑寨、大摆头寨；兴华乡的摆乔村；水尾乡的下拉力寨等18村50余寨。

二OO九年三月二十一日，参与习俗改革的各苗族村寨派出代表，在计划乡所在地加两村召开习俗改革议榔大会，表决通过《榔规改革规程》。

八开南部地区《苗族习俗榔规改革规程》已呈送榕江县苗学会、民政局、档案局、民宗局和八开乡、计划乡、水尾乡、兴华乡、定威乡人民政府和参与习俗改革的各村寨。

八开南部地区十八村五十余寨

二OO九年三月二十一日　立

（二）“摆垭山议榔”

1989年10月“锥引虾丢引计”（zeib hvenx dliab dut hvenx jid摆垭山一带传统地域范围）在摆垭山（dangx bail lias，活动场地称“飞山庙”，习惯上也称“飞山庙地区”）举行的苗族习俗改革榔规栽岩议事，❶有的部分已不适应当今社会发展的需要，本着以原摆垭山习俗改革为基础，完善和充实了习俗改革榔规的内容。2009年11月18日（农历十月初二）经摆垭山议榔大会表决通过。这次习俗改革范围：八开乡高同村、高随村、高晒（寨）、格陇村、常寨村、摆水村；定威乡摆引寨；古州镇高文村、高武村；平江乡计底寨、计洞寨、计摆寨；共七个村和五个语言、服饰，习俗相同的苗族寨子。《摆垭山地区苗族习俗改革榔规》适用于参加习俗改革的传统地域称谓上的“锥引虾丢引计”地区。议榔过程中同样采用苗族传统的“埋岩”形式，树立了《摆垭山地区苗族习俗改革议榔碑文简介》，如下：

> 摆垭山地区苗族习俗改革议榔，以《宪法》《民族区域自治法》和《黔东南州自治条例》为依据，为适应社会发展的需要，促进本支系苗族各村寨和谐进步，完善和充实原《榔规》内容，制定新的榔规。新榔规涉及婚育、丧

---

❶《摆垭地区苗族习俗改革榔规情况说明》：“1989年10月，我们的苗族老干部蒙老荣、王家其和现健在杨元龙、杨芳明等同志为这支系苗族在摆垭山栽岩议榔，为我们这一地区苗族人民经济社会、婚姻禁忌、文化教育发展起到了积极的推动作用。但随着时代的变迁，有些已不适应当今社会发展的需要。根据摆垭山地区苗族人民的迫切要求，以原习俗改革为基础，本着与各兄弟民族共同团结奋斗，共同繁荣，促进本支苗族人民的和谐与发展为主题，进一步完善和充实《榔规》内容，以跟上时代步伐，制定新的《榔规》。摆垭山地区苗族习俗榔规改革，坚持以邓小平理论和“三个代表”重要思想为指导，以科学发展观为统领，以国家《宪法》《民族区域自治法》《黔东南州自治条例》为依据，制定本榔规。新的榔规一旦通过实施，它将对本支系苗族人民树立新理念，在促进民族团结、经济发展、社会稳定、文化繁荣、人才培养、民族和谐进步、缩小民族差别等方面将起到极大的推动作用。”

葬、贺新屋、婴儿满月、鼓藏节、民族文化与教育、人才培养、卫生和村容寨貌等方面的习俗改革，共十章六十条。

（上述议榔范围寨名从略，作者注）

公元二〇〇九年十一月十八日（农历十月初二），各苗族村寨派出代表，在摆垭山召开习俗改革栽岩议榔并表决通过《新榔规规程》。

摆垭山地区《苗族习俗改革榔规规程》，已分存于榕江县民政局、档案局、民宗局和古州、八开、平江、定威等乡镇人民政府、县苗学会以及参与习俗改革的各村寨。

摆垭山地区七村和五寨　共立

公元二〇〇九年十一月十八日

（三）“能秋议榔”

2010年3月26日（农历二月十一）月亮山污牛河流域88个村寨的苗族群众在能秋举行了盛大的苗族习俗改革大会，宣布了榔规改革条款。原因是近几年来，随着商品经济的发展，月亮山区苗族群众在社会关系、人际交往中的奢靡浮华气息也开始滋生漫延。比如人情债越来越重，阻碍了正常的生产生活发展。据加鸠乡人大主任杨能文介绍：客亲吃喜酒，送礼金100元或一床棉被或一床毛毯，主家即要砍一条猪腿回赠，而猪腿的砍法是去掉头部，一头整猪按4条腿平均砍为4份。因而结一次婚往往要杀七八头甚至十多头猪，这些猪一般是向亲戚或寨邻借的。由于相沿成习，苗族群众往往因为办喜酒而背上沉重的债务，有些要10多年才能还清。因而群众要求改革陋习，重订榔规的愿望非常强烈。于是，在乡镇干部的倡议下，榔规组委会在继承传统习俗中优良因素的同时，对一些不合时宜的规矩进行废除或修改，并把草案分发到各村讨论，充分吸纳群众的反馈意见，四易其稿才最终通过。最后定下的榔规共有15章79条。[1]能秋总岩所管辖的88个村每村派出一员代表参加榔规组委会，一般是村支书或村长。此外有8个村未正式进入本榔规，可以参照执行，也派了代表参加。[2]如前所述，由于该地有一块广大区域范围内苗民敬仰的“能秋总岩”，所以这次议榔没有像榕江加两和摆垭山议榔那样专门树立新碑。

二、“议榔”的原因和“榔规”内容

从《八开地区苗族习俗改革议榔改革情况说明》[3]《摆垭山地区苗族习俗改革榔规情况说明》（以下基本是该说明的原文，文中错别字用括号列于其后）等文件，风俗改革的原因基于以下问题：

“关于婚姻习俗改革说明”

（一）由于本支系苗族男女青年当前尚未达到国家规定的婚龄结婚和近亲结婚、抢婚、早婚早育相当多，导致人们身体素质、文化素质、智力等相对低下。主要表现为个子越来越矮小，身体越来越虚弱，智力越来越低下。还有不执行计划生育政策，超生、抢生、早生、逃生的现象尤为严重。这些愚昧的习俗只有改革，坚决执行国家的法律，达到婚龄

---

[1] 参见龙泽江、张和平：“石头法的现代传承——月亮山苗族榔规改革纪实”，载《原生态民族文化学刊》2010年第2期。

[2] 参见龙泽江、张和平：“石头法的现代传承——月亮山苗族榔规改革纪实”，载《原生态民族文化学刊》2010年第2期。该文的两位作者亲身参加了“能秋议榔”活动。

[3] 参见徐晓光：“黔东南榕江县月亮山区苗族‘加两议榔’评介”，载《山东大学学报》2010年第1期。由于榕江县摆垭山地区和八开地区苗族习俗改革倡议者、程序设计者是同一个人，两地苗族的习俗又很相同，所以两个“议榔说明”的内容大体一致。

结婚，有计划的生育，方能达到优生优育，提高苗族人口素质，为国家培养更多有用的人才。

（二）近几年来，我们这地区的部分村寨抢亲特别严重，导致一方不情愿，强制生米煮成熟饭。在父母的逼迫之下，虽然勉强结婚，但终身埋怨，思想情绪包袱重，不安心生产和治理家业，造成家庭生活等各个方面长期处于低（等）生活水平。抢婚属违法行为，要坚决予以取缔和打击。取缔后，使男女青年自由恋爱结婚，方能舒心，也才合法。婚姻习俗改革给男女青年提供一个恋爱选择空间和平台，以促进本支系苗族事业全面发展。

（三）结婚、丧葬、贺新屋、办满月酒或过（鼓藏节），[1] 目前攀比十分突出。每办堂酒席，至少宰杀6～8头猪、1头或2头牛不等，甚至超过10头以上，浪费相当严重。如果取消礼菜、牛钱和还礼后，就大大降低成本。改革之后只需要3头大猪就可以解决一堂喜事。就能节约1～2倍的资金和物资。对于生产、生活以及培养子女读书大有益处。

（四）现在男女结婚，彩礼越来越高，有的地方已达到4～5万元，而且姑娘家父母全部拿去购买陪嫁物，甚至还超过男方家拿去的彩礼钱，所购的陪嫁物品大部分是一些水货，适用性不大，一两年后就被女婿遗弃楼顶，造成很大的

---

[1] 关于“吃鼓藏”的耗资详见杨元龙“远古遗风——月亮山地区加两苗族吃鼓藏田野个案调查鼓藏牛”，载《原生态民族文化学刊》2009年第1期。本寨决定吃鼓藏后，根据自己的家庭经济条件，若要杀牛祭祖，必须准备一头水牯牛。如自己家里已喂养有，且牛角、牛旋都要符合条件。没有牯牛角要到其他村寨亲朋家借。因为吃鼓藏是一定要的；是为了让祖先们看到，现在生活好了，有吃有喝，才接它们来吃鼓藏。所以，吃鼓藏期间（最短7天，最长13天）不准吃菜，要天天吃肉或黄豆、豆腐。不管客人多少，餐餐都要酒肉招待。没有猪怎么行？若邀请客人多，一头恐怕不够。猪杀几头、杀大杀小，要根据自己的情况准备，不让客人笑话。

浪费；有的为了要面子，只能向亲戚朋友借款或向信用社贷款娶亲，造成结婚债务累累。改革后，结婚彩礼只拿6000元，女方父母只陪送被子一床、箱子1～2个、糯禾一挑、饭尤和吊颈鸡（鸭）各一个。所有家具由男方筹资购买，这样既适用又节约，轻松办喜事。结婚后通过劳动创造的财富用来办企业和发展家庭经济，培养子女读书，这样，我们苗族同胞才兴旺发达。

（五）办一堂结婚酒。送亲时，新娘所在寨上的男人都参加送亲，几乎走空了，新郎家热热闹闹，新娘父母家冷冷清清。又影响生产，还存在乘车安全隐患。改革后，新郎家安排车来搬运陪嫁物，姑娘家只安排5～7人将新娘送到新郎家，这样能节约时间和劳动力，又安全。娘家嫁姑娘实行请酒，也同样热闹和乐在其中，有利于生产发展和人身安全。

农村离婚案件较多，村级干部精力大多花在调处婚姻纠纷上。改革之后，离婚由婚姻登记机关或法院来调解裁决，方能符合法律手续，村级组织无权判决离婚。

“关于丧葬习俗改革说明”

（一）现在父母去世安葬，全靠男孩承担一切安葬费用，姑娘没有多大责任，有的抬一头猪，不论大小就完事了。这不利于兄弟姐妹团结，也不适合新形势的发展需要，更不利于计划生育工作的开展。改革后，安葬父母的丧事，姑娘也应尽一分孝心，才有利于计划生育工作的开展，既合情又合理。

（二）父母亲去世后，仍然给姑娘家或舅家人一块带尾巴的猪头肉。这表明父母亲虽然去世了，但兄弟姐妹或舅家还有人，永远保持亲戚之情常在，不出现人死茶凉的现象，所以，要送一腿带尾巴的猪肉给姑娘家或舅家人。一腿肉它代表姑娘父母以及舅的姐或妹已去世了，以示告知众人。但猪尾巴代表双方兄弟姐妹或表兄弟、表姐妹感情存在，今后要常来常往，不能断亲戚路，所以要继续保留这种亲戚关系才留尾巴。

（三）母亲去世了，有个别舅家人提出安葬时，必须杀牛，要举行隆重的葬礼仪式，达不到舅家人要求的，不能安葬，等。改革后要量体裁衣，条件不能苛刻，人死了以落（入）土为安，能过得去和尽到孝心就行了。

（四）当前对非正常死亡的遇到春夏秋季、禾谷在田间的不准火化。火化了禾苗生虫。这是没有科学依据的，榕江街上不论哪个季节都实行火化，大城市死人了天天在火化。改革之后，对非正常死亡，不能干涉死者家属火化，忌讳是没有科学依据。但死者家属要拿（运）到不影响环境卫生，没有人居住的僻静地方火化就可以了。

“关于贺新屋和办满月酒的习俗改革说明”

（一）以前贺新屋，亲朋来贺，都是送吊颈鸡或鸭、三卡糯禾的礼物，实际是“平摊”表现。农村起新屋，最缺少的就是钱。改革后，取消送以上的食物，提倡送一些礼金，起到帮主家一点忙的作用，不能送食物吃光用光的三光政策。

（二）贺新屋和办满月酒，凡是来吃酒的，每人打一挂肉、一包糯米饭，造成很大的负担和麻烦，这种习惯是要不得的。改革后，贺新屋一律不安排礼菜和包糯米饭，办满月酒除给婆家人一腿猪肉（背带肉）带回外，其余客亲同样一律不安排打礼菜和包糯米饭带回，应减少双方客亲不必要的麻烦。

（三）当前农村起房造屋有乱砍古树、乱占公共场所或民族娱乐场所现象十分突出。改革后，若有违背的必须限期撤除外并予以重罚。严重和构成犯罪的报送司法机关追究刑事责任。

“关于鼓藏节习俗改革说明”

（一）过去过一次鼓藏节，寨子大则杀上百头牛，几百头猪，寨子小也得杀几十头牛，上百头猪。辛辛苦苦劳动十多年，好不容易积蓄了一点钱，不用来培养子女上学和发展家庭经济，而用来买牛、买猪过鼓藏节，大量的挥霍浪费，吃光用光，越穷越吃，越吃越穷。这种做法，不利于民族进步，也是国家所不提倡的。改革之后，我们苗族要算细账，要觉醒，不提倡吃鼓藏。有钱拿来培养子女上学，发展生产、购置生产生活用具，不能拿来搞铺张浪费，浪费是可耻的。

（二）如果不觉得浪费，不以为耻，反以为荣，非要吃鼓藏的，不得向姑爹索要牛或牛礼钱。杀牛时就根据客人送礼大小分肉，不得截留大量肉食，原则是分完肉为止。

（三）吃鼓藏以禾谷送礼太麻烦又笨重，又不值几个钱。改革之后，要取消以糯禾送礼，只送现金或红装（布）类，利于管理和帮助其吃鼓藏人恢复生产。

“关于文化教育、卫生习俗改革说明”

（一）目前，我们苗族不重视文化教育工作，不愿送子女入学，早早就辍学去打工和重男轻女现象十分突出，男孩送去学校，女孩就留在家做家务；再有只强调困难，不知没有文化的愚昧，有钱不送子女入学，也不想办法找钱送子女入学，导致人的素质低下。改革之后，若不送子女入学，重男轻女，适龄生不完成国家义务教育规定的年限，要受处罚。只有这样才能达到个个进学堂，人人有文化，从而提高苗族人民文化素质，为国家培养有用人才，为苗族争气，为民族争光。

（二）由于自然条件限制，大部分苗族人民居住在高山上，水源缺乏，室内外卫生和个人卫生较差，影响广大苗族人民的身体健康。现在改革开放，基本上村村有自来水，主要是历史上形成的观念尚未改变而已。改革后，要改变人居环境，要搭建专门的厨房，不要拿堂屋当厨房用，烟飞满屋，影响室内卫生。个人卫生也如此，有的人一年不洗被子、衣物，甚至有个别人一年四季不洗漱，全身臭气熏天。改革后，要搞好环境和个人卫生，使人们有良好的居住环境。促进身体健康。

（三）我们农村有楼上住人楼下养畜的习惯，楼下乱堆杂草十分突出。改革后，楼脚取缔乱堆杂草，是从防火安全起见，安全防火必须警钟长鸣。

（四）保护古树、大树，爱护寨头、寨脚、寨边和道路两旁的古树、大树，是人与自然的和谐象征。改革后，若有违反，除报司法机关追究法律责任外，还要按榔规予以重罚。

“关于处罚的说明”

（一）从总的条文规定看，处罚是比较轻的，以教育为主，但不处罚也不行，只有处罚才能使榔规得到遵守和执行，谁违背就得处罚谁，逼起（迫使）本支系苗族人民去遵守，去发奋，去努力；只有这样才能促进本支系苗族的振兴与发展。不处罚很难达到目的，讲是苗族习俗改革，实际上就是本支系苗族的自我革命，只有革命才有创新和进步，否则就会永远落后。

（二）处罚的现金和物资，一部分用来补助执行榔规人员的误工费，这有利于发挥执行榔规人员的积极性；大部分作为村寨集体积累，主要用来奖励培养子女有功人员和资助贫困生上学，做到取之于民，用之于民。

三地的习俗改革都是根据苗族地区的带有共性的突出问题有针对性的改革，涉及苗族日常生产生活的方方面面，榔规条数分别是53条（加两）、60条（摆埡山）和79条（能秋）。下面以“能秋榔规”为基础，就习俗改革内容归纳如下：

（1）婚姻与家庭改革。主要规定在男方聘礼、女方嫁妆、姑舅之间的彩礼、嫁娶迎送之间相赠的礼物等方面要降低标准，以及保护妇女、儿童和老人在家庭中的合法权益。如“能秋榔规”第 8 条规定，男方聘礼不得超过10 000元（含实物按当年物价折算的金额）；女方陪嫁应以生产生活用具或永久耐用品为嫁妆，不再以大量粮食、生猪（不超过2头）作为陪嫁礼物。违者罚款1000元。婚俗改革有多个条款沿用了传统习惯法中罚3个100的做法。[1]如第 9 条规定结婚时客亲送礼，主家回赠的礼肉一律不得超过2斤。第10条规定舅家或姑家儿女结婚时，姑家不准牵牛给舅家，或舅家不准抬猪给姑家。“能秋榔规”第11条规定“禁止客亲以一腿猪肉回赠一床棉被或一床毛毯的习俗”。[2]违者均罚猪肉100斤、米酒100斤、大米100斤。

在保护妇女儿童权益方面，第20条规定禁止虐待家庭成员，禁止家庭暴力，禁止溺婴、弃婴和其他残害婴儿的行为。禁止有配偶者与

---

❶ 苗族传统习惯法普遍存在罚“3个100”或“3个120”的惩罚方式。参见徐晓光：“从苗族‘罚3个100’等看习惯法在村寨社会的功能”，载《山东大学学报》2005年第3期。

❷ 月亮山区女孩结婚时，女方亲友要送新娘棉被或毛毯，然后由送亲人员把棉被或毛毯随同新娘送到男方家。男方家根据棉被或毛毯的多少回赠相应的猪腿。送亲队伍把猪腿挑回女方家后，女方家再把猪腿分给送棉被或毛毯的亲友。

他人同居。违者按榔规处以200元至800元罚款。“能秋议榔”第23条规定禁止歧视、虐待生育女婴的妇女和不育的妇女。禁止歧视、虐待、遗弃女婴。违者罚款1000元。第27条规定子女应当尊重父母的婚姻权利，不得干涉父母再婚及婚后的生活。子女对父母的赡养义务不因父母的婚姻关系变化而终止。违者罚款500元。

（2）丧葬、新居落成、节日送礼、婴儿满月及鼓藏节习俗改革。丧葬改革规定父母去世，一切从简，禁止大操大办；亲朋送礼，孝家一律不回赠礼肉；姑母、姐妹、女儿去世，舅家人不得清退生前舅家陪嫁的金银首饰等物品，除非时间不长，且尚未生育者可以双方协商。

新居落成庆典不提倡大操大办，并沿用了罚3个100的习俗，一是亲朋送礼，主家回赠礼肉一律不得超过2斤，二是舅家或姑家来贺，禁止牵牛或拉猪相送，违者均按榔规处罚猪肉100斤、米酒100斤、大米100斤。“加两榔规”第44条：违反第10、第17、第21、25条规定的（一律不安排打礼菜，也不包糯米饭）处罚100斤猪肉，100斤大米，100斤米酒。

节日送礼习俗规定男方家春节送糯粑，端午节送粽粑，新米节送酒肉给女方父母，要有一定限额，均不得超过50个，5斤。女方父母亦不准破费购物回赠。违者按榔规处以200元罚款。

婴儿满月酒，亲朋好友来吃喜酒，一般应以妇孺为主。回娘家或娘家回送，人数不超过5人以内，违者罚款300元。主家不安排礼肉回赠亲朋好友，违者罚款200元。不提倡舅家抬猪来贺，以免造成不应有的经济负担。

鼓藏节由于要杀猪宰牛，浪费太大，一般不予提倡。若需举办，原则上必须从俭。不准姑爹、女婿牵牛送给舅爷或舅爷抬猪给姑爹或女婿。原则上以送钱物帮衬为宜，但不得超过1000元。违者罚款800元。客亲送礼不论轻重，杜绝猪腿牛腿相赠，回赠礼肉一律不得超过

5斤。违者罚款1000元。[1]

（3）文化教育改革。文化教育改革主要包括学习现代科学文化知识和传承传统文化两个方面。一方面，父母要高度重视对子女的文化教育，所有适龄儿童都要进校读书，完成国家义务教育，违者处以600元罚款；另一方面，对于传统工艺文化，既可传男也可传女，不得保守或失传。违者罚款300元。提倡男青年人人会吹芦笙，女青年人人会跳芦笙舞。提倡男女青年勤学古歌，代代传承。保护开秧节、粽粑节、吃新节、苗年节、鼓藏节等优秀传统节日，但要节俭，反对铺张浪费。

（4）榔规的执行。本次榔规改革的指导机构是榔规组委会。组委会主任由加鸠乡人大主席杨能文担任，总岩管辖范围内的其他7个乡镇的人大主席担任副主任。组委会成员由88个村每村派出一名代表组成，一般是村长或支书。各村创办执规协会，负责榔规的执行。执规协会成员由各村寨群众推荐或选举产生，成员人数根据各村寨实际情况酌定，一般由10～20人组成，设会长1人，副会长1～3人。执规协会设置会计负责财务管理，各项开支必须经过执规协会会员全体会议通过。做到账目公开，使用合理。[2]“摆垭山榔规”第57条规定：“罚款所得主要作为村（寨）集体积累。处罚猪肉的，用于发窜窜肉到各家各户”；第58条规定：“罚金除可以用来补助执规人员在执规中的误工补贴外，其余的主要用来奖励培养人才有功的家庭和贫困生入学”。“加两榔规”第49条规定 ：“对执规人员知情不报或不予以处罚的，对执规人与违规当事人要受到同等额的罚金。执规人员

---

[1] 月亮山区的鼓藏节一般是整个村寨集体举行，然而对祖先的祭祀却是以家庭为单位进行的。当然，也有统一的仪式与活动。吃鼓藏时，几乎家家都要杀猪和宰牛祭祀祖先，他们的亲戚也要来参加。亲戚送来的猪、牛或礼金是送给家庭而不是村寨集体。对亲戚的招待也主要以家庭为单位。杀猪或砍牛的任务一般由舅家人承担。每家祭祀剩下的猪肉或牛肉要分配给他们的亲戚带回去。

[2] 参见龙泽江、张和平：“石头法的现代传承——月亮山苗族榔规改革纪实”，载《原生态民族文化学刊》2010年第2期。

带头违规的要加倍和从重处罚。处罚款物不按规定乱罚款和据为己有的，处罚当事人（罚金所得）一倍以上的罚款”；第50条规定：“对条款的未尽事宜，只能提出修改意见和建议，不得无故不执行，如有违者处罚500元至1000元的罚款”；第51条规定：“对欠有他人礼菜（猪、牛腿肉）的，此榔规从通过之日起一笔勾销，不再偿还。”

各地“议榔榔规”还涉及消防、环保与社会治安改革。苗族大多居住木质吊脚楼，且村寨房屋密集，一家失火，往往殃及全寨。因而防火安全特别重要。这次消防安全改革继承了传统罚3个120的习俗，即发生火灾，对肇事者处罚猪肉120斤、米酒120斤、大米120斤。另外，对防火和救火更加重视，如救火不积极，临阵脱逃者将被处以1000元罚款。村寨50户以上要开设防火线，村民不得在防火线内建房造屋。违者罚款1000元。已在防火线内建房造屋的要自觉拆除。强行在防火线内建房造屋的加倍处罚，并强行拆除（“能秋榔规”）。

环保立法主要有以下几方面，一是对破坏村寨风水古树的处罚120斤肉，并责令毁一栽五保证存活。保护月亮山等国有森林资源，违者处罚1000元。禁止毒鱼、炸鱼、电鱼，违者处罚1000元（“能秋榔规”）。

治安方面，一是禁止村寨之间打群架，违者处罚1000元；二是禁止在公共场所聚众赌博，违者处罚1000元；三是禁止吸毒贩毒和种植毒品，违者处罚1000元（“能秋榔规”）；四是禁止偷盗，对偷盗畜禽禾谷竹木金银者，均有一定的处罚额度。

三、实施情况

（一）总规与分规

前述，在月亮山苗族议榔栽岩有“总岩”与“分岩”之分。总岩是一个较大区域内的立法，一般是土地和财产权方面“定分止争”

的规定以及惩治“贼盗”的规定，如古时的“能秋栽岩”就是针对这些重要问题的。大概是这一区域内的“根本大法”。[1]分岩则是单个或数个村寨针对某一方面习俗或规范制定的实施细则，如“婚姻岩”“偷盗岩”“生产岩”等。就拿“加两议榔”来说，它是7个乡50多个苗寨的总议榔，在加两苗寨议定的榔规是总榔规，在实施的过程中，参加议榔的各苗寨可根据具体的情况做出补充意见。

2009年10月11日八开乡摆列、高雅、党秧、亚类四村共同制定“关于对加两总榔规的补充意见”，内容如下。

自加两榔规实施半年以来，在贯彻落实国家的政策和法律法规、促进民族地区经济发展、社会进步、民族团结、移风易俗、减轻群众负担等方面得到了正确的执行，促进了当地的精神文明建设，深受当地苗族群众的欢迎和拥护。但是，榔规部分条款有的规定得还不够细致，在执行中不便于操作。为了更好地将以计划乡为中心的八开片区南部苗族榔规实施好，并抓出成效，结合我们4个村的实际，经4个村全体执规人员磋商，特制定以下补充意见：

---

[1] 当时的“议榔词”说：“众乡亲静听，无古不有今。规约老人订，违反莫留情。柴火莫乱砍，田地各有份。屋基莫强占，水田要分匀。瓜菜莫乱讨，手脚要干净。若有偷牛马，开仓或撬门。轻的罚银两，重的杀猪分，勾外扰内的，捆绑活埋他。鼓不敲不响，理不讲不明。立岩订规约，教子又教孙。”1985年原初始埋岩的地域范围内群众自发组织重申栽岩活动，地域范围非常广，“有加鸠的加鸠、加瑞、加勉、加牙、孔明等乡苗族群众；有宰便区的寨平、宰和、二友、新华等地的苗族群众；还有停洞区的东郎、加民、加哨等乡的苗族群众；有下江区的党九、摆亥、下江镇的苗族群众，有榕江八开区的腊友、加宜、计划等乡的苗族群众，总之，影响面约有数万苗族群众，方园百余华里”（这一地区行政区划在20世纪90年代有较大的变化——笔者注）。这次重申栽岩活动是由加学、加牙两村的寨老发起，事前他们与各村寨老商妥，定于8月8日举行（详见岑秀文：“从江县加鸠区‘能秋’栽岩活动的调查报告”，《贵州民族调查》之六）。从“能秋栽岩”的规模和内容上可以推知它是月亮山苗族地区惩治“贼盗”方面的“总岩”，而且是关于这次重申栽岩的目的，笔者也认为：可能就是针对20世纪80年代苗族地区社会支系比较乱，盗窃案件频发而发起或处理一起严重案件而进行的。

第一条　人去世后，孝家可以停放2～3天，（一般不超过3天）。未安葬前，孝家要及时通知其亲朋好友前来奔丧葬礼。如孝家不通知或通知不按时来的，安葬落土后，不准任何人再来孝家重复奔丧。若有违背者，第一孝家不要接待；第二村组执规人员要对来者进行说服，直至批评；不听劝告或态度不好的，视其情节，每人处以30元至50元的罚金。

老人病逝，孝家亲子女（孝子）可以祭，提倡家族和长辈不祭肉、不祭菜。

第二条　吃满月酒，要等候婴儿父母允许和通知后再去送礼吃酒，不准今天这个村（寨）去几个，明天那个村（寨）去几个，给婴儿父母及亲属带来不应有的经济负担和影响农业生产。对未经允许而不请自来送礼者，婴儿父母要从简接待，不准杀猪宰羊招待。若有违者，执规小组对婴儿父母要处300元至600元的罚金。吃婴儿满月酒，不准给舅家送猪腿肉，也不准舅家抬活猪仔送姑爷，违者罚款300元至600元。

第三条　青年男女通过接触和交往，若女青年为了更多地了解男青年家情况而到男青年家走访的，属男女双方相互了解阶段，不属于结婚，在此期间，不允许其他男女青年放鞭炮贺喜。待男女双方到婚姻登记机关办领结婚手续后再贺。不听公告和态度恶劣的，对放炮人不得设宴招待，并每人处30元至60元的罚金。

第四条　不论结亲嫁女、起屋造房、人员去世、婴儿满月酒和姑娘来走爹娘舅爷等，一律不准再以捆糯禾作为嫁物送礼，违者收送双方各处50元至100元罚金。

第五条　不教育子女及家人按规定用火，引起山寨火灾的，纵火者（放火人）要以自己的最大经济能力、物力人力对受损失者进行赔偿，对逃避者要加重处罚。

第六条　对造谣、传谣和唆使他人吵架、打架，制造矛盾、影响团结和生产生活的，处300元至500元罚金。

第七条 男女双方属于在婚或一方属于在婚，但男女双方自愿后发生不正当的两性关系，被一方家属捉拿的，男女双方均要受到同等的处罚。可处以400元至600元的罚金（受害方和执规小组对罚金实行五五分成）。

第八条 已婚男女养成惯性，经常发生与多人通奸，破坏他（她）人家庭者，按第7条规定加倍处罚。

第九条 村与村执规小组成员要相互监督，可以交叉处理违规人员。对处理所得罚金，归前去处理的执规小组集体所得。

第十条 执规小组及成员对本村（寨）人违规达到2次以上，不敢依照总榔规以及本补充意见处理的，对执规小组成员，每人处300元至500元的罚金。

第十一条 各村组执规人员和村组干部不带头执行总榔规和补充意见，带头违犯和对违犯榔规及本意见知情不报、不制止、不处理者要受到同等或加重处罚。

第十二条 以上补充意见于2009年10月11日高雅四村代表会议通过之日起执行。

八开乡：摆列、高雅、党秧、亚类四村共同制定

二〇〇九年十月十一日

（二）补充意见

2010年4月9日，八开南部苗族22村四寨派代表100多人聚集计划乡加两村议榔现场，召开议榔一周年座谈会。经与会的全体代表对榔

规实施一周年来的执行情况和存在的问题进行了认真的分析和总结，并对榔规条文提出以下的修改和补充意见。

第一条 议榔祭典活动：每年的农历二月二十五日为八开南部22村四寨苗族“议榔”祭典活动（即议榔节或祭碑节），由加两、加去、加化三村共同负责主办和通知，其他村和寨要积极组织相关人员参与祭典活动。

第二条 活动内容：总结榔规实施情况、祭碑、吹芦笙、踩歌堂、古歌对唱、斗牛、篮球友谊赛等等活动。

第三条 活动方式及经费来源：活动方式：主要以民间活动和自愿参与为主。经费来源：届时八开、计划、定威、兴华、水尾五个乡应给予一定经费的支持，各村对违规人员处罚的金额中提留10%～15%支持主办方组织祭典活动。

第四条 榔规祭典活动实行年年祭典的规定，促使这地区苗族人民重视、遵守和执行榔规，把它成为这地区苗族的一个民间节日和自觉遵守榔规的行动。

第五条 榔规规定嫁姑娘不准安排男性送亲，大家认为工作难做和一时难改。现经大家讨论意见修改为“嫁姑娘时，可以安排十人以内的男女送亲”。即背马刀一人、扛被窝一人、抬箱子一人、挑新郎禾一人、挑敬祖饭一人、挑接亲人禾（饭）一人、送亲婆一人、伴嫁姑娘二人、其他一人；但还是提倡轻车从简，不影响生产和安全，积极支持不安排男性送亲为好。

第六条 明确规定了送亲人的“走路钱”，即背马刀、送亲婆、伴嫁姑娘每人8元，其余的每人6元，由新郎家支付。

第七条 送亲人数如果违反第四条规定，超出10人以上的，每超1人按每人每天50元计罚，由新娘父母所在地的村组执规小组进行处罚；如果村组执规小组对违规人（户）实行隐瞒不报或时间超过一个月以上不处罚的，乡执规队对违规户和知情不报不处罚的执规人员进行双重处罚，违规的村组执规人员每人50元至100元进行处罚，违规户每超一人按100元进行处罚。

第八条　与从江县接边的村寨，如果与从江结亲的可以实行“一村两制”，即嫁姑娘可以送一头生猪或参照从江的习俗办理。如果是在本县结亲嫁女和其他喜事的，必须按照2009年2月25日（农历）通过的加两榔规、高雅补充意见和本次补充意见执行，违者坚决按照榔规的有关责任条款规定实行处罚。

第九条　未到法定婚龄，但男女双方情投意合未征得父母同意来家的，双方父母、哥兄老弟和执规小组要对双方说服教育，劝其各在各家居住（非要同居的必须采取避孕措施），待双方达到法定婚龄后，办结婚证和举行结婚仪式后再同居过夫妻生活，否则，造成计划外怀孕或生育的，必须按照国家《计划生育法》处理，若强行生育的，除政府按计划生育政策征收社会抚养费外，村组执规小组还要按榔规第41条规定处以500元至800元的罚款。坚决杜绝计划外生育和早婚早育现象，确保本支系苗族优生优育，提高苗族后代人口素质。

第十条　通过自由恋爱并达到法定婚龄的，男女双方未征得父母同意来家，愿意结为夫妻。男方派人去向女方家人报信，可以拿480元至1000元的现金作为向女方家赔礼道歉，不准女方家派众人到男方家以领回姑娘为由杀猪打牙祭；不允许男女双方父母及家人干涉男女青年自由婚姻；也不准男方家抬生猪、大米、水酒去姑娘家赔礼道歉，可待结婚办酒时再送。违者，处罚男女双方各400元至600元的罚金。

第十一条　别人家办喜事，有意干涉他人执行榔规或唆使他人违规以及诬蔑、谩骂执规人员，不听劝告，无故不执行榔规和以身试规的，处以600元至800元的罚金。

第十二条 同意计划乡九秋村、加退村、加早村、摆王村加入八开南部（加两）苗族习俗榔规改革行列。

第十三条 22村四寨榔规实施一周年座谈会全体代表共同修订。

二〇〇一年四月九日于计划乡加两村

（十个乡干部的姓名和举报电话）

从这个补充意见看有以下特点，一是规定了每年的祭典仪式和活动范围。二是县际的婚姻可以实行“一村两制”，对一时难改的习俗做了“变通规定”。如与从江结亲的嫁姑娘可以送一头生猪或参照从江的习俗办理；榔规规定嫁姑娘不准安排男性送亲，经实践一时难改，经大家讨论修改为“嫁姑娘时，可以安排十人以内的男女送亲”。三是公布了10个乡干部的姓名和举报电话，进一步强调嫁娶、丧葬、贺新房、鼓藏节等节日典庆活动，要根据各家的条件从简办理，量力而行。禁止违背男女任何一方意愿的抢婚、包办婚姻和彩礼超标，如有违反知情人可以举报，由乡干部出面追究。

“议榔”效果的好与坏主要看苗族群众对它的态度和“榔规”的执行力度，执行的力度在于人们的支持程度，如果人们真正从心里承认它、遵守它、支持它，这次“议榔”便是一次成功的“民间立法”活动。对于三地榔规的实施效果，由于能秋、摆垭山议榔的时间不很长效果还未显现，而“加两议榔”已经一年多了，效果也有所体现。据陈德科主任介绍：“加两议榔”一年来，榔规实施的效果较好，大大降低了婚礼、葬礼、“满月酒”的成本，三项费用均比改革前降低50%～60%，仅摆水一个村就节约费用21万多，证明改革是有利于人民群众的，并得到群众的支持。一年中发生违反榔规的情况20余起，对比较严重的依照榔规处罚10余次，并没有出现严重抵触语言和行为，说明苗族群众对这次风俗改革整体上是认可的。[1]

四、“议榔”的现代意义

（一）“议榔”倡导者的变化

议榔在苗族文化研究中已经成了约定俗成的概念，是汉语中的“议”和苗语中“榔”的组合词。议榔在各地苗语中有多种发音，1965年调查的《台江县反排苗族社会历史调查资料》直译为“勾夯”，[2]与“勾榔”的发音相似，汉文记述用的字不同，如“榔榔”等。1958年国家组织的民族调查、1962年整理的《雷山县掌披苗族社会历史调查资料》称为“议榔”，[3]被多数研究者广泛采用。各种称呼的含义都是一样的，就是大家聚居在一起通过举行带有宗教意义的仪式，齐心协力做某种事，“制定规则”是这种仪式的主要内容之一。黔东南雷公山、月亮山地区是中国苗族聚居最为集中的地方，通过议榔形式确定的习惯法规范在历史上是该地区苗族习惯法的基本渊源之一，很多村寨将“议榔”这种“民间立法”传统保留到现在。但据笔者调查，以地域划分议榔有“栽岩”“不栽岩”两种，月亮山区苗寨在议榔活动中要“栽岩”，[4]而雷公山区的苗寨议榔不一定“栽岩”。

“加两议榔”是月亮山区21世纪第一次议榔活动。笔者作为贵州省苗学会副会长听到这一消息后马上到计划乡加两寨进行了实地调

---

[1] 2010年7月3日对陈德科的调查笔录。

[2] 参见贵州省编辑组编：《苗族社会历史调查》（一），贵州民族出版社1986年版，第160页。

[3] 参见贵州省编辑组编：《苗族社会历史调查》（二），贵州民族出版社1987年版，第222页。

[4] 所以就有“栽岩活动又叫‘议榔’；这种栽岩立约活动，堪称苗族的一大创造”的观点。参见岑秀文：“从江县加鸠区‘能秋’栽岩活动的调查报告”，载《贵州民族调查之六》。笔者认为：议榔与栽岩合一只是月亮山苗族地区的特点，另外“栽岩立约”可能是无文字状态下的民族初始“立法”带有普遍性的活动。

查，并三次到榕江县走访了议榔活动的发起人——县人大副主任、县苗学会会长陈德科同志。从陈介绍的情况来看，本次议榔的发起者和组织者不是榔头和理老，而是县苗学会和计划乡政府，虽然也请了榔头参加，念诵过去的“议榔词”，利用传统的宗教仪式，杀牛送肉（串串肉）给参加议榔的每一个人，但仪式的程序上远不如以往严格。[1]说明在苗族新的社会环境中，社会学术团体倡导的情况下，传统的“议榔”形式也会发生了某些新的变化。陈主任是本地苗族的代表，从计划乡走到县领导岗位，在本地苗族中有很高的威信。在这次议榔活动中他也作了“解放思想 树立新的发展理念 促进苗族事业不断向前发展”的讲话。2010年 7 月 3 日我们就“摆垭山议榔”情况去榕江县找到陈德科主任，并收集到此次议榔过程的十余个文件，[2]说明这次议榔由于有了“加两议榔”的经验，政府方面的准备工作更加充分了。在这次议榔仪式中既有念榔师傅念诵榔词，又有县领导的讲话。“能秋议榔”则在加鸠乡人大主席杨能文、东朗乡人大主席李晓良的倡议下，联合了其他6个乡镇人大主席共同酝酿苗族习俗改革条

---

❶ 据亲临会场的人介绍，陈德科主任和乡政府领导坐在主席台中间，祭师（榔头）、寨老坐在一边。

❷ 计有：《摆垭山地区苗族习俗改革榔规》《摆垭山地区苗族习俗改革各村寨参加人员情况》《摆垭山地区苗族习俗改革榔规活动前几项工作的落实（表）》《摆垭山地区苗族习俗改革榔规活动前几项工作的落实（文）》《摆垭山地区苗族习俗改革榔规各村寨执规组成人员名单》《摆垭地区苗族习俗改革榔规情况说明》《摆垭山地区苗族习俗改革议榔活动日程》《摆垭山习俗议榔各村寨群众捐款清册》《摆垭山一带苗族习俗榔规改革筹备会日程》《议榔活动安全注意事项》《关于请求将县苗学研究会工作运转经费列入财政预算的请示》《关于要求解决摆垭山地区苗族习俗改革榔规活动经费的申请》《摆垭山地区苗族习俗改革议榔碑文简介》和《破除陋习，树立新风，把苗族习俗改革提升到新的发展阶段（2009年11月18日在摆垭山苗族习俗改革大会上的讲话，县人大常委会副主任、县苗学会会长陈德科）》以及平江乡人民政府“主持词”“议榔大会通知”“邀请书”“报到册”等。

款。[1]由于能秋是传统的栽岩地点，有议榔的传统文化积累，所以传统文化的因素较强。在祭师（柴老下，加学村人）的主持下举行了杀牛“祭山神”“祭天”“送神”等仪式。[2]

著名学者梁治平指出：“现代法律运动既不简单是外在地强加给中国社会的，也不是由中国社会之外的其他人来主导和推行的，所有这些‘改造’‘改变’‘塑造’和‘建立’的任务都主要是由中国人自己、为了自己的利益去进行和完成的。”[3]而在“民间立法”中社会上层的力量作用积极，而来自社会基层的力量较为微弱，有时立法者不论是在自然的时间、空间还是在人文的时间和空间上更接近于社会上层的力量，特别是以本地政治、经济和文化精英为主体而形成以民族利益和社会利益面貌出现的社会上层力量，就更容易受这种力量的影响。立法在很大程度上往往成了当时政治精英和文化精英的一种理想的制度设计蓝图和主流意识形态的具体体现，更可能受立法者个人主观愿望、政治热情等因素影响。因此，正是在这些因素和良好的愿望的作用下，将引导社会的规则自觉或不自觉带进了“民间立法”之中，甚至“民间立法”倡导者本身就是其中的一员。

任何“立法”都是制定一种适用于一定区域内所有人的规则，追求法普遍性和一般性，力求系统性、全面性和预见性。同时立法是一件非常实际的事情，它植根于社会现实生活中，其好坏无法从其本身得到答案，只有符合实际情况的法律才是好法。正如苏力所言：“真正能得到有效贯彻执行的法律，恰恰是那些与通行的习惯惯例相一致或相近的规定，一个国家只靠国家强制力才能贯彻下去的法律，即使

---

[1] 据陈德科主任介绍从江“能秋议榔”很大程度上受加两议榔的影响，因为参加议榔的几个乡镇与榕江计划的苗族属同一支系，风俗习惯很相近，两地互有通婚，经常走动。加两议榔过后，消息便传到了从江苗族各乡镇，加鸠、东朗等乡干部便思考模仿“加两议榔”准备“能秋议榔”。

[2] 参见龙泽江、张和平：“石头法的现代传承——月亮山苗族榔规改革纪实”，载《原生态民族文化学刊》2010年第2期。

[3] 参见梁治平：《在边缘处思考》，法律出版社2003年版，第129页。

理论上再公正，也肯定会失败。”

（二）榔规是一种民间法律制度

正式制度是国家安排的有意识的创造物，非正式制度安排则主要是人们在长期交往中无意识的、世代相传的具有持久生命力的一套规则，它是作为文化一部分的未经国家认可却具有相当普遍约束力的习惯与惯例，实际上是活生生存在的“习惯法”与“民间法”。非正式制度主要有道德规范、传统习惯、文化观念与意识形态等。它具有持久性与包容性，随着社会的发展，它通过价值观、态度、习惯等对社会制度、人们的生活起着潜移默化的影响，成为社会制度与生活方式的组成部分。非正式制度与正式制度相伴产生，共同维系社会秩序。在进行制度创新时，非正式制度又作为先在的环境因素，对国家正式制度产生重要的影响。有时非正式规则在不同领域也在发挥着与国家法同等效能的作用，在国家法无法提供应有职能，即国家法短缺时，这些非正式规则很大程度上成了正式法律的“替代者”。

国家法必须具有普遍性、统一性、稳定性以及原则性等特点，但到了乡土基层社会狭小空间反而可能变成了国家法的劣势。比如，国家法为了统一性也就很难照顾到乡土社会事物的特殊性；再如，要体现原则性它就不可能、也无必要涉及乡土社会生活的方方面面。由于我国地区间的政治、经济、文化等发展较为不平衡，各地的司法资源配置差别比较大，造成国家法在一些乡土基层社会的运行过程中存在着不少供给不足，甚至是极度匮乏的情况。所以无论是历史上还是今天，如苗族通过议榔订立的习惯法规范一直在当地起作用的事实就充分证明了这一点。

事实上，正式法律制度与非正式制度的沟通与理解以及在此基础上形成的良性互动和耦合，正是法律制度创新与变迁取得成功的关键。当国家制定法的禀赋与其作用下的民间法、习惯法相一致或大体一致时，后者就能成为前者的正确而积极的“解释者”，会加速前者的推进过程，从而扩充其效能。国家立法与非正式规则之间的调和意味着人们将借助非正式规则某种程度自觉遵守国家制定法，也意味着国家制定法逐渐融入人们的日常生活与行为中，并以其所体现的价值和所要求的制度模式改变人们的行为和观念，从而使法律制度的实施成本降低到最低点，实现收益的最大化。这次“加两议榔”是苗族自身对旧法的主动改革，与国家政策、法律在总的方向上是一致的，代表着进步和文明的发展理念，在民间法的运动中与国家法起到了呼应作用，也可能会影响苗族自治地方的立法。

（三）国家法与民间法的关系及其互动

国家法是指由国家各级有权机构依法制定并依靠国家强制力保障实施的法律；而民间法则是指在法律多元文化背景下，存在于广大乡土社会中的与国家法不同的民间社会控制规范。法律多元主义的格局（即国家统一法、民族地方自治条例及民族固有法并存的状态）一直是我国民族地区法律文化的实质特征之一。[1]从我们在黔东南苗族地区调查的情况看，受村寨法律资源配置的局限，国家正式法律制度供给不足抑制了民间对正式法律的需求，同时也使政府不得不更多地依赖于民间调解来解决所谓民间纠纷。[2]在那些村寨里，纯粹以国家法建构的秩序没有出现，纯粹以民间法建构的秩序也不可能彻底形成，而是“混合型法”的法制秩序，即国家法与村寨法共同构成了村寨的规范体系。而村寨法作为“地方性知识”，贴近村寨现实生活，是当地人所熟知的规范，在村寨发挥实际作用。目前“民众之所以倾向于同时也在法律之外寻求公道，也是因为法律制度的某些缺陷使其难以

---

❶ 参见张冠梓：“冲突与调适：南方山地民族的法律多元主义格局及其走向”，载《广西民族学院学报》2000年第3期。

❷ 参见梁治平：“乡土社会中的法律与秩序”，见王铭铭等主编：《乡土社会的秩序、公正与权威》，中国政法大学出版社1997年版，第431页。

满足民众的正当需求”。[1]这样在运用对村民们来说更有经验、更为现实的民间法比国家法更有利于解决问题的情况下，国家需要尊重村民们的自主选择。月亮山地区的苗族文化落后，生产力发展水平极低，陈规陋习极多，这里的苗族几乎完全不知国家法律为何物，他们长期遵守的是“榔规”执行的内容，所以民间习俗的改革通过法律的提倡和政府的推动是实现不了的，只好借助民间“议榔立法”的形式来完成。

（四）关于民族自发的习俗改革

周恩来总理说过：“人家的风俗习惯是自己生活条件基础上的，风俗习惯的改革，要依靠民族经济基础本身的发展，不要乱改。”[2]三地议榔是苗族地区典型的自发的民俗改革活动。据各种文献记载，在近代通过“议榔”进行民俗改革，减轻民众生活负担，推动社会进步的“民间立法”活动在黔东南地区曾发生过多次。一般说来，习俗在规则与制度变迁中一般有两种方式：诱致性制度变迁和强制性制度变迁。所谓诱致性制度变迁是指个人和群体为追求自身利益而自发倡导组织的制度变迁。所谓强制性制度变迁是指由政府主导的自上而下的强制实施的，由纯粹的政府行为促成的制度变迁。这次习俗改革属于前者，所以在引导习俗变迁的过程中，遵循习俗变迁的内在规律具有重要意义。

第一，不是所有的习俗都需要纳入变革的范围，只有那些与经济增长与发展具有实质性关联的习俗才需要受到新制度的审查。习俗变革包括两个层面：一是外在的行为规则；二是行为主体的价值尺度和

---

[1] 参见梁治平：“法治：社会转型时期的制度建构——对中国法律现代化运动的一个内在观察”，见梁治平主编：《法治在中国：制度、话语与实践》，中国政法大学出版社2002年版，第125页。

[2] 参见周恩来：《关于我国民族政策的几个问题》，人民出版社1980年版，第28～29页。

心理偏好。这种变迁和转换“也是一种对旧习俗的整合，它是用新的制度范式来整合旧制度实质性习俗的内容，从而给新制度带来秩序和新的规范”。[1]

第二，一种失去现实性的实质性习俗往往会极大地阻碍新规则的形成，变革者往往是积极的和自由的，而旧的习俗、惯例和约束是对其自由的消极限制，因此习俗的变迁具有复杂性和艰难性。这种复杂性和艰难性“除了来自人们所关心的利益得失的冲突外，主要与人们的传统习俗所规定的行为范式的矛盾冲突有关，这是由意识的相对独立性所决定的。观念的变革与物质的变革有着不同步性。由制度变革的总量向行为者的思想和行为的传递，对社会主体来说，乃是由自我走向非我再回到自我的过程”。[2]

第三，新旧习俗的更迭具有历史的必然性，不以人的意志为转移。因为人们的习俗实际上反映着人们的利益与需要的实践状况，当新的需要被推出后，由需要所派生出的利益关系、价值尺度、活动方式必将发生变革。一种习俗之所以拥有一大批接受者，是因为它具备了能够满足人们现实需要的内容；如果它不再具有这种价值功能，换言之，如果人们维护这种习俗却带来了种种不幸后果或灾难，该习俗也就行将消失了。

月亮山区的苗族的婚丧嫁娶、节庆习俗已延续了很长时期，操办事情的家庭还礼太重，而且愈演愈烈，一次下来用几头、十几头猪，没钱买就先向别人借，以后再慢慢地还，这对于并不富裕的普通苗族家庭来说已经不堪重负，那为什么还要沿用这种习俗呢？主要是根深蒂固的“亲族意识”“面子意识”和古老的规矩。少数民族也是中国人，作为中国的普通民众，从来都不缺乏对自己利益做出判断和根

---

[1] 参见张雄：“习俗与市场——从康芒斯等人对市场习俗的分析谈起”，载《中国社会科学》1996年第5期。

[2] 参见张雄：“习俗与市场——从康芒斯等人对市场习俗的分析谈起”，载《中国社会科学》1996年第5期。

据环境变化调整其行为方式的“实用理性”。从我们的调查资料证明，在日常生活经验上，苗族村民们大都是具有一定理性的人，他们能够在其知识体系范围内，对他们力所能及积累的条件综合权衡后做出他们最有利的选择。所以，村民们在比较旧习俗与新习俗的时候，更可能会发现新习俗能够给他们带来更多好处（方便）或者说是减少更多害处（不便）。但同时苗族人很好面子，又恪守“古理”，小地域范围内亲属关系复杂，传统观念根深蒂固。村寨社会有很强的趋同性，如果别人都这样做，你不这样做就是“不合群”，就很难在当地生活“顺当”。就像城里人们陷入“随礼怪圈”一样，有些收入不高的年轻人早就不堪重负了，但还是选择“随份子”之类的惯例习俗。

在我们看来，2009～2010年月亮山区苗族三次民俗改革是必要的、进步的，符合国家法律指明的方向和时代的进步趋向。从总体上说是苗族自发的一次民俗改革活动，当地广大苗族群众一定会在传统与现代、落后与进步中做出自己的选择和调整。

书评《未被治理的艺术：东南亚高地的无政府历史》

作者 ［美］查尔斯·凯斯（Charles Keyes）
译者 陈正府

为何那些山地人“不发展”“不被文明”？如何解释高地文化的马赛克现象？对于东南亚族群认同多样性、文化异质化过程及其移民历史，耶鲁大学政治学和人类学教授詹姆斯·C. 斯科特（James C. Scott）在《未被治理的艺术：东南亚高地的无政府历史》一书中，对“人类的文明”历程做了一个精彩的回应：“刀耕火种”和“不用文字”是一种政治选择，而不是文明落后的表现。这种“自我蛮夷化”的状态，实质上是山地人逃避国家控制的“选择性”的策略。查尔斯·凯斯（Charles Keyes）对此评论，认为不能将刀耕火种的耕作方式与水稻耕作方式作一个简单的比较。高地与低地的生计方式实际上存在着多种解释模式。平地居民迁移的原因通常是基于经济，或存在其他一些动机，而非仅仅是政治因素。此外，凯斯还认为高地人的宗教是一种“地籍图式的”“从日常经验的地方世界中提取的影像”所拼构成的。

关键词

无国家 文明 自我蛮夷化 高地 逃避

作 者

［美］查尔斯·凯斯（Charles Keyes）
美国华盛顿大学人类学与国际研究教授

译 者

陈正府 美国克拉克大学国际发展博士候选人

邮 箱

keyes@u.washington.edu 西雅图 98195
windpour@gmail.com 伍斯特 01610

斯科特（James C. Scott）新作《未被治理的艺术：东南亚高地的无政府历史》（The Art of Not Being Governed: An Anarchist History of Upland Southeast Asia）的问世，是一件值得学者们庆贺的事件。正如我们从斯科特以前作品中一直所期待的那样，此书令人兴奋、生动幽默、富有洞见，引起了相关研究大量且有深度地反思。另一个收获是，这标志着他又回到了“缅甸（Burma）”——一个让他开启职业时就着迷，近年来又投入了很多时间的地方。

此书可视为对利奇（E.R. Leach）《缅甸高地政治体系》（1975）的详细阐述或延伸评论。正如我本人在《黄金半岛》一书所观察的那样（这是我的一本关于东南亚的书，出版于1977年），利奇的缅甸政治体系分析“在东南亚的人类学研究上比其他作品有着更为重大的理论影响”（Keyes 1977，4）。尽管领先于斯科特，利奇的研究长时间停留于争议之中（Scott 2009，38）。我认为斯科特是第一个承担起利奇议题的政治科学家。利奇认为由于有着十分不同的民族语言学遗产，高地与低地居民应视为“相互依赖的”，并作为一种单一社会体系的组成部分（Leach 1954，60）。

斯科特提出他的观点主要是关于缅甸北部山区，“事实上大体是指由越南中部到印度东北部、横跨东南亚五个国家（越南、柬埔寨、老挝、泰国、缅甸）及中国四省（云南、贵州、广西及四川的一部分）所有海拔在大约300米以上的山地”（Scott 2009，ix）。他为这一区域采用了一个名字“左米亚（Zomia）”。这个名字最先由威廉·范申德尔（Willem van Schendel）在2001年的一个会议论文上提出。如同雷曼（F.K. Lehman）参加2006年亚洲联合会的一个关于斯科特书的讨论座谈会上所言，尽管这个名字有着语源学上的问题，但现在在学术圈内已经成为通用。虽然这个术语有问题，但斯科特已经成功地将注意力集中在一个他所命名为“裂碎带”上的人们。这些人一直未显明地被列入区域政治活动的记录，也没有被列入其他已经被书写的区域历史。

这些人有着一个共同的特征，那就是他们位于国家的边缘，而这些国家一直统治着低地区域。在斯科特的“无政府者”观点里，国家是为提取税收和人力资源（军事的、农业的、宗教的、文化的）项目而存在，这些项目有利于统治者和精英集团。他要求读者去设想一个“国家空间”的概念，在“国家空间”中，所有安排是为了“保证统治者以最低的成本，获得大量而可靠的人力和粮食盈余”（Scott 2009，40）。在东南亚陆地，这样的国家，需要获得大量的可种植水稻的农民人口（Scott 2009，50）。这些农民可生产大量的盈余并为国家占有，并受国家项目和军事活动的劳役支配。斯科特视他后来所提到的“人力资源国家”或“稻耕国家”为“文化、族群以及区域规则”（Scott 2009，79）的发明，这使得统治者利用多种的权威传统控制人们成为可能。

因此，斯科特的国家模式是同时跨越时间与文化的。“如果说这种明确的政治学观点有任何优点的话，那就是它的影响在于从根本上对一些‘缅甸人’‘暹罗人’或‘汉人’的本质主义理解进行去中心化。认同在核心上是一个政治的投射，将多样的人们凝聚在一起”（Scott 2009，80）。这样的预设前提与大多数关于东南亚的历史研究正好相反，这些研究区分各种类型的国家，包括史前时期的王国，如扶南，印度化的吴哥与蒲甘，中国化的越南，佛教化的吐蕃/阿瓦王朝、勃固、阿育塔耶/曼谷、金边，殖民时期的缅甸政权与印度支那以及现代国家的缅甸、泰国、柬埔寨与越南。[1]斯科特以宏大的视角忽略国家之间的明显差异，将这些存在于前现代时候的众多小规模政权与汉政权归结在一起进行分析。萨明克（Salemink）描述前现代的越南正是斯科特关心整个高地区域的一个真实写照。萨明克指出高地区域存在着大量的“政治控制的地方形式”，这是由于“区域经济、政治地理的多样性，以及经济、政治影响大网络里的精英配置”结果。斯科特不仅忽略区域政治结构上的显著差异，而且还认为殖民与后殖

[1] 对于此类“土著型”东南亚国家，请参见书评Bentley（1986）。

民国家的特征同样具有前现代国家的特征。比如学界认为刀耕火种方式是在现代国家控制之下，[1]领土重建过程中的一种伴生物，但斯科特认为这是对国家刀耕火种生产方式的污名化（Scott 2009，200）。

然而，斯科特并不是真正关心东南亚国家的多样性特征，他在此书中关心的是无国家的人们，这正是此书的重要贡献。通过许多比较性的说明，斯科特得出一个事实：世界上很多地方的无国家人们，几乎全被那些兴趣在政治过程（没有特别限定，但主要是相关联系）的政治科学家们所忽略。斯科特主要的论点是，这一区域的高地人，他们不是低地人眼中的“未开化的”或“野蛮人”。跟社会进化论者特别是马克思主义者的观点类似，这些人一直被“文明的”低地人视为社会进化早先阶段的“剩余”。斯科特认为这些高地人应被视为有意地逃避“国家的征服与国家的构建”（Scott 2009，9），他在书中用许多不同的方式反复强调这一观点。比如，他认为，“左米亚（Zomia）”是且将一直可能被视为所谓的国家建构的“断裂带”，很类以于高加索和巴尔干地区。在此居住的人们，在一波又一波的入侵、征奴、流行病、劳役活动中，与中央国家不断地进行抗争与隐退，已有着至少有两千年的历史（Scott 2009，242）。

尽管毫无疑问这一地区的一些人们，一直逃离一个国家或另一个国家的掠夺，然而从一个群体，或从这一区域人们的活动以及两千多年来多种的社会构成来看，这地区的人们选择逃离国家的管辖，以作为首先或其次的决定，这一观点是不能简单地成立的。为了理解这一点，参见斯科特的第一个观点，事实上在山区广泛实践的农业类型是刀耕火种农业而不是水稻耕作方式。此外，我同意斯科特所说的刀耕火种农业是人们做出的一种连续性选择。我相信有证据清楚地表明，这些选择主要是由生态的而不是政治的条件所形塑的。很多学者赞同斯科特的观点，认为水稻耕作方式不是由刀耕火种方式演化而来的。

[1] 参见Vandergeest 和Peluso（1995）的例子。

无论刀耕火种与水稻耕作开始于何时，多个世纪以来，两种农业类型一直有着重要的多样性。

换言之，不能将刀耕火种耕作方式与水稻耕作方式作一个简单的比较。一些人针对高地与低地的生存生产方式提出了多种的解释模式。一些山地群体发展出水稻耕作的生存方式（Kunstadter et al. 1987，第三部分），这种方式是由农民组成的小社区每一两年灌溉他们的田地，并且种植多种农作物如稻谷在他们的农田里以供家庭消费，其他一些人则在山地采用了刀耕火种与水稻耕作的混合方式。这种混合方式是以所谓的“山泰（Hill Tai）”人群为典型，有“黑泰”和“白泰”，分布在现代越南、老挝的边境。同样许多孟高棉语族也采用此混合耕作方式，今天他们分布在越南的北部、老挝大部、柬埔寨西北部、泰国北部。在缅甸的克伦语族中，人们采取的有纯刀耕火种方式，混合的水稻耕作与刀耕火种方式以及以水稻耕作为主的耕作方式。

山地刀耕火种方式（或以多种形式表现出来的），能视为一种“逃逸的农业”类型吗？也就是说，作为一种经济策略，山地刀耕火种方式能使那些实践它的人们逃离与低地国家的关系吗？斯科特举了大量关于“蒙（Hmong）”人的例子，他们在中国被称为苗族人。斯科特认为，“蒙”人向南南迁的原因，至少一部分是汉代国家扩张造成的一个明显结果。同时，“蒙”人独特的生态适应方式是在山地采取刀耕火种生计方式。最多十年后，当这些山地肥沃力被消耗尽，“蒙”人会彻底抛弃这些土地。但这不能被理解为“逃逸农业”，因为在19世纪早期，当“蒙”人开始迁移到东南亚后，他们很快发展了与另一独特且具有很高商业价值作物的联结，那就是鸦片。为了从鸦片生产中获利，至少从19世纪中期起，“蒙”人在东南亚就与低地的人们，特别是汉人消费者，有着持久稳固的贸易关系。

作为一个近代的移民群体，“蒙”人不是东南亚大陆的典型的山地人。能作为典型的山地人群体代表的应为各种克伦人群体，甚至包括这样一群很引人注目的由孟高棉语族人所组成的群体，比如佤人、拉佤人、拉梅人、芒语人、卡伙人。斯科特没有对长期与汉人保持关系的“蒙”人和大量的东南亚土著人进行区分。

住在低地的人也在高地拥有田产（并同时从事采集）。高低地之间的混和农业区十分符合经济原则。我认为低地居民迁移的原因通常是基于经济，而非政治因素。关于这点，许多研究早有记录。

比较普遍的看法是，许多低地人离开国家的核心区域并不是一定要居住在山上。越南就有一个典型的例子。生活在红河三角洲也就是今天越南北部的人们，在公元年的早些世纪，就发展出以人工提坝和灌溉系统为主的密集型水稻耕作方式。大约在12世纪到13世纪，在国家的大力鼓励下，这一地区大量的人群开始迁移到越南南部。他们不是逃离国家而是复制他们的水稻耕作技术开辟新土地。即使低地人迁移到山上，他们长期与山地人为伴，也一直没有成为山地人。

斯科特也认为高地人传统宗教的“异端邪说”是“一种国家的影响”（Scott 2009，156），以此人们致力于将他们自身保持在对国家进行“抵抗的地带”（Scott 2009，157）。如同保罗·姆斯（1995［1933］）所认为的那样，我认为理解高地人的宗教传统的一种有效方式是视宗教为“地籍图式的”，是“从日常经验的地方世界中提取的影像”所拼构成的（Keyes 1987，515）。通过一系列令人印象深刻的关于印度教徒与佛教徒文化顶峰时期（6世纪～13世纪）纪念物和遗留物的研究，姆斯（Mus）表明南亚接受了印度和中国的文明，不是因为被统治精英强迫去接受，而是由于这些文明中的想法与实践，添加了令人感兴趣的意义，进入当地的“地籍图式”的崇拜仪式中。

我追随基尔希（Kirsch）的脚步，他是一个许多年前就尝试去发现东南亚高地人共同点的一个学者。他认为是宗教意义的吸引力作为主要的实践动机来形塑这些社会，而不是国家的威胁。基尔希一直受利奇的启发，这导致他进入了一个与斯科特十分不同的方向。在《盛宴与摇摆：东南亚高地的宗教与社会》一书中，基尔希形成了他的研究途径：“我的假设是这些东南亚高地群体中的个体正寻求一种‘仪式的功效’‘力量’‘增强的仪式状态’，或一些其他的宗教性定义的目标，不仅是去寻求拥有一种‘政治权力’（Kirsch 1973，3）。”尽管基尔希可能夸大了他的案例，但他的工作仍然有助于分辨出斯科特论点的一个重要的问题， 那就是说，除了拥有或逃避政治权力的愿望外，斯科特并没有考虑到一些动机的因素。

斯科特在此书的第6章到第7章之间，插入了一个简短的半个章节，这可能是他的一个幽默。按照斯科特的回应与解释，考虑到 “极大的可能性”迹象与“整个上下文情景”，这个幽默是作为“口头、写作与文本”章节的开始，并将其归并为一个章节。他讨论的可能性是指， 在他发现的一些关于大多数山地人区域（不是全部）的传说中，不具备阅读与写作能力的山地人，可能是出于一种“策略性的”维持文盲（Scott 2009，228）来作为另一种“逃避”国家的手段。斯科特这个猜测的问题在于他是在一个错误的前提下进行推断。斯科特总的来说描写的是“山地人和无国家的人”。文本与书写不可避免地要与国家产生联系。尽管有编年史和其他一些书写与国家联系着（见例子，Wyatt 1976），但到目前为止，关于东南亚人与前现代接触以及进入现代的最重要文本是宗教文本。与斯科特主张东南亚前现代的文盲是“非常小的一部分人群”（Scott 2009，224）相反的是， 在东南亚佛教徒中，作为佛教徒初学者或和尚，他们要进行统一的临时性神职安排实践，所以大多数男性都是文盲，（Veidlinger 2006; McDanie 2008）。斯科特也意识到这些米恩（Mien）高地人的“手艺文化”（Goody 1968）有着宗教和魔术上的意义（Scott 2009，226–7）。观察到山地人是“没有历史的人们”， 斯科特这一点依然是正确的， 这意味着在一段时间里， 很少留有记载可追溯他们的行为。同样，对于低地的农民也是如此。历史一直为国家的统治精英所书写，至少到最近才有所改变。

我有很多地方与斯科特的观点是一致的（第七章）。比如他主张在山地社会是以关系的流动性、二元甚至多元的语言、人口变动， 以及从低地和其他高地人的文化借用等为特征的。这些事实使得不可能在不同族群之间进行精确地划定界线。基于所谓的“科学的”研究，现代国家一直在根据国家的归属主题而制造族群分类。然而，正如我曾在其他地方所言（Keyes 2002），这种归属不应被视为前现代国家的特点。

虽然我不赞同斯科特的结论，但我欣赏他能将视野聚集在东南亚与中国南部边境地带无国家的山地人。我相信他的书也激发其他人——包括政治科学家以及人类学家——更深入地探究这些人的特征。在很多案例里，这些山地人一直生活在国家统治区域的高地边缘地带。关于他的结论，“无国家的人”与“不文明的人”是截然不同的概念。这一观点不仅为许多学者所留意，而且还为寻求如何在国家控制范围内驯化“野蛮”的决策者以及低地人所采用。

苗族社会中“不落夫家”习俗与舅权演变的关系初探

——以贵州省凯里市为例

陶金华

关键词

不落夫家 舅权 苗族 凯里

作 者

陶金华

贵州大学民族学在读博士生

主要研究方向

生态民族学理论与方法

贵州贵阳花溪

邮 编

550025

一直以来，学界把长期存在于诸多少数民族和地区的“不落夫家”婚俗，归因为母系社会向父系社会过渡的产物。这是一个宏观性的经济学结论。然而，当我们以微观的权利关系来考查时，可以看到舅权与“不落夫家”的密切关系。本文通过对凯里苗族的考察，试图揭示苗族社会中留存的“不落夫家”习俗与舅权演变的关系。

一

（一）问题的提出

“不落夫家”[1]又称“不落家”“坐家”“长住娘家”等，即青年男女成婚后，女子不即在夫家居处，而选择归宁娘家长住。这是一种独特的婚姻习俗，过去长时间存在于我国众多少数民族和地区。[2]早期的民族学者如林惠祥、陈国强、蒋炳钊等人[3]甚至把广东、福建等地汉族社会中流行的“自梳女”“金兰会”和“姑婆屋”等现象也归于此类婚俗，认为“其名称虽不一律，但其情形却和上述的一样”[4]。

学界对于这种婚俗形成并存在的原因多有考查，大多认为是由母系社会向父系社会过渡的产物。[5]这一点，从宏观上来看，确有其说服力，但是从微观上又不仅止于此。我们认为，“不落夫家”的婚俗与舅权的演变存在着极为复杂的关系。

---

[1] 研究早期，这一习俗主要称为“不落夫家”“坐家”“长住娘家”，笔者认为此说不符实际。毕竟，女子并非永远不回夫家，只是暂缓，一般是待女子怀孕即到夫家常住。由此，笔者认为，称此习俗为“缓落夫家”更确切。

[2] 王承权在《中国各民族不落夫家婚俗的比较研究》中认为，存在不落夫家婚俗的民族众多，分布面极广，除印欧语系诸民族和南岛语系的高山族外，其余各语系、语族都有一些民族程度不同地保留着。他们是：黎、布依、壮、侗、水、仡佬、松佬、毛南、苗、瑶、羌、门巴、彝、藏、普米、纳西、傈僳、哈尼、景颇、阿昌、布朗、朝鲜、满、鄂伦春、蒙古、裕固、土，以及湘、桂、粤、闽地区的部分汉族等。

[3] 参见林惠祥：“论长住娘家婚俗的起源及母系制到父系制的过渡”，载《厦门大学学报》（社会科学版）1962年第4期；陈国强：“惠东长住娘家风俗及其研究”，载《福建学刊》1989年第6期；蒋炳钊：“惠安地区长住娘家婚俗的历史考察”，载《中国社会科学》1989年第3期。

[4] 参见林惠祥：“论长住娘家婚俗的起源及母系制到父系制的过渡”，载《厦门大学学报》（社会科学版）1962年第4期。

[5] 参见林惠祥：“论长住娘家婚俗的起源及母系制到父系制的过渡”，载《厦门大学学报》（社会科学版）1962年第4期。

（二）苗族社会中“不落夫家”婚俗的存在

苗族社会中也长期存在着“不落夫家”的婚姻习俗。有关这方面，史籍记载颇多，如清檀萃《说蛮》中：新贵（今贵阳）、广顺（今长顺）花苗，女子婚后“生子然后归婿家”；陈鼎《滇黔土司婚礼记》载，苗族婚后，“男就于女，必生子然后归夫家”；贝青乔《苗俗记》言，女许有家后，“有子始告知聘夫，延师巫结花楼祀圣母，圣母者女娲氏也，亲族男妇歌饮二日，名曰作星，始归夫家”；民国刘介著《苗荒小纪》说，苗族“（女子）嫁后，有住夫家者，亦有归宁二三年，而后始回夫家者。前者与汉人同，后者则异是。婚夕，妇与女伴偕宿，次晨偕归。直至次年插秧时，夫家使亲属迎之，至，亦信宿去。夫与之宿，或拒或纳，其夫不能强也。迨九月收获，夫家再迎再至，此时必纳夫入室，否则夫可提出严重交涉矣。其所以如此者，殆谓青春时期须及时行乐，未可操心家政，而为夫权限制也。苗人称此时期为‘做后生’。期满，或已生子女，则尽携所有以至夫家。夫妇唱随，循规蹈矩，无复从前自由矣”。

在实际调查中，近、当代相当部分地区苗族保留这种风俗。凯里苗族在传统上也存在这样的情况。

二

凯里是贵州省黔东南苗族侗族自治州首府，位于自治州西部，苗岭山脉东段北麓。[1] 凯里是多民族聚居的城市，[2]但以苗族为

---

[1] 参见黔东南州地方志办公室编：《黔东南州情》（内部资料），2007年，第50页。

[2] 根据最新的第六次全国人口普查主要数据显示：2011年贵州省凯里市常住人口是47.86万人。

主，苗族人口占总人口的63.03%，[1]是全国苗族人口最多的县级行政区域。汉族人口占25%，其他还有侗族、革家、木佬、西家等少数民族。[2]从各乡镇来看，基本上都有苗族分布。据1990年第四次人口普查统计，苗族人口占总人口99%以上的有4个乡，其中凯棠乡占99.97%，翁项乡占99.78%，米蒿乡占99.53%，地午乡占99.23%。占90%以上99%以下的有9个乡镇，其中旁海镇占98.64%，青曼乡占98.14%，格冲乡占97.12%，九寨乡占96.62%，湾水乡占95.98%，鸭塘乡占95.72%，平乐乡占95.15%，开怀乡占94.96%，舟溪乡占93.79%。其余13个乡镇占42%～84%。凯里城区苗族人口比重最小，占29.33%。[3]

如果按苗族女装进行分类，凯里苗族传统上分为四个类型：挂丁型、凯棠型、舟溪型和湾水型。巴拉河流域的开怀、平乐、挂丁三乡镇及格冲、九寨、鸭塘、舟溪四乡部分村寨，女装基本相同，通称“挂丁型”；凯棠、翁项、地午三乡及九寨、格冲部分村寨的女装为一个类型，通称“凯棠型”；青曼、舟溪、鸭塘、格河四乡的绝大多数村寨的苗族女装通称“舟溪型”；湾水、旁海、龙场、万潮、清平、冠英等乡镇苗族服饰通称“湾水型”。[4]这里之所要强调凯里苗族的服饰类型，主要的原因是在苗族传统上，大体存在着“一个服饰类型就是一个婚姻圈”的习惯。因为苗族服饰的款式选择不是个人行为，而是以一个特定人群集团为单位。一个特定的人群集团，穿着的都是同一种服饰，反过来说，一种苗族服饰的形式，是这个特定的人

---

❶ 此一数据根据2008年人口普查所得：凯里市苗族29.09万人，占全市总人口的63.03%，分布在市区四个街道办事处和所有的乡镇，参见http：//www.qdnzmw.gov.cn/index.php?m=content&c=index&a=lists&catid=84，访问时间；2013年12月22日。

❷ 参见云南省个旧市统计局编：《全国少数民族自治州首府城市概要2002》（内部资料），2002年，第52页。

❸ 参见贵州省凯里市地方志编纂委员会编：《凯里市志》（上），方志出版社1998年版，第172～173页。

❹ 参见贵州省凯里市地方志编纂委员会编：《凯里市志》（上），方志出版社1998年版，第180页。

群集团的标志。关于这个人群集团，有的说是一个支系，[1]有的说是一个通婚集团，不过通婚集团和支系在很大程度上是交合的。苗族传统上的婚姻是在“宗族外，支系内”进行的。其中“支系内”通婚习惯是相对的，所以今天很多人已经打破了这个习惯，不仅有与支系外通婚的，也有与民族外通婚的，甚至与国外其他人种通婚的。这一条已经不再是禁忌之列。但是“宗族外”的规定是绝对的，必须严格执行，即同一宗族内严禁通婚，至今依然。同一宗族的成员是实际上或者记忆中同一祖宗同一血缘群体的后代，他们之间不能婚配，这是苗族普遍遵循的婚配原则。如果有人违背了这一原则，将受到严厉惩罚。[2]

在凯里市舟溪一带的苗族，“不落夫家”的习俗主要表现为新娘在婚后第二天即由娘家送亲人陪同返回娘家，三四天后，新娘又由父亲、叔伯数人送到新郎家。送新娘的人住一二日即返回。此时，新娘往往提出随父亲等一道回娘家的要求，但新郎家大多一再挽留，新娘便多住几日。数日后，由新郎的父亲、叔伯送新娘回娘家。到来年二月，再由新娘的母亲、叔伯母等人送新娘到夫家。新娘母亲等人在女婿家住一二日即返回，新娘住七八天或十来天后，再由夫家的姐妹、嫂嫂等送回娘家。此后，每遇春播秋收等农忙季节，才由新娘父亲或母亲接她到夫家住几天，也有由翁、姑等人来接新娘到夫家的。这样或接或送，一般要二三年后，甚至更长时间，新娘才定居夫家。[3]凯里其他地方苗族的“不落夫家”婚俗基本上也与舟溪相似，不过，在具体细节上稍有差异，比如凯棠苗族，一般是结婚当天就回娘家，并不在夫家过夜。

---

[1] “支系”是对一个民族的亚族群的称呼，但是如何划分支系没有定论，支系也有大有小，本文以通婚圈来界定支系，是其中一种观点。

[2] 参见韦启光、朱文东：《中国苗族婚俗》，贵州人民出版社1991年版，第38页。

[3] 参见韦启光、朱文东：《中国苗族婚俗》，贵州人民出版社1991年版，第106～107页。

三

对于诸多民族和地区中存在着“不落夫家”的习俗的原因，学界一般认为是“由母系社会向父系社会过渡的产物”。其理论依据主要是认为，在母系社会中婚姻双方的居处方式表现为“从妇居”，到了父系社会成型后，才转变为“从夫居”。“从妇居”时期，子女的世系按母系计算，子女与男性没有关系，只与所属母系族群有关。“不落夫家”正表现为妇女对于母系社会的留恋，以及对父系社会的对抗。至于其背后的原因，则是随着社会生产力的发展，男性积累财富的能力远比女性更强。男性为了确保其积累的财产能传承给自己的子女，必然推动父系社会结构的建立。正如马克思所说：“导向一夫一妻制的动力是财富的增加和想把财产转交给子女，即合法的继承人，由婚配的对偶而生的真正的后裔。”[1]

很明显地，这一解释是从经济学角度来进行剖析的。但是从实际生活的经验来看，人们的选择也许更加现实和直接。一方面，学界对于这一现实的解读建立于原始社会的情境下；另一方面，“不落夫家”习俗最初的形成也许正是基于如上所述的原因，但是随着社会的发展，人们生计方式的更迭，至近、当代，这种习俗依然存续，就说明并不是这么简单。这里就要说到苗族社会中舅权的存在了。

在凯里，流传着一句俗语：“香炉山[2]最高，舅舅最大”，[3]说的就是苗族婚姻中舅舅的威权。在苗族的婚姻中，大部分地区至今还存在着一种“姑舅表优先婚”的习俗，也称“还娘头”，意即舅舅的

---

❶ 参见马克思：《摩尔根<古代社会>一书摘要》，人民出版社1978年版，第39～40页。

❷ 香炉山位于贵州凯里市西北15公里处，四面石崖绝壁，形如香炉，故名。香炉山顶峰海拔1233.8米，光绪七年立“黔阳第一山”碑刻。

❸ 这种说法在很多民族中都存在，比如在贵州锦屏县九寨区的侗乡中有“树最高的是杉，人最大的是舅”的说法；云南怒族中有“天下最长的是道路，亲间最长者是舅父”的传谣；生活在云南省西南边疆的拉祜族中盛传：“天上最大的是厄莎（天神），人间最大的是舅舅”。

儿子有娶姑姑家女儿的优先权。反过来，姑姑家要嫁女儿，先要问过舅舅，看舅舅家的儿子是否愿意娶姑姑家的女儿。如果舅舅家的儿子正适婚，愿意娶，那么姑姑家的女儿必须嫁给舅舅家的儿子。只有当舅舅家的儿子不愿意或者没有条件娶姑姑家的女儿时，姑姑家的女儿才能顺利出嫁。如有违背，就得向舅舅支付一笔“赎身钱”，也叫“礼金钱”“外甥钱”。这一点应该与苗族的传统社会结构有关系。苗族传统社会主要由血缘、亲缘和地缘三层关系结构组成。血缘关系属于最亲密的一层，基于男性血缘传承建立。这也是其他众多男性社会的共同的基础性结构之一。亲缘关系是次于血缘关系的第二层，主要由婚姻达成。第三层是基于生活所处的地理环境而建立起来的，互助性质的地缘关系。当然，地缘关系的形成也并不简单地是由居处环境决定，也有历史性的关系分化，即在某个时段可能是前两种关系，经过历史的不断发展而泛化形成。一般来说三个层次的关系是交织在一起，相互勾连，有时候还表现为相互的转化。这一点，在苗族很多地区都有相似性表达，比如“西江苗族本来都是一个父系继嗣群，由于分支开亲（裂变），使血缘关系和地缘关系交织在一起”。[1]

从婚姻这一切面来看，本文主要考查亲缘关系这一层。在解读婚姻中的舅权之前，我们有必要先了解一下苗族的鼓社制度。鼓社，苗语称为Jangd Niol，《苗族简史》一书把“鼓社”定义为“以血缘关系为纽带，以生产资料仅有制为基础的组织”。[2]其实，在苗族的历史与传统中，“鼓”是苗族迁徙中的联络工具，也是黔东南苗族的氏族单位，该地区的苗族认为祖先的灵魂栖息在木鼓里。[3]苗族学者杨培德认为：“鼓社是一个集宗教祭祀、亲属关系、政治经济、文化教

[1] 参见张晓：“西江苗寨传统文化的内在结构”，载《中央民族大学学报》（哲学社会科学版）2008年第2期。

[2] 参见《苗族简史》编写组：《苗族简史》，贵州民族出版社1985年版，第34页。

[3] 参见张晓：“西江苗寨传统文化的内在结构”，载《中央民族大学学报》（哲学社会科学版）2008年第2期。

育为一体的氏族外婚制团体。”[1]“通常由同宗的一个村落或几个村落组成。”[2]很明显地，苗族社会的基本社会结构是以男性血缘为主的宗族社会。在鼓社这一组织结构中，主体是同宗族的男性。那么，在“鼓社”制度里，男性的权利已经得到了强有力的保障，因为这个制度或组织本身就是以男性为权利主体。那么，女性的权利，特别是以婚姻的形式嫁到外宗族的女性的权利将以什么样的形式得以保障？

当女性以婚姻的形式外嫁后，其与原生宗族的关系就决定了其在夫家的地位。这个道理很简单。苗族传统社会中，婚姻结成之后是从夫居。如果婚后夫妻相处不睦，妻子处于弱势地位，必然受到夫家的压迫。由此，苗族传统婚姻中的“还娘头”就成了一个很有必要的、维护婚后妇女的权利的制度。“还娘头”就是通过把自己的女儿回嫁给自己的宗族的方式，建立起与原生宗族的稳固的关系。当女性在夫家受到不公正待遇时，很自然地，会求助于娘家。这一点在很多苗族地区都有实际的生活作证。比如，舅舅家（娘家）在当地的势力很大，女性在夫家的地位一般也不会很差。这就是“还娘头”“姑舅表婚制”的现实基础和权力表达逻辑。正是基于这个现实基础和逻辑，舅舅在苗族传统中的权力才会如此引人注意。有关舅权的具体体现，将在婚姻纠纷部分详细说明。

现在让我们用图表的形式来考查一下苗族传统社会中，血缘、亲缘和地缘三层结构的相互关系。

基本上，传统苗族社会中血缘、亲缘和地缘的关系就是下图所展示的形态。同时，我们也要知道，亲缘、地缘的虚线部位实际应该是多个别的血缘宗族关系的复杂交织，并非图中所示的简单表达。因为一个血缘关系里，除了男性，已婚女性都有其各自原生的血缘宗族。已婚女性的原生血缘关系因为婚姻而与此一血缘关系联结起来，成为

---

[1] 参见杨培德：《鼓魂——西江苗族鼓藏节文化田野笔记》，中国文联出版社2002年版，第161页。

[2] 参见李廷贵、酒素：“苗族‘习惯法’概论”，载《贵州社会科学》1981年第5期。

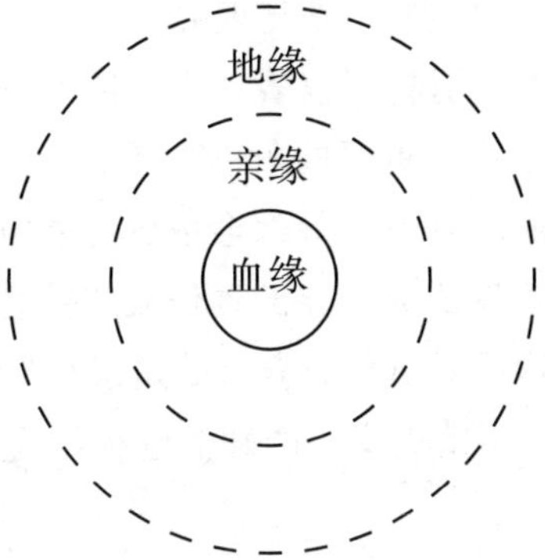

苗族血缘、亲缘和地缘三层结构的相互关系

亲缘关系。地缘关系的构成主要有两种方式，一是居处的环境，二是传统上血缘、亲缘关系的转化与泛化。血缘关系在苗族社会是一个相对封闭的结构，而亲缘、地缘很明显地是一个相对开放的结构，因为在一个血缘关系的外面实际上是多个另一宗族的血缘关系。这也就是为什么图中血缘关系以实线标示，而亲缘以虚线标示的原因。

这一点与西江苗族人把亲属关系划分为家族（血亲）与亲戚（姻亲）是一样的。在西江这样一个素有“千户苗寨”之称的苗族特色的地方，人们把“自己内部社会人际关系分成两大类，一类是家族，另一类是亲戚，也就是自己与他人构成血亲或者姻亲的两种关系”，[1]这一点与上图所示其实是一致的，只是没有把地缘关系考虑进来。至于为什么苗族社会把亲属关系仅仅分为两类，这两类又有什么差别和意义？这个道理也比较明显，“第一，这说明西江苗族特别想划清‘家人’与‘外戚’的区别；第二，这与联姻很有关系，前者是禁婚集团成员，后者是通婚集团成员”。[2]对此一问题的深入了解，也有

---

[1] 参见张晓：“西江苗族亲属制度的性别分析”，载《西南民族大学学报》（人文社科版）2008年第10期。

[2] 同上。

利于我们对苗族婚姻圈问题的考查与理解。

在苗族传统社会中，舅权不仅表现为“还娘头”的婚姻习俗。在整个婚姻仪式中舅舅也担当重要的角色和环节。比如男方与女方商定财礼与婚姻具体事宜时，女方一般都会把舅舅请到事务之中。甚至在财礼的接收过程中，舅舅成为主要的责任人和受益人。因为财礼的一部分会归舅舅所有。这是对舅舅放弃对姑姑家女儿的一种补偿。

同样地，舅权与“不落夫家”的婚俗也有着千丝万缕的关系。

四

上文中，我们已经说过了，在苗族社会中，男性的权利是在“鼓社”制度里得到保障。同宗族的女性为了自己切身利益的保障，会选择把自己的女儿嫁于舅舅的儿子。那么，作为一名即将或者已经出嫁的女性，又还没有女儿可以与原家族联系起来，其自身的权利又该如何保障呢？

这里我们要回归到苗族社会中青年男女成婚的具体情况来进行解读。苗族传统中普遍实行早婚制，女孩子一般13～16岁已经成婚，17～18岁已经算是晚婚了。年纪很小就结婚，女子对于婚后生活必然陌生，无力应付，需要有一个缓冲期来适应夫妻生活，以及与夫家相处的过程。面对这样的情况，女子首选的肯定是“逗留娘家”。然后，问题就出来了。丈夫肯定不想自己的新婚妻子长期滞留娘家。那么，这个时候，谁将出面进行调解呢？那就是舅权的介入。从娘家来说，之所以允许出嫁姑娘“坐家”，主要有以下几个原因。

（一）情感寄托

虽然说自己的姊妹已经出嫁，但大多还是很小的年纪，作为家里的男性成员自然比较留念。更别说这个时期的女性一般表现得较为可怜，比如在反映苗族婚俗变迁过程的《姊妹歌》中，新婚的妇女们唱道：

可怜我们不可怜啊？
哥哥弟弟们！
可怜就让我们回来，
跟你们住一段时间也好，
家里的哥哥弟弟们！
家里的嫂嫂们！[1]

很明显地，这个时候的女性表现出对娘家的极度依恋，作为亲人的兄弟必然也会在情理上支持她们留在家里。

（二）劳动力考虑

苗族是一个山地农耕民族，主要以耕种为生，生计艰难。适婚女性是一个不可多得的重要劳动力。一旦外嫁出去，家里即损失了一个极为有力的帮手。虽然女子已经成婚，但是对于娘家来说，多少还是有补偿需求。费孝通先生在《劳动的苗家》一文中也说“苗家妇女不但从劳动里自己解决穿的问题，更提高到了艺术水平，而且也参加耕种，和男子们一起，从劳动里来解决吃饭问题”。[2]而且，大多数的“缓落夫家”周期较长，有一二年的，也有三四年的。由此，借这个时段留下女子，还可以为家里做一些力所能及的事情，这对在家的兄弟来说也是一件很实惠的事情，没有不支持的道理。关于这一点，从另一方面也可以解释，即“不落夫家”的结束一般以女子怀孕为界，

[1] 参见《民间文学资料》（第十七集），第108页，转引自韦启光、朱文东：《中国苗族婚俗》，贵州人民出版社1991年版，第126页。

[2] 参见费孝通：《兄弟民族在贵州》，贵州大学出版社2009年版，第6页。

其原因是女子怀孕后即不太可能为家里做活，反而需要供养，这个时候如果再留在娘家就会成为负担，所以会把她送到夫家。只有这样，兄弟们的利益才得以最大化。这一点正如林惠祥对福建惠安县长住娘家妇女的考查："偶然有幸而怀孕生子的，又不得生在娘家，必须速夜赶到夫家，因此有生于路中的。"[1] 虽不至这么残忍，但内在的道理可能是相似的。

（三）通婚家族间关系的维持

苗族传统社会是一个结群社会，即人们必须结成"鼓社"集团才能保证生存。"不落夫家"表面上好像是激化了两个通婚家族的矛盾，实则不然。苗族婚姻传统中的"不落夫家"习俗表现为频繁的"迎来送往"，促进了通婚集团的交往与互动，加强了相互间的沟通，并不会激化矛盾，反而增进了认识，巩固了关系。关于这一点，要从"不落夫家"的结果来看，即"不落夫家"的最终结果是"生子然后归婿家"。很明显，这是一个良性互动。对于男方来说，并没有花费而得到了"子"。这个过程中，所有的花费是由"舅舅"支付。而且在这个过程中，也强化了舅舅的权力，使得男方家有赖于"舅舅"。

从上面来看，女子"不落夫家"，有利于"舅舅"，增进了"舅权"。反过来看，随着社会的发展，妇女权益不再需要传统"鼓社"保障，不再依赖"舅权"时，"不落夫家"的现象也随之消亡。

由此看来，舅权与"不落夫家"的关系是相互联系，相互影响的。

---

[1] 参见林惠祥："论长住娘家婚俗的起源及母系制到父系制的过渡"，载《厦门大学学报》（社会科学版）1962年第4期。

贵州岑巩屯戍文化探析

姚治彪

关键词
屯戍文化 军屯 民屯

作　者
姚治彪
岑巩县地方史志办 副主任

地　址
岑巩县地方史志办

邮　编
557800

为了保证“改土归流”的成功和湘黔驿道的安全，思州成为贵州屯兵的主要地区。其东面为平溪卫，西面为清浪卫、镇远卫、偏桥卫，超过两万的明军在此屯田戍边，原思州故地遍地卫所。经过漫长的岁月，屯田军民与当地少数民族共同发展，相互融合，形成了极具特色的岑巩屯戍文化。

岑巩县地处贵州东部，黔东南州东北部，位于湘黔两省三地（黔东南、铜仁、怀化）交界处。岑巩面积1486.5平方公里，辖7镇4乡，1个经济技术开发区，是全国重点油桐基地县、贵州省生猪生产基地县、粮食自给县和优质大米基地县之一。居住着汉、苗、侗、仡佬、土家等18个民族，2014年，全县总人口约22.73万人。岑巩，古称思州，始名于唐，开府于明，在元代领府、州、县及蛮夷长官司68个，是荆楚夜郎文化融合地，贵州政治、经济、文化先发地之一，史学界素有“先有思州，后有贵州”之说。民国二年（公元1913年）更名思县，于民国十九年（公元1930年）改名为岑巩县至今。

公元1413年，即明永乐十一年，贵州建省，这是贵州历史乃至中国历史发展中的重要里程碑。思州、思南两宣慰司被废，以其辖地建立了思州、思南、铜仁、石阡、乌罗、镇远、新化、黎平八府，加上四州十五卫建立了贵州行省，为贵州省的建立奠定了地域、政治、经济和文化基础，也为西南边陲的贵州进入中央王朝主流政权领域做出了重要贡献。为了保证“改土归流”的成功和湘黔驿站的安全，思州成为贵州屯兵的主要地区。其东面为平溪卫，西面为清浪卫、镇远卫、偏桥卫，超过两万的明军在此屯田戍边，原思州故地遍地卫所。经过漫长的岁月，屯田军民与当地少数民族共同发展，相互融合，形成了极具特色的岑巩屯戍文化。

一、帝国的南征和屯戍原因

明洪武十四年（公元1381年），朱元璋命颍川侯傅友德为征南将军，永昌侯蓝玉为左副将军，西平侯沐英为右副将军，率师三十万，南征云南。元顺帝退出大都（今北京）以后，盘踞在云南的割据势力主要有元梁王把匝剌瓦尔密和土酋段氏。平定云南以后，明太祖朱元璋意识到，西南一路，湖广至云南为关键，这一线出了问题，西南不保。于是留下南征军队大部分兵力驻守今贵州地域，遍设卫所，建立屯田，把军事控制与农业垦发结合起来，并于洪武十五年（公元1382），部署设置贵州都指挥使司。《明太祖实录》卷一四一记载："洪武十五年正月丁亥，置贵州都指挥使司，令平凉侯费聚、汝南侯梅思祖署都司事。"这样，贵州俨然成为云贵地区军事中枢。

那么，思州的卫所是什么时候建立起来的呢？

洪武七年（公元1374年），朝廷决定在思州平溪置卫，申定卫所之制。

洪武二十二年（公元1389年），南京右指挥佥事许升等领军开辟平溪，第二年筑城建平溪卫，许升因功升平溪卫指挥同知。三月，于思州地置平溪卫，隶湖广都司。

根据谭其骧先生主编的明代前期地图，在贵州区域先后设卫二十多个，按一个卫所5600人计算，贵州共屯兵约16万人以上。从东部的平溪卫、清浪卫、镇远卫、偏桥卫、兴隆卫、平越卫、到中部的贵州卫、威清卫、平坝卫、到西部的普定卫、安庄卫、安南卫、普安卫。通过卫所的布局，我们看到一个秘密，那就是，除了东南的铜鼓卫、黎平卫、西北的赤水卫、毕节卫，贵州的大部分卫所都是沿湘黔大道展开。这就揭示了贵州军屯的一个秘密，明王朝军事控制线也就是当年湖广到云南的交通大动脉。

当时贵州尚未建省，明朝省级建置由"三司"组成，其中包括承宣布政使司，管理地方行政与财政；提刑按察使司，统管刑役、检察、司法；都指挥使司，管理军政。"三司"设置是为限制地方势力。明太祖朱元璋于贵州承宣布政使司与提刑按察使司缺位的情况下，单独设置贵州都指挥使司，是钳制云贵地区特殊情况下的权宜之计，同时也为贵州建省埋下伏笔。

大量卫所的建立，也在当时的土司辖地安插上一把天子利剑。贵州省的雏形主要是由四大块土司辖地组成，即现在贵州东北的思南土司，贵州东南的思州土司，西部的水西土司，中部的水东土司，整个形状类似于一个扁葫芦形，两边鼓起，中间细长。

贵州卫、贵州前卫、威清卫、敷勇卫和镇西卫就是分水西、水东土司的辖区建立的，镇远卫、偏桥卫和兴隆卫是分思南宣慰司的辖区建立的，五开卫、铜鼓卫、清浪卫和平溪卫则是分思州宣慰司辖区而建立的。这些插花卫所，一旦时机成熟，就是明王朝顺利收回土司辖地，进行改土归流的军事保证。

永乐九年（公元1411年），湖广行省的思州宣慰使田琛和思南宣慰使田宗鼎为争沙坑地大打出手，镇远侯顾城率五万明军，顺利拿下二田土司。如果顾城的大军是从南京朝廷出发平乱的，还会这么顺利吗？西南二田有了准备，不说这场战役会打成后来的播州战役，至少也不会是一蹴而就的事情。在田琛被捕之后，田琛的妻子冉氏就曾经说服普亮，动员十万思州兵给朝廷以压力，思州、靖州苗民同时起事。成祖永乐十一年八月，朝廷派镇远侯顾成率兵镇压。只不过事情发展太快，思州无主，思州的战争很快顺利平息。顾城的五万虎狼之师，应该就是当年明太祖朱元璋不动声色放在贵州的屯田之兵。由此可见，洪武军屯，是贵州建省的真正保障。

1413年3月3日，北京行在，早朝，永乐皇帝诏告天下："今设贵州布政使司，列为大明第十三行省。"是日，贵州作为省级行政区诞生。

二、思州及其周边卫所屯戍情况

贵州省诞生之后，军屯有没有结束它的历史使命呢？没有。军屯依然驻守在这块土地上。为什么？因为大明王朝的既定国策里面，已经把军队调整完毕，军屯这一特殊的军事制度，将伴随大明王朝漫长的历史，延续下来，直到明朝结束。

在思州的大地上，共有四个卫所，即平溪卫，清浪卫，五开卫，铜鼓卫。从现在的地域关系来看，平溪卫即今天的铜仁市玉屏县，清浪卫即今镇远县清溪镇，五开卫即今天的黎平县，铜鼓卫即今天的锦屏县。卫所和地方政权不一样，它是一个军事机构，加上屯田的功能之后，就类似于现在的军垦建设兵团。以五开卫为例，贵州东南的黎平府就立于湖广的五开卫之中，即从贵州布政使司来看，黎平府是其下属，但黎平府的地盘却又是湖广都指挥使司所辖五开卫的实土，五开卫的行政机构就设在黎平府城内，下领黎平等十六所。

现在我们要说说屯兵的功能。“屯”在《康熙字典》里解释为：利用戍卒或农民、商人垦殖荒地。汉以后历代政府沿用此措施取得军饷和税粮。

自古以来，中国军队的来源是青年农民、工匠、商人等，其中，农民占了绝大部分。军队功能无非只有一个：打仗。“当兵吃粮”是一句俗语，也说明军队粮食的供应依靠国家。三国时期，北方的曹操在指挥军队打仗的时候发现一个头疼的问题，那就是他把农夫集中起来变成军队，那么就没人替他耕种，粮食成了问题。不发展军队，那统一天下又成为空话。最后，曹操想了个两全其美的主意，那就是屯田。也就是给军队划拨一定的土地，闲时为农，战时为兵。不但解决了军队的粮食供应，还不耽误打仗。

明代兵制为世兵制，世兵制的军士编制在卫所中，主要任务有二：首先是守卫地方，然后是屯田生产。守卫地方城池的称守军，进行屯田生产的称屯军。屯军以屯田生产的收获供给自己也供给守军。整个军队基本上是一个自给自足的武装集团。因此朱元璋说：“吾养兵百万，要不费百姓一粒米。”思州一个卫的驻军是5600人，这么多人吃饭是一个大问题。部队下屯，就在当地占有一定的土地，一手拿刀枪，一手拿锄头，开荒种地，自给自足。这些军士及其眷属留驻西南，屯戍于此，人口繁衍至今已六百余年。根据统计，岑巩县现在共有叫屯、旗、铺（堡）、营、所、哨、城、庄、棚等带有强烈屯垦色彩的地名共约80余个。在地图上其占据的地理面积超过岑巩县的一半。

三、思州屯戍文化的历史遗存和相关印记

思州故老相传，言述其祖先来自于江西，当年是当兵来到此地。“拨兵下屯，拨民下寨”，从而使思州汉民猛增，屯军大都来自江苏、安徽、江西、湖广，从而使思州的民族构成由原来的“夷多汉少”变成“汉多夷少”。

清代乾隆版《玉屏县志》记载：

> 明兴，洪武二十二年，调诸万户于五方，附五所千百户于郭内，铨流职以参军政。籍六郡良家子五千六百有奇，以实防守。据辰沅之上游，当黔滇之孔道，面山背水，创百稚雄图。刀耕火种，仍夜郎故习。以铜镇为北蔽，颇无厝薪之忧，连清镇为西邻，实借辅车之力。舞溪东注，食货日藩。彝种南蟠，僚仡几半。屯田绣错于思、铜、沅、麻之乡，军饷仰给于辰、泸、溆、黔之赋。风俗愿朴未雕，人情华实相济。

洪武二十年（公元1387年），平溪始命各卫立掌印，佥书专职理事，同知佥事各领一所，以指挥使掌印。士卒有武艺不娴，器械不利者，皆责所领之官。平溪军卫还设有马旗军（骑兵及旗牌官兵），有屯军（驻防边境，就地开垦，以取得给养），有舍丁（即军户子弟，世代为兵），有军余（降卒及罪迁为兵的或指超龄的军人）等。

洪武二十三年（公元1390年），平溪卫下设5个千户所，50个百户所。同年4月15日，置平溪卫指挥使司于思州（今岑巩）。时苗民起义复常，故置所，屯兵镇之。

在明朝，先后进入思州地区的汉族军官有平溪卫江南籍指挥同知许升，山东籍指挥使郑忠，山东籍指挥使贺成，顺天籍指挥使毛羽，江南徽州籍指挥使洪寿，江西指挥佥事夏西、指挥使钱敬铭、高秉，江南籍指挥佥事张麟，江西籍万户高崇寅、指挥都御史侯贞一，江南

籍指挥使李达道。还有千户唐庆、雷月峰、张魏、汪朝东、夏贵、朱秀，百户张源、胡刚、王德臣、王正国、徐铭、王鉴等。

清代乾隆版《玉屏县志》记载：

洪寿：永乐十二年，由蕲州卫指挥佥事征五溪蛮有功，升授平溪卫指挥使。江南含山人。

许升：江南全椒人，洪武二十二年，由南京右卫指挥佥事领军开辟平溪，即以功升平溪卫指挥同知。世袭。

郑忠：山东临青人，永乐初，以军功授平溪卫指挥使，世袭。

毛羽：明初指挥使。

夏贵：江南泰州人，明初以分讨五溪蛮，功授平溪卫千户。

在采访中，岑巩县大有镇的洪氏老人这样说起老祖先的来历：

我们老太公是那个将军洪寿，带兵打仗的，当年老太公带着三千人马，来到这个地方，守边。打仗当然是很勇敢的，做到指挥使，相当于现在的师长军长，驻守平溪，来的远嘛，朝廷又一直不调回去，就在这个地方落地生根，后代很发达，在玉屏有“洪半朝、郑半街”的讲法，意思是我们洪家出的官多。

除了军官，还有大量的士兵。当年来到思州的士兵，许多是江南来的青年。他们昨日还是在地里耕种的农民，手工作坊的工人，走村串户的小贩，以及在自己的一亩三分地里作威作福的地主老财；现在被朝廷集中起来，辞别父老，背井离乡，显然心里是十分不愿意的。

军屯屯地的来源，主要是官田、没官田、废寺田、抛荒田、空地、绝户田、被征的夷田、还官的赐田等。思州军屯屯地的来源主要是荒田和抛荒田，荒田指从未开垦过的土地，抛荒田是原来耕种过而后荒芜的，以抛荒田居多，因为元末明初战争频繁，许多人家逃离他乡，荒芜了大量土地，被籍入官地供军屯所用。明代军屯的生产组织是以“屯”为基本单位，一屯有若干人或若干户。一般情况，屯的基层组织是“屯所”，即“屯田百户所”。在一些特殊地区，将几个“屯”或“屯所”建成一个“屯堡”。

为了保证军屯的顺利实施，朝廷给予屯军大量的物资，包括耕牛、生产工具、农作物种子等。

《明太祖洪武实录》记载：

洪武二十三年六月乙丑（公元1390年7月16日），给云南诸卫屯牛。先是，延安侯唐胜宗等往云南训练军士，置平溪、清浪、镇远、偏桥等十二卫屯守，而耕牛不及，胜宗数请以沅州及思州宣慰司、镇远、平越等卫官牛六千七百七十余头，分给屯田诸军。至是，诏给与之。

岑巩县现在共有叫屯、旗、铺（堡）、营、所、哨、城、庄、棚等带有强烈屯垦色彩的地名共80余个。这些地名，就是军事地名术语和民屯术语。那么，所谓的“屯、旗、铺（堡）、营、所、哨、城、庄、棚”的含义是什么？岑巩县现在又还有哪些屯、旗、铺（堡）、营、所、哨、城、庄、棚呢？

按“屯”字的本义是“包起来”“卷起来”“围起来”等。例如，“军屯”“屯垦”之屯，就是建有一圈防御性围墙的寨子，以后演变为村落。《清史稿·食货志一》云：“仍仿营田制，十户一屯长，五十户一屯正。”故一屯有十户。思州叫“屯”的村寨分别有：塘屯、军屯、扣溪屯、老屯、黄溪屯、河溪屯、鲁溪屯、侯家屯、贺家屯、上坪屯、陈溪屯、上屯、下屯、谢旗屯、六部屯、龙王屯、老岗屯、石坊屯、下白果屯、上白果屯、大屯、小屯、郑家屯、胡家屯、军屯湾、屯上、四季屯、水园屯、堡子屯、凯阳屯、老屯沟、彭溪屯、李花屯、屯山坝。岑巩现在直接叫“军屯”的村寨就有五个，一个是水尾镇驾鳌村的军屯，一个是龙田镇军屯村的军屯，一个是龙田镇胡家村的军屯，一个是凯本乡大寨村的军屯湾，还有一个是思阳镇铜鼓田村的土军屯。水尾镇驾鳌村的军屯胡家，就是在明代派来镇守龙鳌河天险隘门的，是典型的军户家族。胡家先祖从军来到思州，被派到驾鳌，驻扎在吴家湾对面，地名就直接叫作军屯。老人们介绍，在60年前，还有大量的刀枪等冷兵器，后来被收集来大炼钢铁了。而天星乡的老岗屯更是说明了军户的特殊性，老岗屯周姓家族，大门有一石雕对联，上书“柳营试马门第，虎帐谈兵人家”，“柳营试马门第”，指的是汉代太尉周亚夫，“虎帐谈兵人家”，指的是三国东吴大都督周瑜，这不但是周姓族人对自已忠勇家风的夸耀，更是思州无数屯戍人家几百年来忠心为国、仁义传家的真实写照。

思州称为“旗”的村寨只有一个，就是注溪镇三道水村的谢旗屯。称为“堡（铺）”的有三个，分别是小堡（铺）、胡家铺、王堡。所谓的堡（铺），就是古代的军情驿站，由负责军情传递的铺兵驻扎。“营”的解释为“军队驻扎的地方”，故军队住下有“安营扎寨”之说。思州称为“营”的有寨营、老寨营、枇杷营、磨寨营、董家营、营盘、大营、中营、小营、平地营、营盘坡、坪地营等，这些显然是军队下营后留下的地名。其中直接称为“寨营”的地名，就有水尾镇下坝村的寨营，天马镇苗落村的老寨营，天星乡野牛山村的寨营。

所谓的“所”是指千户所，每千户统兵1120人。思州称为所的地方，有天马镇干塘村的后所。

称为“哨”的村庄，主要有思阳镇龙江村的坪地哨，板桥村的哨上坡，注溪镇的哨坪村等。

屯戍的主体除了军人，还有伴随军队进入的民众，这些民众的屯田耕种，被称为“民屯”。

民屯的任务是种植稻、粟、桑、麻的50%～60%收获上缴政府。屯田客不服兵役，但实行军法部勒式管理。屯田民众的居住点，就被称之为“庄”或者“棚”。而部分官田在屯种的时候，由于派驻官员管理，被称之为“官庄”。官庄属于民屯的一种，不过是有政府指导在内，也是以民众屯垦为主体。在古代，土地名义上属于朝廷，所以称为官庄的地名很多。在岑巩，我们知道称为“官庄”的地名，就有天星乡的官庄村，天星村的小官庄，注溪镇的地郎村的官庄和官庄坡，龙田镇总院村的官庄，安坪村的官庄，代店村的官庄，天马镇落坑村的官庄。

屯戍村落建筑，村子总体设计为一个整体，外有土围子，利于军事防守。房间为青瓦斜山木柱房屋，中堂立神榜。村落多为一姓一寨，聚族而居，多建有祠堂，祠堂有本族堂号。其中有凯本凯阳屯陈氏祠堂，羊桥高冲印子屋等。各地建立的“屯”，也就是屯民建立的军事设施，堪称建筑史上的“活化石”。屯一般修筑在离家较近，地势险要，且易守难攻的山地。根据《岑巩县志》记载：在清代咸同年间，思州修建的屯堡多达百座，其中规模较大的有龙田鹭溪的独屯，平庄观音冲的大坳屯，凯本的蜡岩屯、茶叶屯，水尾的蜡岩屯，天马小羊山的璧山屯，大有白岩山的铜鼓屯，思旸桐木的白崖屯等。

这些屯由麻石、火砖和竹木制成，配备有大量的粮食、武器和饮用水，是一个个独立的山寨小城堡，当有匪警情况的时候，村民能够在这里躲过兵灾，具有一定的军事价值。

四、屯戍文化的重要影响：悄然改变的民族结构

屯垦戍边是明代治理思州的一项决策。明代思州屯戍起自明洪武年间，结束于清代康熙年间。在大约两个半世纪中，一直是思州稳定的基石。明朝由盛而衰，最终解体，而思州的屯戍取得巨大的成功，体现出异常惊人的融合能力。思州屯戍文化的内涵主要表现为敬天地，忠国家，孝父母，重仁义，轻生死，其中最主要的一件事情是，它悄然改变了思州的民族结构。

我们是谁？我们从哪里来？如果拿这个问题去问现在的岑巩人，答案会非常有意思。

水尾镇军屯村的老人说：

> 我们当然是汉人，当年老太公是朝廷派来南征的，都是有名望的人家。来自江西，我们文明。文明就是讲道理，吃饭吃米，办事讲理。

也就是说，大部分家族的最初追溯，第一代来黔祖先，都是朝廷派来打仗的。既然是朝廷派来的，那么理所当然是汉人。同时还认为，汉人相对于当地其他民族，其文明程度要先进的多。同时，被强调得最多的，是汉人血统，是当年南征的军队后代，是光荣血统的象征。

但是，事实是不是这样呢？

我们不能否认，很多家族是来自南征军士，也有例外，比如一支杨姓侗族。他们的老祖先就是五代时有名的飞山公杨再思。杨再思在正史里面记录并不多，根据现有的资料，我们知道杨再思是五代时期的人，是唐末五代靖州“飞山”峒蛮“酋长”号十峒首领，人称“飞山太公”。这里可以确切无误地揭示出杨再思的民族族别，是峒蛮。那么，现在的杨再思的后人又是怎样定义自己的族别的呢？

水尾镇岩下村的老人这么说：

> 我们是清白堂的人，老太公是杨震，后来的杨家将都是我们家，杨家满门忠良，杨令婆是我们的老太婆，穆桂英是杨家的媳妇，杨家打仗狠，打到最后，连烧火丫鬟都上阵了，真正的忠良。那话是怎么说的：“赵家天子杨家将”。我们自然都是汉人。

这里，我们就看到一个有趣的现象，那就是杨再思的后代——先人为五代时期的南蛮，跟宋代的杨家将成了家族，这事实上是“同姓是一家”“一般树上有两般花，五百年前是一家”的家族同宗认同趋同感。但是，是不是这样呢？实际上这并不可信，在中国，一个大姓可能有上百个来源，比如说中国第一大姓“李”，有些是来自“嬴”姓，有些是来自“赵”姓，唐朝时“李”姓被李世民分赐给了开国元勋，甚至在后魏时期，鲜卑的复姓也有改成“李”的。

杨再思作为侗族，其后代也为侗族。其家族确定杨再思为关西杨震的第二十四代裔孙， 是沿袭我国各姓氏修族谱的故套，也是“蛮夷”倾慕传统华夏文明的一种现象，即努力地洗刷自己“蛮夷”身份的一种表现，极力表现自己是中原先进文化——汉人的后代，与周围的“蛮夷”是不一样的。

这种汉化身份的还有田家，也就是原来的思州田氏土司家族。目前，在岑巩县，田氏土司的民族族别为土家族，在其追溯的家族史上，田家的入黔祖先为田宗显，其田姓来源为春秋战国的齐国。根据《田氏宗谱》记载，隋文帝开皇二年（公元582年），贵州境内屡次出现动乱，朝中将领田宗显被封为黔中刺史，父子俩率兵长途奔赴贵州，平息叛乱。

田宗显乃族居京兆陕西蓝田县烂泥村人氏，本贯陕西河州军民世职，也就是说是汉人。其后代——家谱记载的田佑恭——北宋时期的思州番部长，是不是汉人呢？显然不是，但是为什么会出现这种情况，这主要是田氏家族对自己身份的解读，所以把自己家族的民族身份定位为汉人。

如果说“蛮夷”趋同“汉人”的主要原因是倾慕传统华夏文明的结果，那么从“汉人”演变为“蛮夷”的原因有很多。

天星乡柳家坝柳姓族人是土家族，其先祖是明代南征将军柳毅忠，因为开边有功，被朝廷封为石阡一个小土司。也就是说，身份从朝廷的武将变成地方领主，传了九代之后，其后裔迁入思州羊桥左寨，分了一房人到柳家坝。对于柳家坝柳姓族人为什么是土家族？这个问题很多柳家坝的人也不清楚。

一位柳家坝的知识分子是这么说的：

> 老祖先是当年打仗，那个时候打仗，不许带家眷，也就是讲，没有老太婆。到了这里住下来，叫屯军守边，为国家为朝廷守着这一方土地。“不孝有三，无后为大”，总而言之要结婚啊，到哪里去找老婆？所以就和当地的姑娘结婚，生下孩子来。孩子大了，也得结婚，一来二去，娃娃们的血统也变了，最后都成了少数民族。

按照这种说法，婚姻改变了很多家庭的民族结构。这种“汉父夷母”的情况，是岑巩县很多少数民族的记忆。

五、思州屯戍文化的意义

思州屯戍文化在发展中，具有极其重要的意义，屯戍文化内容丰富，涉及内容广泛，包括各种生产和生活习俗。

思州著名的望族洪家，也就是当年平溪卫指挥使洪寿的后裔。永乐十二年（1414年），蕲州卫指挥佥事洪寿，从征五溪苗民义军，升授平溪卫掌印指挥，官兵调平溪。为了保证家族的祭祀和团结，洪家建立有洪氏宗祠。

洪家祠堂，原位于玉屏县城偏西，大门临街，门前立石狮一对，上方立有“洪氏宗祠”匾额，祠内有大门、过道、厅堂、正殿、北荫阁二层，三个天井坝，地坝均用青石铺砌。各厅、殿堂两旁均有连接的厢房，各厅柱上雕琢对联：“玉水建宗祠上追明代箕裘袭封镇国，敦煌绵世胃下启今时枝叶忠孝传家”；“仁德庇群生当年显化云霄曾援我祖，勇威扶大汉此日弥漫烟雾又教谁人”。

与当年南征相关的民间故事、传说、歌谣、风俗习惯等在岑巩民间流传。如水尾镇黄姓家族祖先黄龟年前来平梅山的故事，杨家大年三十吃“赶路饭”的故事，说的是当年皇帝下令南征，命令传到杨家，正是大年三十的早上，军令如山，全家不等团员，急急忙忙把早饭当作年夜饭，吃完就上路。而赵家有兄弟摔铁锅一人带一块的传说，说的是当年赵家在南征的过程中，兄弟分手，为了后代相认，把铁锅砸碎为三块，一人一块。

思州屯戍文化成为思州民族文化的特殊部分。通过屯戍，大量人口移动，民族的迁徙，有利于各民族互相交流和融合。汉族军民到思州地区屯田，使思州增加了汉民族人口。这种民族迁徙、民族杂居，促使民族分布发生了新的变化。现在在岑巩县，有许多先辈为汉族的屯戍人后裔，由于数百年来一直扎根在思州大地上，反而族别起了变化，成为苗、侗等少数民族。当地的苗族、侗族、土家族等民族因与汉族农民屯军杂居，其语言、饮食、服饰等诸方面逐渐汉化。一些苗族、侗族、土家族人民已经全面地接受了汉文化。而且这些少数民族已经取汉名，与汉族通婚，许多习俗变得和汉屯戍人一样。

思州屯戍文化还具体表现在少数民族地区农业生产上。汉族到少数民族地区屯田，开垦出许多农田，促进了农业生产的发展。应该说，思州原居民的农耕技术是比较落后的，原来采取的是“刀耕火种”的模式，大规模的屯戍之后，内地先进的农业生产技术的推广，内地农产品的种子及生产工具进入思州地区，稻米、小麦、大豆等农作物成为思州的重要粮食，多种经济作物和蔬菜也传播开来。

六、结　语

在漫长的历史中，岑巩人民创造了极具特色的思州屯戍文化。然而由于种种原因长期以来未受到应有的重视，而高度的文明发展又在急剧地抹消思州屯戍文化的印记。保护和研究是我们当前最重要的任务，实际上，许多的屯戍遗址完全可以打造成当前旅游的亮点。我们殷切地希望，在不久的将来，会有更丰富而翔实的研究出现，将思州屯戍文化领域认识推进到一个新的高度。思州屯戍文化将得到有力的保护，成为岑巩人民一笔真正的历史财富。

侗族拦路仪礼歌的当代变迁

吴文仙

关键词

侗族 拦路仪式 拦路仪礼歌 变迁

作　者

吴文仙

贵州电视台记者

贵州省贵阳市

邮　编

550000

本文以贵州省黎平县三龙侗族村落为田野调查和研究个案，以中国历史变迁为背景来探讨侗族拦路仪礼歌的当代变迁，并关注国家政策与民间自觉在民俗文化历史进程中的相互关系。

侗族拦路仪式以及伴随仪式而产生的拦路仪礼歌，在当代中国的社会变迁以及全球化语境下，也在不断地生变化。国家政策的影响和民间文化自觉的因素，使得拦路仪式和拦路仪礼歌，从20世纪中叶至今，其命运起伏多变，从过去被称为“陋习”到今天被当作宝贵的文化遗产来保护和传承。这种变迁既有国家政治的作用也有民间的文化自觉，两者有相互对抗也有相互接纳。国家的文化政策和执行手段在一定程度上影响着民间文化表达方式以及外在形式的呈现特征。同时，民间文化的自身生命力和资源性价值，也自觉或不自觉的影响国家的文化决策和保护利用的方式与手段。

中国社会学、人类学关于民间仪式的相关研究中也开始关注民间文化与国家权力的互动关系及相互建构的过程。郭于华主编的《仪式与社会变迁》一书收入了人类学、社会学、民俗学的相关研究论文，他们在对民间仪式的田野调查和研究的基础上也关注整个政治生活和社会变迁，他们提出：“人类学研究要超越传统乡土社会文化小传统界限，十分重要一点就是权力关系和政治视角的引入，即关注民间文化与政治生活及国家权力的互动关系。就此而言，仪式作为象征性的行为与活动，不仅是表达性，而且是建构性的；它不仅可以展示观念的心智的内在逻辑，也可以是展现和建构权威的权利技术……通过仪式的研究关照现代政治权力和国家意识形态对民间社会强有力的进入及如何进入的过程。”[1] 侗族拦路仪礼歌的现代变迁历程也是直接或者间接地受到国家政治权力和国家意识形态的影响，进行了新的蜕变和传承，其经历过以下几个主要阶段。

---

[1] 参见郭于华主编：《仪式与社会变迁》，社会科学文献出版社2000年版，第4～5页。

一、“文化大革命”以前的侗族拦路仪礼歌

这个时段主要是新中国成立前几年到新中国成立后的1950～1952年的土地改革期间。土地改革以前是以地主和普通民众一起传承与发展民间仪式及其仪礼歌时期。侗族拦路仪礼和拦路仪礼歌作为侗族民众民俗生活的一部分，尽管当时侗族民众生活十分贫苦，侗族民俗却得到地主和普通民众的共同重视。尽管外面世界还没有完全和平稳定，但处在边远山区的侗族村寨，民间文化环境却十分宽松，这样使得侗族拦路仪式和仪礼歌得以传承。他们主要举行村寨间的集体做客，并在做客中有大型的拦路仪式和仪礼歌的对唱。人们在集体狂欢的仪式中得以反日常生活结构的愉悦和休闲。

本文以当地民众的口述史资料和前人对当地调研的相关文献资料为研究依据，得知，新中国成立以前侗族民间社会还处于封建社会阶段，但侗族民众没有放弃对民俗生活的追求，对侗歌的热爱。在艰辛劳累的生活当中，他们开垦荒山，种田种地，到了农闲时节，逢年过节侗族村落里依旧还在举行集体做客和集体迎客的“维贺”[1]民俗活动。即使他们在新中国成立以前被地主阶级剥削，租种地主的土地，耕种收获的粮食必须付地租税给地主。但普通民众自己到荒山野岭去开田种地还是有一些剩余的粮食，来提供给春节期间举行“维贺”时集体请客所用，更何况，地主也一起参加“维贺”民俗活动。而这样的民俗其活动主角是举行拦路仪式和对唱拦路仪礼歌，整个民俗活动就是仪式与仪礼歌对唱的过程。

1950年中国人民解放军解放了三龙地区，成立了农民协会。1951年开展了清匪、减租、退帮工的群众运动，1952年4月开始了土地改革工作。土地改革废除了封建地主土地所有制，建立了农民土地所有制。新中国成立以后，三龙延续了传统的民间歌唱习俗，当时的拦路

---

[1] “维贺”是以汉字记集体做客的侗音。

仪礼歌依旧十分盛行。

这一时期的仪式歌主要是“嘎耶”（gal yeeh，即以“耶”的曲调来唱的歌），这部分歌的民俗内涵十分丰富，也是拦路仪礼歌的主要部分。其中有反映侗族民间信仰和禁忌的“忌寨”歌；有歌颂侗族文化景观歌，如关于鼓楼、寨门、房屋、戏台、粮仓、小桥流水、比凶歌、薛仁贵歌、李奎歌，等等。其演唱方式是：一人领唱，众人以“ye[51]”音为作为开头和结尾来重复跟唱。而这一时期的拦路仪式过程十分重视仪式禁忌、隐喻和仪式象征。

1953年，为了避免阶级重新分化，三龙地区开始组织互助组，“1954年，罗寨农民在39户五个常年互助组的基础上，组成了第一个初级农业生产合作社：第一个初级社。新寨、中寨也相继成立了初级社。社员的土地等主要生产资料交给初级社统一使用。入社土地按照土地常年产量一部分作为土地报酬（水田为五成，旱地为三成，油茶山为四成），其余按劳动分配。超产部分全部按劳动分配”。[1] 1955年冬，在全国合作化高潮推动下，三龙进入了高级农业生产合作社阶段。中罗的新寨、罗寨和中寨为一个高级社，九龙各个寨组成一个高级社。这时，农民全部加入了合作社。高级社将社员的土地、耕畜、大型农具全部转为高级社所有，收入按劳动分配。这一举措极大地影响了当地拦路仪礼歌的传承与发展。

国家政策下的生产和分配方式对文化的传承与发展是有很大的影响的。笔者通过对当地老人的大量田野访谈得知：自从合作社建立以后，提倡按劳分配，并且是集体干活，互相之间“抢公分”。这一时期，侗族民众基本上已经没有时间和精力来唱侗歌，年轻姑娘不像以前一样按照季节的规律，农闲时节和伙伴、歌班们一起在吊脚楼或者风雨桥里边绣花、边学歌和唱歌。这是传统侗族民歌衰退的前兆。

---

[1] 参见《贵州省黎平县三龙乡侗族社会经济调查资料——贵州少数民族社会历史调查资料之十二》，中国科学院民族研究所贵州少数民族社会历史调查组、中国科学院贵州分院民族研究所编印，1963年3月，第12页。

在国家大的时代背景下，这一时期也开始出现歌颂党、歌颂毛主席的新民歌，有的侗族新民歌沿用侗歌的唱腔，但内容发生了变化。虽然新民歌也会在劳作过程中或休息时间里演唱，但已经不再像以前那样夜以继日地唱歌，为了养家糊口，大家都努力在“抢公分”，否则就没有饭吃。而且，作为文化传承主体的侗族青年男女大部分都得去当民兵，当了民兵那就更不可能有时间唱侗歌。这一时期，政府还为征集民兵发了几次文件，比如，馆藏在黎平县档案局的1956年黎平县中潮区三龙公社、中共黎平县委文件内部发行的《中国共产党黎平县第一次代表大会文件之六》：《兵役、民兵工作报告》。可见当时的情况，大部分年轻人都因为去当民兵，不能在原有的传统侗族的生活环境里唱侗歌，也失去了演唱拦路仪礼和举行仪式的主角。因此，侗族许多传统习俗在这样的时代、政策背景下不得不让步，甚至渐渐消失了。

集体所有的合作社，由于什么都统一安排，缺乏灵活的能动性，也出现你看我看你的偷懒现象。这就出现了恶性循环，比如粮食产量下降，民众不够吃，吃不饱的情况下就没有力气和精神去做繁重的体力农活，又进一步导致生产力的下降。在效率上，也出现了很大的问题。这一时期，侗族地区和全国其他地方一样，都进入了困难时期，已经开始受到温饱问题的威胁。即使是小型集体做客的“维姑巴”（姑嫂间的集体做客）也是合作社或者生产队出米、酒、肉，或者集体出资买猪，个人是没有能力从家里把做好的饭菜合拢去吃长桌饭的。由于没有粮食举行民俗活动，伴随着民俗而存在的拦路仪礼和仪礼歌也不可避免地受到影响。

但是，这一时期，国家还是十分重视工农阶级的民间歌谣的，还到民间挑选一些民间歌手去参加工农文艺会演。1957年，三龙几位侗族姑娘吴云英、吴万芬、吴锡英参加了贵州省文艺代表队，到北京参加第二届全国民间音乐舞蹈会演。第一次有人因为侗歌而走出三龙的大山深处，到北京去会演，这对侗族民众来讲是一件鼓舞人心的事情。尽管这些侗族女歌手不愿远离父母到外面去，但为了展示民间的、农民阶级的文艺，她们还是带着使命去了北京。事实证明，她们确实也是在执行着一项意义重大的任务，将乡土社会里侗族音乐向首都人民展演，完成向外界宣传和共享的一次使命。随着非物质文化遗产保护的执行和人民文化自觉的增强，那一次展演已经成为三龙民众心中一次光辉的侗歌表演历史。

这一时期，年节期间也会有集体做客和集体迎客的“维贺”，但只是妇女之间小型的集体做客和集体迎客的“贺”。主要原因是人民公社时期，由于集体生产和集体分配导致时间和粮食的紧张，人们没有时间唱歌，也没有足够的粮食来支撑大型“维贺”活动。这使得拦路仪礼歌的生存与发展失去了客观的社会条件；这一时期的集体民俗活动主要以人民公社出粮食和猪肉，分派到各个公社的妇女间举行小型的集体做客即“维姑巴”[1]。“维姑巴”，指嫁出去的姑娘们回到娘家和嫂子们之间的一种集体做客。一般在庆贺兄弟家的房屋新建落成或者庆贺村寨的公共设施的新建落成时去“维姑巴”，在“维姑巴”中举行一些仪礼和演唱仪礼歌。也就是说这一时期拦路仪式和仪礼歌是在妇女间的集体做客中进行，很少有全寨男女老少一起参加，主要是已婚妇女间以唱给表兄弟姐妹之歌的“gal bius”（即“嘎表”），以“ai^{35} biao^{55} ei^{51}”音为程式进行演唱。

这一时期侗族拦路仪式和仪礼歌也受到国家民族政策影响，在民歌和仪式的传承与发展过程中，有国家权力和民间文化自觉的互动。这一时期国家的重大举措是建立民族自治区域制度来解决民族内部矛盾。自从1947年5月1日，成立中国第一个省级民族自治区域——内蒙古自治区之后，到了1949年9月，中国人民政治协商会议通过《中国人民政治协商会议共同纲领》，这个起到临时宪法作用的《纲领》第50～53条对中国后来实行的民族区域自治的规模、民族自治机关的

---

[1] 需要说明的是，“维姑巴” 即这里的“姑”是侗语里爸爸的妹妹，“巴”是侗语里爸爸的姐姐，“维姑巴”就是通过民俗仪式回娘家去当民俗意义上的姊妹，但由嫂子和弟媳们接待。估计是侗族社会处理姑嫂关系和婆媳关系的一种方式，也是父母包办子女婚姻的一种遗留。

性质、民族自治机关的地位和职权作了明确的规定，[1]“从1950年开始，在全国范围内根据《中国人民政治协商会议共同纲领》的规定推行民族区域自治。1952年颁布了《中华人民共和国区域自治实施纲要》，1954年《中华人民共和国宪法》对民族区域自治做出了比较详尽的规定。这一时期民族区域自治发展的主要标志是从法律上确立了民族区域自治制度的合法地位。”[2]

要实现平等、统一的民族政策的建立和落实，就要对中国境内到底有多少个民族、各个民族有多少人等情况进行调查。建立民族自治地区就要知道哪些民族聚居在哪里，一个地区又有多少个民族，他们情况怎样。新中国成立以后，1950年土匪还没有彻底消灭的时候，中央就开始派访问团到各地区进行访问调查，1950～1952年中央派到各地区的访问团不仅调查了少数民族的社会历史情况，还调查了各民族的语言。1950年，费孝通带领西南访问团的一个分团到贵州进行访问，到了1980年费孝通回忆说：“我们回顾一下30多年来所搞的民族调查工作。我是1950年到贵州的，从那年开始就搞民族调查，在这以前什么叫少数民族，我们也不大清楚。”[3]面对中国多民族复杂的民族情况，“从1953年起到1957年年初，对需要识别的各民族单位进行了实地调查”。[4]在这样的情况下，民族调查过程肯定会对侗族的民

---

❶ 参见中央统战部：《民族问题文献汇编》，中央党校出版社1991年版，第1290页。

❷ 参见吴仕民主编：《中国民族理论新编》，中央民族大学出版社2006年版，第224页。

❸ 参见费孝通：“深入进行民族调查”，见《费孝通文集》（第8卷），群言出版社1999年版，第316页。（是20世纪80年代费孝通在武汉华中工学院社会学研究班及中南民族学院部分少数民族学院座谈会上的讲话），需要说明的是，关于资料丢失原因，费孝通先生还做了这样的记载：“可是这一大批资料很多都不在了，在“四人帮”横行时损失了。据我所知，贵州烧得很厉害，一卡车一卡车的资料拉去烧掉了，别的地方损失也不少。这样，现在剩下的资料就很宝贵了，正是因为这个教训，所以在三中全会之后国家民委就一出来，要求抓紧时间把过去的材料整理出来，要编五种丛书，供大家使用”（见第316～317页）。

❹ 参见费孝通：“关于我国民族识别问题”，见《费孝通文集》（第7卷），群言出版社1999年版，第198页、第199页、第202页。

俗生活和民俗歌曲进行调查、搜集和整理。就如费孝通给艾黎写《<中国少数民族诗歌选译>前言》时提到了那样：“艾黎先生，40年前相识的老朋友，选择了一册中国少数民族诗歌集，要我在书前面写几句话。本想这是因为他知道我曾经在中国少数民族地区做过调查，应当熟悉他们的诗歌，介绍一些有关的背景材料。他这种设想自然是有理由的。任何访问过中国少数民族地区的人，一般说来，都会接触到他们的诗歌，因为诗歌是他们社会生活中不可缺少的部分。我当然不是例外”，从费孝通先生这一席话，我们可以知道，只要到了少数民族地区肯定会接触到少数民族的民歌。一方面证明少数民族地区民歌十分盛行，是他们生活的一部分；另一方面，当少数民族民众自己的民歌和民俗被外界认可和调查记录的时候，他们自然就会产生文化自豪感，逐渐竖立起自己内心的文化自觉。

这一时期在三龙等侗族地区调查和搜集起来的侗族社会历史资料和民歌主要有：中央民族事务委员会和中国科学院民族研究所组织的“全国少数民族社会历史调查”的贵州组侗族分组，在贵州侗族地区进行社会经济历史调查搜集到的资料，其中有方暨申1958年撰写的《侗族文艺调查》。[1] 1957年4月贵州省文联组织一个工作组到贵州省的黎平和从江两县交界的侗族地区——黎平县的三龙、四寨、坑洞、肇兴、己堂、皮林和从江县的龙图、大团、独洞等地进行调查和搜集工作。于1958年整理出版的《侗族大歌》[2]是从搜集到的130余首侗族大歌中选出了50余首加以整理编订的，这50余首在《侗族大歌》中分为大歌、声音歌和叙事大歌三大类，还有附录部分的踩堂歌、拦路仪礼歌、侗戏歌；后来又有《侗族大歌》姊妹篇《侗族民

---

[1] 参见方暨申：《1958年少数民族文艺资料汇编·侗族文艺调查》（下册，内部资料），民族文化工作指导委员会办公室编印（现藏于中国社会科学院民族学与人类学研究所阅览室）。

[2] 参见贵州省文联编：《侗族大歌》（贵州民间音乐集刊），贵州人民出版社1958年版。

歌》出版。[1]1958年10月和1959年6月在三龙乡中罗村进行的社会历史调查整理的《贵州省黎平县三龙乡侗族社会经济调查资料——贵州少数民族社会历史调查资料之十二》。[2]

根据这一时期在侗族地区调查搜集整理的侗族民俗和民歌来看，在国家民族大调查背景下，侗族拦路仪式和拦路仪礼歌仍旧比较盛行。就算一些大型的仪式因为生产劳动而没有时间开展，由于侗族民众还有历史记忆，在短时间内还没有忘记传统的仪式与民歌。因此，这一时期的民族调查，主要是通过侗族民众的口述获得相关民俗资料，是侗族民众记忆中的民俗和民歌，而不是在具体的民俗语境中参与观察获得的民俗资料。调查者可以不参与他们的仪式，但可以从口述中知道仪式的概况，知道传统仪式中演唱的仪式歌是什么。就算承载侗族拦路仪式和拦路仪礼歌的侗族村寨集体做客联谊，因为需要大量的粮食为基础而很少举行，但并不等于侗族民众对传统的拦路仪礼和仪礼歌的形式已经遗忘。所以，当时的调查，还是能十分详细地记录当地的仪礼和民歌，这样侗族的民俗与民歌的传承与发展也得到一定的鼓励。

二、“文化大革命”时期

“文化大革命”时期，三龙侗族民众接受到“侗歌无用”的教育，从此不能也不敢再唱传统的侗歌，更不可能举办大型的民俗礼仪活动。于是，这一时期侗族新民歌产生，传统的拦路仪礼歌被搁浅。

---

❶ 参见中国音乐家协会贵阳分会主编、贵州大学艺术系编辑：“侗族民歌·序言”，见《侗族民歌》（贵州民间音乐集刊），贵州人民出版社1961年版。

❷ 参见《贵州省黎平县三龙乡侗族社会经济调查资料——贵州少数民族社会历史调查资料之十二》1963年版，中国科学院民族研究所贵州少数民族社会历史调查组、中国科学院贵州分院民族研究所编印。

“文化大革命”十年，传统的侗族民歌被当作“四旧”打倒，取而代之的是用汉语唱样板戏、语录歌，这些歌有些以传统的侗歌腔调来演唱，但主要还是以传统侗歌的曲调来演唱以歌颂中国共产党、歌颂毛泽东等为内容的革命歌曲。

寨门和鼓楼是承载拦路仪礼歌和许多民俗仪礼的文化空间，在“文化大革命”期间其功能也发生了变化，曾经用来对歌的鼓楼被认为是 “四旧”成为被打倒的对象。因为鼓楼功能的多样化的原因，被人们当着思想教育的场地而没有被拆毁，只是鼓楼上的大鼓被烧掉。侗族“萨”（侗族信仰的祖母神）信仰彻底地被打为“封建迷信”，而侗寨里没有现实功能的“萨坛”和“土地坛”几乎都被毁坏。在这样的情况下，侗族大歌、民间仪礼和仪礼歌也开始隐退。

调查中了解到，当时一些特别热爱侗歌的老年人因为偷偷唱侗歌而被批斗。关于“文化大革命”时期侗族民间仪式和仪式歌、歌师、歌者的概况，笔者对两个年龄段的一些侗族民众进行生活史的访谈，获得了口述资料，这两个年龄段分别是：一部分调查对象是1930~1940年出生的老年人，现今七八十岁左右；另一部分调查对象是1950~1960年出生，在“文化大革命”期间度过他们童年或少年时期，现今四五十岁的中年人。本文选取两个具有典型代表性的不同年龄阶段的“文化大革命”亲历者为个案来阐释：其中一位是1942年出生于从江县龙图贫苦农民家庭的梁维安先生；另一位是1965年出生于黎平县三龙的吴义梅女士。

梁维安先生，热爱侗歌，也受到很好的汉文化教育，小时候唱戏就爱当导演，还爱看书。后来在文化馆工作。改革开放后，当时中央决定开一个中国少数民族戏剧创作专修班，由上海戏剧学院招生培养。梁维安作为侗族的代表被推荐去参加考试，于1984年考取上海戏剧学院，1985年去读书已经42岁了，读了三年半，获得大专文凭，毕业后回到贵州省从江县继续当文化馆馆长，前后当了14年的文化馆馆长。自己写的剧本获得州级奖5项，省级奖3项，国家级奖1项。梁老主张文化补人而不是养人。他说：“我是农民出身，永远也不会忘记农民的苦处，也不会忘记犁田种地。” 所以他工作与生活都十分俭朴，从不摆架子，文化馆馆长走在大街上经常会被别人认为是才犁田回来的老农。他现在是一名退休的文化干部，为人谦和，对侗歌、侗戏爱惜如命。以下是笔者于2008年7月27日与梁先生的部分访谈记录。[1]

笔者：梁老，据我了解啊，您的一生很不寻常，现在我们来聊聊，想听听您的故事。

梁老：我们家的祖辈每一代都四十岁才吃国家的俸禄，我和我父亲都一样。我父亲是四十参加革命，1949年带领这片解放军去解放广西，黎平的杨锦彪在广西抓到了，还让他去认人呢，他在广西负伤，卫生排排长送他回家。但他隐瞒了那段历史，不然他可以立功离休。1950年解放回来他当乡长，他去世后我才把他那段光荣史给写出来。

笔者：“文革”时期您有没有因为唱歌或编戏被批斗呢？

梁老：“文革”时期我被批斗一个多月，主要是因为编歌、编侗戏，他们叫我为：“小邓拓”（邓拓，是编戏最好的一个人），被划为“五类分子”。还有，小组分米，一家只得9斤米，我不要，因为我自己可以去找到米，想把那些米留给那些没人帮忙的寡妇，接着我说了一句话：“东方不亮西方亮，黑了南方有北方，”结果被认为是反革命。因为他们说东方是社会主义，西方是帝国主义，南方是我们中国，北方是苏联。从此我被划为现行反革命，当时都是一帮来插队的大学生批斗我。我很爱戴毛

[1] 需要说明的是，访谈对象：梁维安先生、梁大娘；访谈人：吴文仙、吴文堂；时间：2008年7月28日；访谈地点：梁维安家（龙图旅游区）；翻译和整理人：吴文仙；整理时间：2008年9月。

主席，也很用心学习《毛泽东文选》，我用心去研究，加上我记忆力很好，我翻看到《毛泽东文选》第二卷《论人民战争》有：“东方不亮西方亮，黑了南方有北方，不愁没有回旋的余地。”他们批斗我的时候，我说：“最高指示‘东方不亮西方亮，黑了南方有北方’，毛主席讲过的，你们说我讲这句话是反革命，你们是在骂毛主席，你们这帮人都是反革命。你们要为我平反而且也要为毛主席平反。”因为那帮人根本没看过。我说毛选四卷里面有，他们把第四卷逐字看了，也找不到“东方不亮西方亮，黑了南方有北方”这句话。又回来质问我，批斗我。我告诉他们，你们根本不学《毛泽东文选》，是《毛泽东文选》四卷里一、二、三、四卷中的一本，你们给我一卷一卷去翻。结果在第二卷173页倒数第四行找到，大家那时就都没话说了。但又把我改编成侗戏的《岳飞》拿来批斗我，因为剧本内容有些帝王将相占领舞台情节，说是专门演牛鬼蛇神。但我编的侗戏岳飞是民族英雄啊。

梁大娘：这部侗戏编了几句唱词：“让你石龙上岭，去哪皇龙府，就去扰乱篡皇位（侗语记音是：zais nyax qiav gais bail gah huangx longx fuh ，xuh bail laox luans cuans dienh wangc）”，因为有这样几句话，说他要去篡毛主席的位，说他反毛主席并蓄谋篡位，说我们反党，这一次被划为“四类分子”又继续被批斗。

梁老：还有就是编侗戏《家园》的主题歌也是被批斗的主要原因之一，这首歌是1960年编，因为编这首歌，在1969年被批斗。

笔者：这首侗歌是怎样呢？您能唱一篇给我们听听吗？

梁老：“nyenc xiangv dah menl kgunl gkangs qias，menl yax deih guav nyenc daol yah duanc dal，beamh menl deih jianl dingh anl tail ，yinl weex kgeans liais buix yeeh guaiv jus chal, liangx xus miac meih mal weex keanp, beans nianc geis dah , mangc yiuv teaml weex lial, nyenc weex keanp jonv deanh geis qongl deih bongs, guds dungs wenc muh deds yianl biac, boix deic yianl pal das luic lanh, jinc das luic lanh jinc buh neamx dal mal, gungc xiaol gkangl xuis suis jinc jih, nyenc menc dees deih tiv geis leix mangc chal”.(汉语翻译是：人定胜天此话错，天恶地怒人难活，天地人和好相处，客莫欺主要记着［这里“主”指大自然是主人，人是大自然的客人］，两手空空来做客，百年未过何贪多，满载归客没见过，只见荒冢满山坡，别把山水撕破碎，百孔千疮也泪落，多给山河添锦绣，少让人间受灾魔。——笔者注)

笔者：还有因为什么被批斗吗?

梁老：还有人编侗歌以汉字记侗音时被批斗：就是侗歌里经常会在对歌中有这样的连接词即“现在又来”“又回来”“又返回来”“又重逢”表达缠绵的情感，这些词的侗语音是：“fanh dangh”，因为用的是以汉字记侗音，在歌本里用“反党”两字来记“fanh dangh”这两个音。当那些不懂侗语和不懂侗戏的人来检查的时候看到“反党”两个字，就像发生天大的事一样。

笔者：除了您之外，当时有没有和您一样因为唱侗歌被批斗的人呢?

梁老：还有一个家住洛香镇兴安寨的歌师被批斗，是因为唱了一句：“哎，毛主席都万万岁哦，农民犯大罪，天天开会，连夜都不得睡。”这是埋怨的话啊，肯定是要被批斗的，但我就真的没有任何埋怨只是以前编歌编戏，唱歌唱戏而已啊，还是被批斗得很厉害。就是为了让米给别人说了一句话，而且那是毛主席说的话啊。

笔者：您是被批斗一个月吗?

梁老：去学习一个月，批斗断断续续两三个月呢，来来回回，过两天又来找我。

笔者：是被划为四类分子了吗？

梁大娘：要划为四类分子，来抓他去画押，我不准去，和他们理论。说他脚疼去不了。当时的一个小学校长，叫我为四类分子的家属，我抓他胸膛质问他说："你凭什么说我们是四类分子，我是个农民我反哪里了。"我现在还恨他，见面他和我打招呼我也不理。

笔者：梁大伯，也就是说您"文革"被批斗后，那期间您不敢再编侗戏了是吗？"文革"之后您去煤厂也只敢编以毛主席思想为主题的歌，那您后来是怎么离开煤厂，到文化馆去工作呢，这中间有什么样的契机，什么样的机会让您到文化馆去呢？和当时的国家政策有没有关系呢？

梁老：是的，"文化大革命"期间不敢再编了，即使编也只在心里，不教其他人，当时打算一辈子也不编了，但后来还是编了，首先是编关于歌颂毛主席的侗戏，编得很好，也起到革命宣传的作用，被文化馆发现我还不错。改革开放后，当时县里要编一个到省里去参加文艺会演的歌剧，文化馆的人来请我去编，当时我编了一部叫《蝉》的侗歌剧，在贵阳比赛得了第一名。也就是在煤厂转正当年，调到文化馆工作。

从访谈中可见，梁老作为一个生长在侗寨的侗族文化人，他有着现代教育的背景，从小受到侗族文化的熏陶，他热爱这个民族和这个民族的文化，热爱这个民族的戏曲和音乐。他在侗族民间社会得到众人的认可和尊重，在外界他也是侗族文化的代言人。无论是在上层社会，还是在侗寨的民间社会里他都是权威人物。笔者在田野调查中，也了解到和他同一年代的老人，在"文化大革命"以前很多都是唱侗歌的能手，而且也是各类民俗活动的主角，有的是民间合唱团的队员。历经“文化大革命”的苦闷过程，这一代人其实已经失去唱歌的激情和勇气。使得“文化大革命”之后，也很少唱歌，更多是把歌藏在心间或者交给下一代人。在调查中一位八十多岁的老人梁妹穗告诉笔者：“我已经几十年没唱歌了，‘文化大革命’期间他们说唱侗歌要被批斗，我们就把侗歌埋于心底，现在我每天都背着一肚子的歌上山去采药材，就是没人跟我学歌，你来我们很高兴。”

我们还对吴义梅、乃建安、乃蒋宽、乃桥刚、乃桥华、乃桥国等歌师和歌班成员进行了访谈，她们几乎都是“文化大革命”前1960年左右出生的一批人。十年的“文革”让她们从小孩成长到能够参加大型仪式，并在仪式过程中能单独唱仪式歌的年龄。她们是“文化大革命”后第一批参加侗族传统民俗文化恢复的侗族姑娘，从对她们的访谈得知她们生活的年代所经历过的民俗生活。这里选取她们中具有代表性的一个歌师吴义梅作为个案进行阐释。吴义梅1965年出生在黎平县三龙中寨的一个歌者家庭，父亲是三龙有名的歌师，曾经是侗族民俗仪式的主角和侗歌队的领唱者，也编了不少至今还在传唱的侗歌。吴义梅和她同龄的歌班队友一样，他们的童年在十年的“文化大革命”中度过，这期间她当过民兵。“文化大革命”之后开始和老一辈歌师学唱侗歌并参与复兴传统的侗族仪式。吴义梅因为热爱侗歌，加上出众的嗓音和极强的组织能力，一直是三龙侗歌歌队的主角，也因此被选举为中罗村妇女主任，也是三龙民众公认的优秀歌师。到了2006年，黎平县政府、民宗局和文广局等部门认识到侗族民歌的文化价值，也意识到侗歌正遭遇后继无人的困境，就以政府的名义为全县歌师颁发歌师证书。这样，侗寨里的歌师在过去单独的民间认可的基础上，又获得政府和文化部门的认可，从此政府每年给每位歌师发500元的歌师补贴费。现在吴义梅几兄妹个个是侗族歌手，下面是笔者于2008年8月24日访谈吴义梅歌师时的一段录音整理。

笔者：吴嫂嫂，您好，您还记得您小时候是怎么过的吗？您进学校读书了吗？你们在学校读的是什么书，小时候唱侗歌吗？

吴义梅：我在校读书读到小学四年级。在校读书期间，读的是毛主席语录，唱的是毛主席歌，但更多时候是跳舞，基本没有唱侗歌，我父亲很热爱侗歌，有时会编一些侗歌，在家里偷偷地教我们唱，妈妈也会教给我们一些侗歌，但让我们别出去唱，因为当时侗歌被认为是落后的东西，是“四旧”。

笔者：”文化大革命”之后应该可以进学校读书吧，您怎么不读书呢？不读书除了做农活之外，和你年纪差不多的人平时都做什么呢？

吴义梅：后来由于家里姊妹多，就放弃了在学校的学习，进生产队干活抢工分来挣得口粮。我现在认识的一些字都是那时候学习毛主席语录认识的。“文革”过后我们这里又开始唱侗歌了啊，年老的歌师教我们唱侗歌，寨老组织整个三龙各个侗寨要在农闲的时候举行集体做客，这些集体做客活动就有大量的拦路仪礼歌、鼓楼大歌、敬酒歌、行歌坐夜的琵琶歌，等等。那时我们就比“文革”时期少跳舞了，就开始疯狂地学侗歌，尤其是拦路仪礼歌和敬酒歌，当时学了好多歌。当时老歌师们差不多十年时间不唱了，教我们的时候也特别高兴，我们也很努力去学，我们一般是边劳动边练歌，休息的时候是边绣花边学歌、练歌，要不然现在我们这一年龄段的人怎么会唱这么多侗歌，都是那时候跟老歌师们学的。

从上面一则访谈的录音整理中可以看出，在“文化大革命”前夕出生的吴义梅这个年龄段的人，“文化大革命”期间是他们的童年时代，因为还是小孩，她们进校读的是毛泽东语录，还有跳革命舞蹈。“文化大革命”对她们成长的记忆并没有像老一辈人那样痛苦。幸运的是“文化大革命”之后随着国家政策的开放，她们马上又接受到另外一种文化教育，而且这个过程也是美好的。十年时间不会磨灭一个民族对民歌的热爱之情，也不会使他们忘记他们民族的民俗文化传统。更何况还有一批还有历史记忆的老人，传承民间仪礼和民间歌谣的老一辈传承者十年后还健在，他们来修葺过去和未来曾经断裂的文化之桥。可以说，十年“文化大革命”对于民间文化只是一个隐退和搁浅的过程。

“文革”以后，这个把民间习俗和民歌当作精神食粮和生活一部分的民族，又开始举行村寨集体做客的联谊“维贺”，在“维贺”中就会有一系列的民间仪式，即拦路仪式、祭祀仪式，在仪式中对唱拦路仪礼歌、鼓楼大歌、踩堂歌、开酒缸歌、敬酒歌，等等。“文化大革命”时期成长起来的年轻侗家孩子成为仪式表演与仪礼歌演唱的主体。吴义梅等这样的一批“文化大革命”前出生的侗家孩子，“文化大革命”后就成为演唱拦路仪礼歌、参加侗族民俗仪礼的主角。

三、改革开放初期的拦路仪礼歌

改革开放初期是侗族拦路仪礼和仪式歌的复兴阶段。这一时期的拦路仪式和拦路仪礼歌主要是围绕全体村寨间集体做客的“维贺”和未婚男女间的“扁米情”展开。拦路歌的内容恢复传统的唱法，主要有“嘎表”（gal bius）、“嘎耶”（gal yeeh）、“嘎噢嗨顶”（gal Ois hois dingh）等几类拦路仪礼歌，歌的民俗内涵、基本内容和唱法与传统差别不大，但增加了一些新编歌曲，比如，歌颂改革开放、歌颂四个现代化，也有根据仪式场景即兴创作的侗歌。

根据对“文化大革命”期间成长起来的侗族中年人的访谈获得的口述史资料，结合文献记载分析得知，她们是“文化大革命”后第一批参加侗族文化恢复的侗族民众。从对他们的访谈中了解到他们那一代人成长历程所见证到的三龙侗寨过春节所发生和经历的民俗生活。经过十年“文化大革命”的浩劫，侗寨的传统民俗也随之尘封十年，但粉碎“四人帮”以后，到了1977年、1978年、1979年，传统的侗族习俗迅速在三龙侗寨复苏过来，三龙在寨老、乡老的组织下联合举行了大型的村与村、寨与寨之间的“维贺”。也就是说“文化大革命”只能在一定程度上使民俗暂时搁浅，使人们不敢在岁时节日中表演，而民俗本身并没有在民间消失。

改革开放后侗寨的寨老和各个房族的族长又开始挑起被搁浅了十多年的民族责任，加上对民族文化的激情与热爱，又开始组织春节期间的“维贺”。先是村与村，也就是以中寨、罗寨、新寨为主的中罗村各个寨子和九龙村的各个寨子的大型集体做客与集体迎客。而大家去做客的必备武器就是准备有足够的侗歌。首先，是客人进入主人村寨时 “通过仪式”中对唱拦路仪礼歌；其次，进寨后的鼓楼踩堂歌（踏歌）；最后，吃饭前的“开酒缸”歌、饭桌上的敬酒歌、饭后的鼓楼大歌对唱、深夜的坐夜歌，等等。

这是改革开放后，从国家政策层面对文化多元化的支持，加上侗族民俗文化本身极强的生命力，侗族拦路仪式和拦路仪礼歌伴随着侗族民俗文化一起发展起来。这是国家权力和民间自觉在侗族民间社会里的呈现。

这一时期，学术界也开始对侗族民歌进行相关研究。如果说新中国成立初期因为民族政策的需要对侗族经济社会和历史文化进行调查，因为“文化大革命”的到来，导致20世纪50年代搜集的大量民族文化资料，民歌资料被破坏，工作被迫停止。而改革开以后，民间文艺界对侗族民歌的研究和讨论也开始初见端倪，具有代表性的一次是1982年在广西召开的“全国部分省、区少数民族多声部民歌座谈会”。根据会议发言，中国音乐家协会、广西壮族自治区群众艺术馆编印了《多声部民歌研究文选》。这是改革开放后，第一次公开以会议讨论少数民族多声部民歌，而在这次会议中侗族民歌占据了十分重要的地位。与此同时，“民族音乐学”（音乐人类学）的相关研究开始被中国学者关注。正如度亚雄所说的那样，民族音乐学在国外以1950年为界经历了比较音乐和民族音乐学发展的两个阶段，而在中国真正得到学术关注是1980年在南京艺术学院举行的“全国民族音乐学学术研讨会”[1]之后。

随着20世纪八九十年代民俗旅游的迅速发展，传统自娱自乐的民俗生活开始发生改变。过去传统侗寨内部的自我文化认同和文化传承转变为对外来游客的一种文化展演，在民俗展演中与游客一起分享侗族民歌与民俗民族文化。从而侗族拦路仪式和拦路仪礼歌开始以表演的形式呈现。

四、旅游业兴起和非物质文化遗产保护时期的拦路仪礼歌

21世纪初期，旅游业进一步兴盛，非物质文化遗产保护工作轰轰烈烈的展开。这一阶段无论是政府的文化管理，还是民间的文化自觉，都十分重视侗族拦路仪式和仪礼歌的传承与现代发展以及作为文化资源的开发利用。随着社会多元化的发展，重视固然十分可贵，但民间仪式在旅游业迅猛发展的时代里相对过去还是趋于功利性，更多的是把文化作为产品来加以开发利用。拦路仪式和拦路仪礼歌也增加了新的仪式场域和仪式功能，比如迎接游客和迎接领导、专家和学者到侗乡来考察的拦路仪式并演唱拦路仪礼歌，等等。

拦路仪式和仪式歌在当代社会语境下，被当作一种独特的文化资源来进行旅游开发，成为侗族的标志性的民俗文化在乡村民族旅游中被展演。拦路仪式在旅游业中作为迎接客人进寨的一种接待仪式，使拦路仪式从具有民间信仰和民间禁忌的象征意义，转化为一种向游客展示具有民族特色的公众文化。但拦路仪礼歌以它固有的表达形式在

[1] 参见杜亚雄：“20世纪民族音乐在中国的发展”，载《乐府新声》2000年第3期、4期；杜亚雄《探索的脚步——中国民族音乐文集》，上海音乐出版社2004年版，第277页。

现代旅游业发展中被恰当的利用和开发，这也是侗族拦路仪式和拦路仪礼歌在现代社会语境下传承和发展的机遇与挑战。

面对这样的社会现实，无论是政府、学者还是民众都在思考如何让传统的民俗文化和民歌在现代工业社会里找到合理的位置以及恰当的传承与发展方式。2003年10月通过了联合国教科文组织提出的非物质文化遗产保护政策的《保护非物质文化遗产公约》（2006年4月生效），2003年10月，文化部在贵州召开第一次“中国民族民间文化保护工程试点工作会议”。这些意见和公约对侗族拦路仪礼歌的传承与发展提供了理论指导，但并不是传统侗族民间社会自身的传承与发展的路径。

2009年9月30日，由贵州省文化厅、黎平县政府承担申报工作的贵州侗族大歌成功入选《人类非物质文化遗产代表作名录》，这对于侗族大歌[1]形式之一的拦路仪礼歌又是一个新的发展契机。对侗族民众来讲也看到了自己文化的价值，为提高他们的文化自信心建立了良好的条件。申报“人类非物质文化遗产代表作”的过程也是向文化部门展示的过程，当上级文化部门的领导、专家、学者下到民间考察的时候，侗族村寨自然会举行拦路仪式、唱拦路仪礼歌来迎接，把客人迎接进寨之后还会到鼓楼里唱踩堂歌，以告知侗族祖母神“萨岁”侗寨来了贵客，祈求“萨岁”护佑主客平安，祈求“萨岁”保佑侗歌能够顺利地通过“非遗”申报的考核。同时，也通过展演系列侗族民俗和民歌来告知文化部门的管理者、专家和学者，这里的侗寨还保留有侗族仪式礼俗和侗族民歌等宝贵的文化遗产。其实这个过程既是一次展示传统文化的过程，也是一次对传统文化传承和记忆的过程，同时也是文化自觉和自信的过程。这个过程也体现了侗族民众在当下社会里新的文化诉求，希望通过自我文化认同的展示，获得外界和国家的认可，并表达自己对文化遗产传承的决心与承诺。这也是争取文化权

[1] 根据侗族大歌的演唱形式以及它的内涵与外延可以界定出一部分合唱的拦路仪礼歌属于侗族大歌范围，笔者另外的文章有相关的论述。

利和权力的过程。

随着农业社会的生活秩序和时间记录方式的改变，人们为了生活，没有太多的时间用来唱歌，尤其是20世纪八九十年代出生的年轻人，因为忙于上学，初中毕业之后，有的上高中、大学，有的到东南沿海地区去打工。侗族地区已经没有多少年轻人像过去那样能完整地把整个仪式各个阶段的侗歌都唱出来。幸运的是，一批留守在农村，没有出去打工的中老年女性，还会按照她们传统的生活方式去唱歌和农耕。在中老年女性的带领下，侗寨春节期间举行的“维贺”民俗还会按照传统仪式来举行，只是形式趋于简单化。随着时间的推移，老一辈歌师渐渐去世，如果年轻人没有时间和精力去学歌、唱歌，对于侗歌以后的传承与发展也是不容乐观的。这样，传统的侗族民间仪式和仪礼歌只是成为人们记忆中的历史遗产，而很难找到具体鲜活的民俗语境，因为共同的文化，需要一个群体共同的历史记忆，如果记忆没有共同性，传统生活和记忆方式传承下来的侗族民俗与歌谣也将会消失。

过去的仪式和民歌更多地是有共同文化背景的民族内部之间的对唱，在仪式过程中，参加仪式双方是有文化共感的。但旅游业兴起之后，作为旅游接待的招牌仪式迎接来到侗寨旅游的游客时，拦路仪式的仪式主体面对的是一个并不了解自己民俗文化的外来客人，这样拦路者一方面要在最短的时间内展演自己民族几千年的历史文化和风俗习惯，又要客人了解并能在仪式过程中通过拦路仪礼歌的演唱来达到民俗文化交流的效果。这对仪式的要求必须是简单精炼，过去主客在寨门对唱几个小时拦路仪礼歌都不让客人进寨的传统做法，完全搬进旅游语境下的拦路迎接仪式是不可能的。

在快餐式消费理念下的观光、体验游的语境下，仪式有传统元素和程序，但必须趋于简单化。尤其一些旅游公司开发的侗寨，旅游公司的老板很多是外来投资者，有的对侗族文化了解不多，盈利是其主要目的。因此，作为迎接游客的拦路仪式主体的侗家姑娘，在演唱拦路仪礼歌的时候有时也是因为生活所迫的无奈。这样，使得仪式和歌谣成为一种文化符号，这种形式神圣性降低，表演成分增加。拦路仪礼歌一般也只是简单唱四首：第一部分："gal fus xinc"（"嘎富新"，即用汉语或苗语以念唱的形式来盘问，是汉歌、苗歌部分）；第二部分："gal qiul dengv"（"嘎抽凳"，即拿板凳来拦路之意）；第三部分："gal yeeh"（"嘎耶"，即以"耶"的曲调来唱的歌），这部分歌虽然十分丰富，但也只是唱几首"忌寨"歌。接下就唱一首敬酒歌，给客人敬酒，这一环节在传统的拦路仪式里是没有的，只是当客人唱不过主人之后，为了惩罚客人才喝酒。还增加了送礼物的环节，也就是说族外人（游客等）来到侗寨寨门接受侗族拦路仪式时，不能和侗族拦路者对唱拦路仪礼歌，但为了达到交流的目的，表达主人的欢迎之情就用赠送礼物和敬酒来代替歌的对唱。当然，这更多地是因为旅游业发展的需要。

改革开放初期延续着"文化大革命"前传统的侗族礼俗和仪礼歌的演唱习俗，本论文田野个案之一三龙侗族村落至今还保存有传统的演唱方式。随着社会的变迁和旅游业迅猛的发展，尽管有些礼俗也发生了变化，但其韵味和传统的仪式程序还是没变。其中，变化最大的是现在随着社会分工的具体化和多样化，也由于现在侗族很多青年男女有的读书、有的在外地打工，很少有人有时间和精力再去唱侗歌，去举办和参加"维贺"活动。现在侗寨已经没有全体村寨老少都参加的大型集体做客和集体迎客"维贺"了，只有村寨部分人参加的小型"维贺"。而过去由未婚青年男女举办的"扁米情"，现在变成由中年已婚男女来举行，而且已婚女性居多。也就是说现在对侗族文化的传承与发展，在三龙最为活跃的是中老年女性，女性是文化的在场者，比如由已婚女性举办的"维姑巴"。2006~2007年，三龙和邻寨的竹坪举行"扁米情"民俗活动，参加者主要是两个村已婚男女。而未婚青年男女举行的"扁米情"，最晚的一次是在20世纪90年代，当时是三龙的中寨"腊苗"（laxmiiup）和"腊旺"两个可以通婚房族的未婚青年男女举行的。

同时最近几年三龙又出现了新的现象，女性又开始学歌、唱歌，而男性却很少唱歌和学歌，在侗族文化的继承和发展过程中出现了阴盛阳衰的状态，女性在文化传承过程中占了越来越重要的地位。比如2009年春节三龙侗寨所举行的“维贺”民俗，主要是妇女之间“维贺”，还有未婚青年男女间互相邀请对唱侗歌和侗戏的“定嘎”和“定戏”等集体联谊。而且春节时罗汉请姑娘来做客的“定嘎”和“定戏”，在做客过程中唱侗戏和唱侗歌的习俗至今在三龙每年都还举行。

从学术研究方面来看，外界对侗族民歌的研究到21世纪也开始多元化，也是侗族民间仪式和仪式歌研究的鼎盛时期。全球化的时代背景下，文化人类学（民族学）、民俗学、音乐学、旅游业、非物质文化遗产保护工作组等，各个领域以不同的学科视角和理论根基为出发点，对侗民族和侗歌进行研究。从过去单纯把侗歌当成文学和音乐的基础上扩大到文化人类学、民俗学研究领域。文化人类学（民族学）和民俗学从侗歌当中解读侗族深层的民俗文化。音乐学从中探索音乐的演唱方法，旅游业进行文化资源的利用和开发，非物质文化遗产保护为了工作的需要也做了大量的调查研究。当然，也不乏各个学科进行综合性的交叉研究。在现代工业社会和全球化语境的时代背景下，侗族传统的生活方式和侗歌的演唱习俗在坚守历史记忆的传承当中，也难免会受到冲击。因此也有学者从传承与变迁、发展与重构的视角去进行研究。从而，这个时期侗歌研究的成果出现了“百家争鸣”的局面。

结　论

总之，侗族传统的集体做客联谊、拦路仪式及拦路仪礼歌是侗族民众生活方式的组成部分，也是侗族村寨的生活常态。

这种生活常态在现代化进程中也曾经被当作“旧东西”“四旧”被打击。而到了20世纪七八年代末改革开放初期，侗族民间社会传统的民间仪礼在搁浅几十年之后，又迅速在侗族村寨间重复兴起来，因为这些传统习俗就是他们的生活方式，几十年并不是几十代，这几十年只是他们的生活方式被强制的改变。事实上这一代怀揣着历史和传统民俗文化的人，当没有强制的时候他们又拾起过去的记忆，因为这些传统是他们世代的生活方式，只要他们还是侗族村寨的农民而不是现代国家城市的市民，在国家政策鼓励之下他们就能放开步伐在侗族村寨间重新拾回传统，重新按照他们认为合理的生活方式去生活和娱乐。

王铭铭在对华南溪村村神和仪式的考察中对现代性的失败表现的分析时提出这样的看法："在中国，激进的现代化和'反对迷信'的现代性建设方案，总是面临着顽强的所谓'历史暴君'（historical tyranny）的阻力；若不是如此，至少也总是随处不是'历史暴君'的影子紧相随……到了现在，经历过运动（破除迷信）的村民因受惠于现代政治经济而不计前嫌。在现代化的'主导意识形态下'，他们成功地保留了他们生活方式，并没有从农民转变为国家的城市居民。现代性失败的表现之一，就是在当代的村落或'群众运动'以信贷世界体系的改革与市场化之后几十年，我们这些人类学家依然能观察到它们的'迷信活动'。"[1]这说明，民间社会的习俗和传统的生活方式具有强大的生命力，现代化建设或者说现代性的建构需要重视民间文化与政治生活以及国家权力的互动关系，需要关注民间自觉与国家在场的相互作用。

正如美国现代人类学家萨林斯所说的"现代性服务于本土化重振过程——即本土化的现代性（indigenized modernity）"。[2]20世纪80年代开始，随着改革开放的深入，在旅游业的兴起和发展过程中，曾

---

[1] 参见王铭铭："灵验的'遗产'——围绕一个村神及其仪式的考察"，见郭于华主编：《仪式与社会变迁》，社会科学文献出版社2000年版，第15页、第23页。

[2] 参见王铭铭"灵验的'遗产'——围绕一个村神及其仪式的考察"，见郭于华主编：《仪式与社会变迁》，社会科学文献出版社2000年版，第13页。

经被当作“四旧”来破除的传统文化形式被重新挖掘和建构，为这些民俗文化的发展提供了新的可能和新的发展方向。而随着历史的变迁和社会的发展，以及国家意识形态新的举措，到了今天侗族拦路仪礼歌作为文化资源，已经成为旅游产业文化形式的招牌，也是国家乃至世界非物质文化遗产的保护对象。

村落景观与旅游开发

民族特色村寨旅游发展问题探讨
——以黔东南州为例

曾祥慧

关键词
黔东南州　民族特色村寨　旅游发展

本文分析了黔东南民族特色村寨的概况、内容、特点，认为民族特色村寨是黔东南旅游发展的重要资源，并阐述民族特色村寨旅游发展的基本情况，着重探讨旅游发展中存在的3个问题：一是深层次挖掘不足，导致开发粗糙；二是同质化开发现象严重，抑制旅游发展；三是注重外在形式开发，忽视特色内容，旅游发展的后劲不足。提出做好民族特色村寨旅游发展，需要坚持立足本地、突出特色、合理利用、有效开发、全民参与、规范管理，坚持“一村一品”和“人无我有、人有我优”，坚持分步实施、循序渐进的三大原则，抓住物质与精神两个文化领域的内容，把握发展的模式问题。

在世界经济一体化、政治多极化、文化多元化的大背景下，民族特色村寨的发展逐渐进入人们的视野，关注度越来越高，发展越来越受到重视，并且上升到了国家发展的层面。2009年，国家民委与财政部启动少数民族特色村寨保护与发展试点工作。[1]2012年1月，国务院下发了国发（2012）2号文件，明确提出在黔东南自治州创建“民族团结进步发展繁荣示范区”和“文化旅游创新区”的目标。2012年12月，国家民委又印发了《少数民族特色村寨保护与发展规划纲要（2011—2015年）》，提出“十二五”期间将在全国重点保护和改造1000个少数民族特色村寨，并且把大力发展民族特色旅游业作为主要的任务；提出要深入挖掘民族村寨文化，将民族文化元素有机地融入到民族村寨旅游产品开发的各个环节中；明确提出要举办少数民族节日庆典、祭祀活动，集中展示村寨文化，丰富游览内容。[2]加大对特色村寨的包装、推价、宣传力度，发挥少数民族特色旅游在推动民族乡村发展中的引领作用，培育一批特色村寨旅游示范点，形成特色村寨旅游品牌，提升特色村寨影响力。

民族特色村寨是传承各民族文化的有效载体，是我国重要的民族文化旅游资源。目前，越来越多的民族地区认识到了民族特色村寨的旅游价值，寄希望于民族特色村寨旅游开发来促进民族地区经济社会的发展，纷纷挤进这条发展大路。特别是近几年来，各地民族特色村寨的旅游开发轰轰烈烈。十八大以后，黔东南苗族侗族自治州确定了“工业强州、城镇带州、旅游活州”三大战略，坚持把民族文化旅游作为支柱产业来发展，成功打造了西江千户苗寨、肇兴侗寨、小黄侗寨、岜莎苗寨等一批民族文化旅游特色村寨，给当地的各族群众带来了实惠，增加了收入，也使少数民族群众的思想意识和生活理念发生

[1] 参见2009 年国家民委办公厅、财政部办公厅联合下发的《关于做好少数民族特色村寨保护与发展试点工作的指导意见》。

[2] 参见《国家民委关于印发少数民族特色村寨保护与发展规划纲要（2011—2015年）的通知》。

了明显的变化。然而，我们也要看到蓬勃发展的黔东南民族特色村寨旅游正步入一个瓶颈期，正面临着许多问题，针对这些问题进行理性的研究和深入的探讨，可为目前的民族特色村寨旅游发展提供借鉴。

一、黔东南的民族特色村寨

1. 黔东南民族特色村寨概况

什么样的村寨是民族特色村寨呢？在国家民委印发的《少数民族特色村寨保护与发展规划纲要（2011—2015年）》中对此作了定义：少数民族特色村寨是指少数民族人口相对聚居，且比例较高，生产生活功能较为完备，少数民族文化特征及其聚落特征明显的自然村或行政村。并且还对少数民族特色村寨的表象和内涵都做出了极为详细的规定：在产业结构、民居式样、村寨风貌以及风俗习惯等方面都集中体现了少数民族经济社会发展特点和文化特色，集中反映了少数民族聚落在不同时期、不同地域、不同文化类型中形成和演变的历史过程，相对完整地保留了各少数民族的文化基因，凝聚了各少数民族文化的历史结晶，体现了中华文明多样性，是传承民族文化的有效载体，是少数民族和民族地区加快发展的重要资源。[1]

黔东南是一个以苗族和侗族为主体民族的自治州，苗族和侗族村寨不仅数量多，而且特征鲜明，文化突出，活态存在。苗族“依山而住，聚族而居”，村寨大多建在山腰斜坡地带，以依山而建的干栏式半吊脚木楼为其建筑特点，以“美人靠”建筑风格区别于其他民族，体现了苗族人民朴素的人与自然和谐相处的理念和独特的审美情趣。黔东南100户以上苗族村寨极为普遍，500户的也不足为奇，甚或还有1000户以上苗寨。苗寨里，2~3层的吊脚木楼鳞次栉比，楼上为人

---

[1] 参见国家民委《少数民族特色村寨保护与发展规划纲要（2011—2015年）》。

居，楼下为畜圈，村寨中的小路在屋檐下盘旋迂回。村寨周围皆栽有枫树，传说苗族的先祖与世间的万物皆由枫树而生，枫树被尊为“妈妈树”，亦为“保寨树”，也是风景树。村寨里有用于祭祀的芦笙坪、用于娱乐的斗牛场、用于交际恋爱的“游方坡”。一个苗寨完全就是一个功能齐全的社区，并且各具特色，有以大著称的千户苗寨西江，有国家级“苗族文化生态博物馆”的郎德上寨，有“苗族农民画之乡”的铜鼓苗寨、温泉大寨，有以“树葬”为维系生态平衡的亘古不变理念的岜沙，有以自然宗教和人文宗教“和平共处”的“祖先与上帝同在”的南花苗寨，有被誉为“东方迪斯科”的苗族木鼓舞的反排村，有国家级非物质文化遗产锦鸡舞的故乡麻鸟村等，数不胜数。黔东南苗族物质文化形态完整，内容丰富，特点鲜明，不论是直接的以物质形态出现的梯田、建筑、劳动工具、食品等生产和生活资料，还是物化的由物质文化派生的服饰以及生产生活习俗等间接的物质文化都是苗族历史的产物，都贴上鲜明的苗族标签。苗族的物质文化、精神文化、制度文化构成黔东南苗族文化的统一整体，存在于苗族的村村寨寨，构成了苗族生态文化的多彩的画卷。

黔东南是全国侗族的最大聚居地，侗族人民“聚族为寨，傍水而居”，在这里生生息息、代代相传，形成了别具一格的侗族文化，建起了一处处鲜明特点的侗族村寨。鼓楼、花桥和杆栏式吊脚楼是黔东南侗寨的标志。小溪穿寨而过，吊脚楼房鳞次栉比，戏楼、禾晾、谷仓错落有致。这种格局既体现了山区水乡的韵味，也体现了侗族人民特有的和谐观和审美观。这里有最大侗寨的肇兴，有侗歌之乡的小黄、有“计划生育文化第一村”的占里，有侗族家喻户晓的爱情故事主角“珠郎娘美”故乡的三宝，有中国和挪威王国共建“侗族生态博物馆”的堂安，有优美动听琵琶歌的晚寨，等等。这些侗族村寨保存着活态的文化，拥有完好的吊脚楼、鼓楼、戏楼、禾晾、谷仓、祭萨堂等建筑，抬官人、行歌坐月、为顶为嗨、摔跤比勇等侗族传统习俗仍然流行，特别是享有“天籁之音”美誉的侗族大歌萦绕在侗族的村村寨寨。

黔东南也是一个多民族聚居的自治州，少数民族人口比例相当高。公安部门统计的2010年末户籍人口数为453.5万人[1]，其中少数民族人口占81.9%，有苗族、侗族、水族、布依族、土家族、畲族、仫佬族、壮族、瑶族9个世居少数民族，原生态民族文化十分丰富，民族文化多样性最为突出，少数民族村寨遍布全州，可谓“处处风光，寨寨风景”。据黔东南州消防部门的统计，全州50户以上自然寨有3452个，100户以上自然寨有1288个[2]。黔东南各民族聚居的大小村寨各具特色，绝大多数是以木质结构建筑为主，集民族原生文化、自然生态、历史遗存为一体，被誉为“世界上最大的民族博物馆”，成为各民族文化展示的窗口。民族特色村寨也就成了黔东南民族文化旅游开发一个重要资源。黔东南自治州把“旅游活州”作为全州经济社会发展战略之一，早在2005年，就以文件形式正式公布了黔东南州100个民族民间文化村寨名单。这100个民族文化村寨几乎都是标准的民族特色村寨，其中有21个民族村寨进入“世界文化遗产预备名单”。事实上，这100个民族民间文化村寨已进入政府发展民族文化旅游的规划盘子，成为优先开发民族文化旅游之地。

2. 黔东南民族特色村寨的内容及特点

（1）主要内容。民族特色村寨是民族历史文化的缩影，是民族人文精神、劳动智慧、审美心理的集中体现，其特色内容表现为“物质形式”和“非物质形式”。所谓物质形式是村寨的特色是以物质形态表现出来的形式，即看得见的“景观”，包括自然状态下的风景林、小溪、菜园、梯田，包括村民日常生活中的劳动工具、生活用具、乡间道路、民居建筑、古墓，也包括村寨内的具有历史、艺术、科学价值的其他建筑物、构筑物等；而非物质形式却是具有文化意义的内容，包括了各种生产习俗、生活习俗、人生礼俗、岁时节令、节

---

[1] 参见黔东南州统计局.黔东南州2010年第六次人口普查主要数据公报。

[2] 参见武警黔东南州消防支队.2012黔东南州农村消防安全调查。

日集会以及习惯法等，包括了村寨里的各种文学艺术形式，比如民间文学、音乐、舞蹈、曲艺、戏剧、美术、手工技艺等，当然还包括传统竞技类，甚至民族民间文化空间等。以“物质形式”为主要特征的村寨往往也包含了非物质文化表现形式的内容，只是有些村寨在非物质文化形式的内容上表现更为显著。蕴藏在黔东南少数民族特色村寨深处的最负盛名的非物质文化表现形式有侗族大歌、苗族古歌、苗族飞歌、苗族多声部情歌、侗族琵琶歌、侗戏、畲族粑糟舞、苗族鼓藏节、土家族唢呐、水族端节、瑶族盘王节、鼓楼建造工艺、吊脚楼建造技艺、芦笙制作技艺、银饰制作技艺等。

从民族特色村寨的内容上看，黔东南的民族特色村寨大约可以划分为11种类型：一是以自然景观为主要特征的特色村寨，如榕江三宝侗寨的古榕群，丹寨高要村的梯田；二是以村寨历史景观为特色，如凯里季刀下寨的古村道和古粮仓；三是以民间手工艺品为特色的村寨，比如以蜡染制作为特色的丹寨排莫村、以鸟笼制作为特色的丹寨卡拉村，以芦笙制作为特色的雷山排卡村、凯里新光村，以银饰制作技艺为特色的雷山控拜村、麻料村；四是以独特的服饰为主要特征的村寨，比如苗族“百鸟衣”的榕江摆贝村、苗族“超短裙”的榕江空申村；五是以节日文化为主要特征的民族特色村寨，如侗族三月三讨葱节的镇远报京村，苗族芦笙会的黄平谷陇村，苗族二月二敬桥节的三穗寨头村，姊妹节的台江芳寨、偏寨村和剑河革东村等；六是以民族建筑特色为特征的村寨，如侗族鼓楼的从江增冲村、高增村；七是以某种独特的民族文化事象为特征的村寨，如自古计划生育的从江占里村，以“树葬”回归自然的从江岜沙村，习惯瑶浴的从江潘里寨；八是以民族民间歌舞为特色的村寨，如侗族大歌的从江小黄村，跳苗族木鼓舞的台江反排村、传承苗族多声部情歌的台江方召村，唱侗族琵琶歌的榕江晚寨；九是以民间传统竞技为特征的村寨，如喜爱侗族摔跤运动的黎平四寨村，苗族龙舟竞渡起始地的施秉平寨村；十是以宗祠、文书契约、古遗址等为主要特征的村寨，如侗族宗祠文化的天柱三门塘村，拥有清民文书契约的锦屏文斗村，古遗址的岑巩中木召村；十一是以物质和非物质多种内容综合较好的村寨，如雷山西江苗寨、上郎德苗寨，黎平肇兴侗寨等。

（2）主要特点。黔东南民族特色村寨各具特色，但都具有相当明显共同特点，即“人文性”“活态性”“承传性”和“发展性”。

人以群居，村寨是人们共同聚居的地域范围，是“人”生活的场所，是存放劳动收获的场所，村寨的所有文化都与人们的生产生活息息相关，可以说是彻彻底底的“人文文化”，所以“人文性”是民族村寨的第一大特点；所谓“活态性”即活的状态，是指村寨的特色文化依然是村民的现实生活，这是黔东南民族特色村寨的第二特征，也是旅游开发中最有价值的一面。村民世代居住，繁衍子孙，完全在一种“活态”的文化空间里生产和生活，他们一方面要“遵循”传承了千百年的特定的“文化空间”传统的“规约”来规范自己的言行，另一方面要用自己的言行来维持这种“规范”的“延续”，进而实现村寨文化特征的“延续”；人是文化的创造者和传播者，村寨所有文化形态都要靠居住在区域内的村民世代传承，使其文化得以继承与延续。实际上，村民是在一种“活态”的文化空间里生产和生活的，通过“言传身教”“口传心授”，将“遵循”已经传承了千百年的特定的传统“规约”向下一代做出“示范”，这就是文化的“承传”，民族村寨就是靠这样的机制来维持传统“规范”的“延续”进而实现村寨文化特征的“延续”，这就是承传性；民族特色村寨不可能从建寨起就有完整的文化形态，更不可能亘古不变，发展性是民族特色村寨的又一特点。事物是发展的，文化是发展的，社会也是发展的，民族村寨当然是发展的，这是村寨里每一个人的生活需要和必然趋势。

二、黔东南州民族特色村寨旅游发展状况

1. 欣欣向荣的民族特色村寨旅游

黔东南州于20世纪八九十年代开始发展以民族村寨为支撑点的民

族文化旅游。20多年来，从交通条件相对较好的雷山郎德、凯里青曼、镇远报京等几个民族特色村寨起步发展到现在对上百个民族村寨的旅游规划，可以说已初显成效，并成为贵州民族旅游发展的重头戏。2004年贵州省完成了《贵州省旅游发展总体规划》的制定，特别把乡村旅游作为一个重要项目进行规划，并于2005年完成了《2006——2020贵州乡村旅游规划》。在《贵州省旅游发展总体规划》制定时就把全省150个民族村寨列入旅游发展名单，并按旅游潜力从高到低划分为A、B、C、D、E 5个等级，其中A级19个，黔东南就有15个，占全省A级总数的78.9%，B级51个，黔东南就有21个，占全省B级总数的42%。可见黔东南民族特色村寨已成为贵州重要的旅游资源，发展民族特色村寨旅游是促进黔东南州经济社会发展的重要手段，已成为当前新农村建设和农民增收致富的一项重要产业。“十一五”期间，全州旅游接待人次5783万人次，其中乡村旅游1512万人次，占26%；旅游总收入401.65亿元，其中乡村旅游收入120亿元，占29.2%，旅游总收入年均增长率达44.43%。2000年到2011年，全州乡村民居接待户从500余户发展到2000多户，乡村旅馆从60余户发展到6452户，乡村手工艺作坊从390余户发展到5631户，旅游运输从业户从10余户发展到226户，全州近百个开展民族文化旅游的村寨中，旅游直接从业人员有8.31万人，民族村寨旅游实现了脱贫致富。

2. 发展中存在的问题

黔东南20多年的民族文化旅游实践是以各民族的自然生态和文化生态环境为旅游资源，包括田园景观、村落景观、建筑景观、农耕文化景观和民俗文化景观。事实上，这些优质的旅游资源都依附在民族村寨之中，只是在某一村寨表现突出即作为该村的特色。随着千户苗寨西江的开发，巴拉河乡村旅游示范带的发展，环雷公山苗族文化旅游的规划，乃至侗族地区的肇兴、小黄、占里、三宝、大利等村寨的民族文化旅游开发，呈现出欣欣向荣的景象，但发展中也存在许多问题，影响了民族特色村寨向更深更高发展。

（1）深层次挖掘不足，导致开发粗糙。黔东南的民族文化旅游实际就是以黔东南的乡野村庄风光和民族文化为吸引物，以民族特色村寨为旅游活动场所，把游客作为旅游发展的目标市场。一方面为来自不同地域的民众提供观赏、体验、考察和学习“异质文化”的机会；另一方面又提供给这些游人娱乐、购物、休闲、度假场所。也就是说民族文化旅游是不同于传统的“走马观光”式旅游，而是需要通过在民族村寨这个场所，采用“参与”的方式来“体验”民族文化的魅力，来“感悟”民族文化的博大精深。这种形式的旅游在为游客提供新的休闲产品的同时，还对促进黔东南农业产业结构调整、增加农民收入、维护农村社会经济可持续发展具有重要意义，是推动广大农民奔小康的重要途径。但在现实的开发中，对民族村寨的文化挖掘不足，开发也处在简单的表象上，显得粗糙。以雷山郎德上寨为例，自然生态和文化生态为郎德上寨旅游发展的外延，独具特色的苗族文化则为旅游发展的内涵，村民为旅游的经营主体，“表演”和“展示”博大精深的苗族文化是他们发展旅游的主要手段，使“住农家屋、吃农家饭、干农家活、享农家乐”成为发展旅游的载体，而那些远道而来“感悟”和“体验”“异质文化”的游客积极通过参与苗族的衣、食、住、行、劳、娱、祭、信（信仰）等活动事项来“体验”和“感悟”苗族文化，从而实现旅游者增长知识、陶冶情趣的旅游目的。但从郎德上寨民族文化旅游基本框架“苗族迎宾礼仪——苗族服饰展示——苗族歌舞表演——农家乐”的现实来看，却是一种“被动”的民族文化“展示”方式，除“苗族迎宾礼仪”和“苗族服饰展示”属于该村独特文化外，“苗族歌舞表演”却是一个集全州各地苗族歌舞的“大杂烩”，既有台江的反排木鼓舞，又有丹寨锦鸡舞和芒筒芦笙舞，经过简单、粗糙的拼凑组合而成，从形式上看很热闹，并且在民族村寨旅游发展的早期也取得了一些效果，但实际生命力并不强，缺乏深度，缺乏竞争力。20世纪90年代末，在巴拉河边的南花村兴起了旅游，南花村完全采用了这个框架，并且他们有一个比郎德上寨好的条件就是离凯里近，自然就截住了郎德上寨客源，并且火爆了近10

年。随着2007年西江千户苗寨的打造，更多的客源被分流而去，郎德上寨和南花村就变得越来越清静了。这种粗糙开发就是郎德上寨旅游发展的“硬伤”，当然也是黔东南民族特色村寨旅游发展的通病。

（2）同质化开发现象严重，抑制旅游发展。黔东南州民族特色村寨开发存在的最大问题是同质化开发现象严重。以苗族民族文化村寨开发为例，在对苗族歌舞的展示上几乎都是相同的，基本都是以台江的反排木鼓舞、丹寨的锦鸡舞和芒筒芦笙舞、凯里苗族的讨花带芦笙舞、雷公山地区的苗族飞歌拼凑组成，南花村甚至还把其他民族的“竹竿舞”也生拉活扯的融入苗族歌舞之中表演。这样做带来的最大恶果就是游客到了南花村就等于到了黔东南所有的苗族地区，就提不起再到其他苗族村寨去“感悟”和“体验”的兴趣。不仅苗族地区是这样，侗族地区同样也存在这样的问题。游客在榕江的三宝侗寨观看了侗族青年男女的“行歌坐月”场景剧，来到侗族另一支系聚居的小黄寨可能还是看到相同的表演。试想，一个旅游者在相距近200公里的2个村寨获得同一种文化的认识，他的感受会是什么？由他的感受带来的宣传效应又将如何？造成民族村寨开发严重同质化的原因是多方面的，一是与黔东南旅游发展的整体规划和具体策划有关；二是与黔东南各县市急功近利，企图“打造”自己的“文化品牌”有关；三是与不同行政管理部门的职能导致对民族村寨的保护与开发的矛盾有关；四是与民族文化旅游主管部门人员素质有关，更与学界的理论研究与民族村寨开发的实践脱节有关。

（3）注重外在形式开发，忽视特色内容，旅游发展的后劲不足。黔东南民族村寨旅游发展基本属于粗放型，可以说处于一种初级发展阶段，存在只注重外在形式的开发，反而忽视了特色内容。在旅游开发的过程中缺乏对特色内容的深入挖掘，致使民族村寨旅游发展的后劲不足，这又是黔东南民族村寨旅游开发的又一大“硬伤”。比如村寨旅游发展中最常见的“农家乐”经营就是注重外在形式的典型，表现十分形式呆板，无论是经营理念，还是经营方式，甚至菜肴品种都基本是照搬照套，缺乏本民族特色，缺乏本村特色。巴拉河乡村旅游示范带上的南花村旅游开发始于1997年，不到800人的南花村在2004年旅游发展收入就达120万元，2010年旅游接待人数13.31万人次，实现旅游综合收入1300余万元，带动40余户农户从事旅游行业，其中“农家乐”经营户就有20多户。南花苗寨比郎德上寨的开发晚了10多年，“农家乐”的经营理念、经营方式乃至菜肴品种几乎都是从郎德上寨照搬过来的，雷同化倾向十分严重，旅游发展后劲不足。南花村的“农家乐”开发只注重“形式”而忽视“内容”，并且一味迎合游客的口味，忽视了“乡村性”和“地方性”，当巴拉河乡村旅游示范带上离凯里较近的一些村寨开始发展民族村寨旅游后，当政府集中投入打造西江千户苗寨后，当环雷公山苗族村寨文化旅游规划发展进来后，缺乏自己特色的南花村旅游遭到了沉重的打击：昔日游客“熙熙攘攘”，今日游客“三三两两”，南花苗寨在全州发展乡村旅游的热潮中却恢复了往日的宁静。随着游客的减少，南花苗寨缺乏特色的“农家乐”经营就出现了危机，在此进行“农家乐”消费的游客就则少之又少，陷入了“客源减少——留不住客——收入降低”的“恶性的循环”，“农家乐”已从经营户们的“主业”移到了“副业”的位子上，许多原来从事“农家乐”的经营户纷纷歇业。可见，民族村寨旅游产品未能深入挖掘民族文化旅游资源的文化内涵，照搬来的“经验”已经不能满足多层次游客求知、求真、求趣的需要，必然会步入民族村寨旅游的“瓶颈”，后劲显然就吃力了。

三、发展黔东南州民族特色村寨旅游的设想和建议

民族特色村寨开发可以见智见仁，但最终目的都是实现民族特色村寨旅游发展的可持续。民族特色村寨是黔东南民族文化与生态旅游资源的主要载体，具有很高的旅游资源价值。基于黔东南民族特色村寨旅游发展的现状，要做好民族特色村寨旅游发展，需要坚持立足本地、突出特色、合理利用、有效开发、全民参与、规范管

理，坚持“一村一品”和“人无我有、人有我优”，坚持分步实施、循序渐进的3大原则，抓住物质与精神两个文化领域的内容，把握旅游发展的模式。

1. 坚持三大原则

（1）立足村寨、突出特色、合理规划、有效开发、全民参与、规范管理。黔东南民族特色村寨开发是关系到黔东南的民族文化资源的可持续发展的开发，是整个黔东南“生态文明建设”的重要组成部分。因此，黔东南民族特色村寨开发，必须坚持“立足村寨、突出特色、合理规划、有效开发、全民参与、规范管理”的原则。

“立足村寨”就是坚持把展示的民族文化事项确立在本村寨拥有的范畴，突出属于本村寨的民族文化；“突出特色”就是要将那些本村寨所具有的有鲜明的民族特色和村寨特色的文化事项开发出来；“合理规划”就是要将本村寨具有的物质的和非物质的文化遗产加以合理地规划和开发，在利用中加以保护；“有效开发”就是对那些可以变成谋生手段的、变成社会生产力的文化事项进行有效地、有序地开发；“全民参与”就是在开发中最大限度地调动最广大的人民群众的积极性，让村寨里的人民群众参与到“民族特色村寨”的发展中来，最大限度地保证村寨群众的利益，最大限度地保证村寨群众在开发中得到具体的实惠；“规范管理”就是要建立健全和完善各种规范标准和规章制度，实现民族文化旅游管理的规范化和制度化。

（2）“一村一品”和“人无我有、人有我优”。坚持“一村一品”和“人无我有、人有我优”原则十分必要。以郎德上寨为例，必须充分利用郎德是国家级“文保单位”和国家级“生态博物馆”这个品牌，坚持“一村一品”；在开发中，对于那些巴拉河流域其他苗族村寨所没有的文化事项，要充分开发，做到“人无我有”；对于那些需要展示的巴拉河流域苗族共有的文化事项，要做到“人有我优”。只有这样，才能实现郎德上寨民族文化旅游的可持续发展。黔东南有如此丰富的民族文化，有如此众多的民族特色村寨，只有真正做到

“一村一品”和“人无我有、人有我优”，黔东南的民族特色村寨旅游发展才能做好。

（3）整体开发、分步实施、循序渐进。黔东南的民族特色村寨旅游发展是关系到黔东南的民族文化资源的可持续发展，是黔东南生态文明建设的重要组成部分，必须坚持“整体开发、分步实施、循序渐进”的原则。坚持“整体开发”就是要将每一个民族特色村寨的各种文化事项当作一个整体来加以规划和开发，要落脚到村寨实实在在的生活中。我们现在看到的“迎宾仪式”“歌舞表演”这种开发模式实际是与村寨的现实生活割裂开来的，如果在这种模式中充分融入衣、食、住、行、劳、娱、祭、信(信仰)等内容，就能更加全面、完整、准确地展示黔东南各民族各村寨的传统文化。“分步实施、循序渐进”是民族文化旅游开发必须遵循的一条重要原则。传统的民族文化是一条奔腾不息的长河，任何一个民族的文化，不应该也不可能在一次“开发”中就能全部“开发”，而是需要很好地把握“分步实施、循序渐进”的原则进行开发，才能永葆民族传统文化的魅力。

2. 抓住两个文化领域的内容

民族文化旅游的实质是精神体验和文化消费，旅游产品的灵魂是文化。黔东南大部分民族特色村寨都具有“露天民族民俗博物馆”的潜质，都存在物质文化与精神文化两个领域的内容。

（1）物质文化领域以衣、食、住、劳、娱等文化事项充分展示民族特色村寨的魅力。黔东南民族特色村寨旅游发展必须深入挖掘各民族的衣、食、住、劳、娱等文化事项的文化内涵，运用适当的形式充分展示民族文化与民族村寨的魅力。黔东南苗族的服饰堪称苗族人民的“无字的史书”，是苗族历史与文化的载体，在一些村寨的旅游发展中对其进行全面展示，包括纺纱、织布、印染、挑花、刺绣等制作过程，对于了解苗侗民族文化具有重要的意义。在雷公山上的乌东苗寨，一间有几百年历史的水碾坊保存相当完好，至今还在使用，水碾坊的使用和维护有村民自定的规矩，挖掘这一文化事项可让游客充分了解苗族的传统生活，了解苗族管理社会的方式。民族的饮食文化是民族文化的重要组成部分，苗族的"吃转转饭"和侗族"为顶为嗨"习俗，是体现苗侗民族凝聚力的重要方式，在民族特色村寨旅游发展中，可将这种习俗开发并应用到"农家乐"经营中，一来可体现苗侗民族文化特色；二来能加强游客的文化体验。除了最能让游客直观感受的民族歌舞外，还可开发更多的娱乐文化，比如社交活动，象苗族的"游方"活动，侗族的"行歌坐月"等。通过传统的形式来展示各民族传统的伦理道德观念和婚姻家庭观念。

（2）精神文化层面重点开发民族的祭、信（信仰）等文化事项，充分展示民族精神文化内涵。黔东南各少数民族历史以来崇尚自然，爱护自然，无论是村寨的寨容寨貌，生产生活方式，还是村寨里人们朴素的信仰方式，无不体现"万物有灵"的思想，并在这种思想的制约下，保持了"人"与"自然"的和谐发展。黔东南民族村寨精神文化内容极其丰富，在尊重各民族信仰文化的前提下，可把诸如"树爹""岩妈""敢当石""祭桥""招龙""扫寨""吃鼓藏"等文化事项和文化仪式加以开发，把博大精深的黔东南各民族文化展示出来，成为发展旅游的优质内容。

3. 把握发展的模式

黔东南民族特色村寨旅游发展除了村寨的自然风光外，还必须依赖民族的特色文化。目前旅游开发的基本框架依然停留在"民族迎宾礼仪"+"民族服饰展示"+"民族歌舞表演"+"农家乐"这种发展模式中，可以说是"被动展示"民族文化的旅游发展模式。这个模式的突出特征就是典型的"表演付费制"，即"付多少费就表演多少内容"的量体裁衣的表演模式，作为"表演者"的民族文化持有人与作为"观赏者"的游客之间的关系是赤裸裸的利益关系、金钱关系，导致"表演者"是在"表演"而非"展示"，特别是表演场次多时，表演者面部表情麻木，表演动作机械，场面死气沉沉。实践证明，这种模式已进入发展的"瓶颈期"，必须要突破。比如，可将"表演收费制”改为“门票制”，将“民族歌舞表演制”改为“民族文化展示制”。也就是说实行“门票制”下的民族文化“展示”模式，采取定位、定时、定人，可将村寨旅游项目划为几个板块进行展示，如服饰制作、生活礼仪、歌舞互动、宗教信仰等，即为“定位”；以固定的时段展示为定时，如“游方”“行歌坐月”规定在傍晚，即为“定时”；而“定人”并不是固定为某人，而是以轮换的方式确保文化展示区有人，既能保持村民原有的文化心态，即不以表演为形式而是更加生活化，又能最大限度地照顾到全体村民，便于调动和发挥积极性，还能避免展示程式化，避免“表演”的痕迹。

总之，黔东南各民族特色村寨内容丰富，价值高，是黔东南民族文化与生态旅游的重要资源，采用最适合的旅游发展模式，把握特色，充分挖掘，实现民族特色村寨旅游可持续性发展。

参考文献

［1］贵州省旅游局：《 2006——2020贵州乡村旅游规划》，贵州人民出版社2007年版，第209～213页。

［2］黔东南州旅游发展和风景名胜管理局："黔东南州民族文化旅游发展概况"，载//.http://www.qdnrm.com/a/redianzhuanti/2013/0704/96263.html。

［3］"南花苗寨"，载凯里市人民政府网站，http://www.kaili.gov.cn/page.jsp?urltype=news.NewsContentUrl&wbnewsid=184076&wbtreeid=17055。

寨沙旅游侗寨的社区参与运营模式研究❶

张　旭

❶ 此文系基金项目：铜仁职业技术学院人文社科研究项目“贵州江口县寨沙侗寨社区旅游与社区参与”（12tzsk–017）阶段性成果

关键词

民族村寨旅游　社区参与　文化保护

作　者

张　旭

中南民族大学2012级博士研究生

铜仁职业技术学院讲师

主要研究南方民族历史与文化遗产

湖北武汉

邮　编

430074

以贵州省江口县寨沙侗寨为个案，在田野调查的基础上，对寨沙侗寨“公司主导型”旅游参与模式做了介绍，探讨了“公司主导型”旅游参与模式对寨沙侗寨社区的积极影响和存在的问题及其原因，为民族村寨旅游中社区参与模式的探索提供借鉴。

民族村寨旅游是指“以少数民族乡村社区为旅游目的地，以目的地人文事象和自然风光为旅游吸引物，以体验异质文化，追求淳朴洁净、满足‘求新、求异、求乐、求知’心理动机的旅游活动”。[1]它既属于民俗旅游范畴，又具有乡村旅游和生态旅游的特征。[2]从环境角度来看，村寨既是旅游者的主要活动空间，同时也是当地居民的日常生活空间。从社区的角度看，少数民族村寨往往在政治、经济上处于相对弱势，在文化、环境上更加脆弱。因此，民族村寨旅游肩负着社区居民脱贫致富和民族文化传承保护的双重责任。[3]贵州省江口县的寨沙侗寨就是近年来利用社区参与旅游发展方式开发民族村寨的案例之一，自2010年以来，当地政府积极探索民族村寨旅游发展的有效方式，由于采取“政府引导下的公司化”旅游开发模式，公司在旅游规划、管理、收益等方面起到了主导作用，对促进社区经济发展和保护传承传统文化都起到了很大作用。

一、从传统走向旅游开发的寨沙侗寨

寨沙侗寨是贵州省江口县太平镇的一个传统自然村寨，全寨共有84户304人，其中侗族236人，占全寨人口的74.4%。江口县的侗族大部分由天柱、新晃迁入，现总人口约24 000人，主要分布在坝盘镇、怒溪镇、桃映镇、闵孝镇、官和乡、太平镇。因迁入江口时间、聚居程度、交通情况等因素不同，与其他民族的相互交融、影响深浅不一，导致了各地侗族风俗习惯的不尽相同。寨沙侗寨地处武陵山主

---

❶ 参见罗永常：“民族村寨旅游发展问题与对策研究”，载《贵州民族研究》2003年第2期。

❷ 参见罗永常：“试论民族村寨旅游的特征与开发原则”，载《黔东南民族师范高等专科学校学报》2005年第6期。

❸ 参见刘韫：“困境与选择：民族村寨旅游的社区参与研究”，载《青海社会科学》2008年第2期。

峰脚下，在联合国“人与生物保护圈”、国家自然保护区、佛教名胜——梵净山南大门口，处省级风景名胜区太平河畔，距江口县城15公里。因其良好的交通地理位置和生态环境，为了扩大梵净山旅游圈及其影响力，在积极推进农村社区建设的背景下，寨沙侗寨被规划开发为民族旅游村寨建设示范点。

近年来，该民族村寨群众积极支持梵净山旅游发展，土地多被征用于旅游基础设施建设。为解决群众失地返贫问题，寨沙侗寨群众在县乡党委、政府的领导和支持下，依托梵净名山和佛教文化苑对外旅游优势，结合梵净山乡村旅游接待旅客需求，在寨沙原址上高起点规划建设占地110亩的百户侗寨新村，探索侗寨人民失地后仍然实现增收致富的新的产业路子。整个侗寨按照庭院式错落布局，侗家农户以石板巷道和流水景致相连，融入侗族文化元素的侗寨建筑风格特点，与梵净山佛教文化苑金佛殿遥相呼应，浑然一体。该示范点总投资4300多万元，其中政府投资2300多万元，群众自筹2000余万元。现已建成78户侗家木楼，后山旅游公路，侗寨寨门，侗寨吊桥，寨内2500㎡大型文化广场、民族风情表演场、侗家钟鼓楼、民族博物馆、侗家食坊和1500米长、3米宽的流水景致、旅游公厕等基础设施。

目前全寨从事乡村旅游农家乐68户，有乡村旅游从业人员272人，占总人数的88.32%，每日可接待800余名游客的吃、住。通过发展侗族文化旅游产业，侗寨群众可实现年户均增收2.1万元以上。寨沙侗寨其优越的地理条件、自然环境和区位优势都得到最大限度的彰显，成为江口县旅游发展的一个重要支点。

二、寨沙侗寨“公司主导型”社区参与旅游模式

（一）采用“公司主导型”社区参与模式背景

社区参与旅游发展是指“把社区作为旅游发展的主体纳入旅游规

划、旅游开发等涉及旅游发展重大事宜的决策、执行体系中，社区参与旅游发展被作为旅游可持续发展的一个重要内容和评判依据。”[1]在旅游开发和管理的过程中，由于政府、社区、开发公司等在旅游参与中的利益、角色与利益制衡，寨沙侗寨首先排除了依靠外来投资商的思想，从2010年以来，为了迎接第五届旅游产业发展大会在梵净山召开，进一步提升江口县的城市旅游形象和最佳旅游目的地的知名度，江口县委、政府采取“政府投入一点、县直部门帮扶一点、群众自筹一点”的方式，整合资金6000多万元，对寨沙侗寨进行了统一的打造，结合梵净山乡村旅游接待需求，在寨沙原址上规划建设占地93亩的百户侗寨新村，整个侗寨按照庭院式错落布局，侗家农户以石板巷道和流水景致相连，融入侗族文化元素的侗寨建筑风格特点，并对侗族房屋、民族风情表演场、侗家钟鼓楼、民族博物馆进行了新建和改造包装。然而在当时征求群众意见过程中，群众参与积极性不高，配合力度不强，一部分老年人还持怀疑态度，政府在推进过程中受阻，为此，迫于压力，该村推选群众公认的带头人成立了旅游合作社，广泛发动和宣传群众参与。由于在建设过程中政府资金的有限性、在管理过程中群众参与的被动性、群众对政府行为的不信任，以及在旅游实施过程中群众之间哄抬物价、恶意竞争等现象的萌发，在2013年由县政府成立了寨沙旅游公司。

自2013年成立寨沙旅游公司以来，公司既可以在政府的引导下顺利地向金融机构贷款进行村寨建设，又可以有效联系村寨成立的旅游合作社，有力地补充了政府职能。寨沙侗寨实行公司化运作是基于理顺政府与群众之间的关系提出的，但是寨沙旅游公司也是当地政府注资成立的，其主要功能职责就是按照政府的旅游发展思路，由公司来牵头运作，公司负责为当地的旅游模式问诊把脉，对当地旅游市场进行统一的营销、统一策划、统一运营，群众自发参与到旅游合作社组

---

[1] 参见吕君：“我国社区参与旅游发展研究的脉络——旅游可持续发展的路径抉择”，载《内蒙古财经学报》2010年第4期。

织中，采取“政府指导、公司主导、合作社管理、群众参与”的社区旅游新型模式。

（二）公司主导旅游规划和定位

自2010年第五届贵州省旅游产业发展大会以来，寨沙侗寨依托梵净山被列为民族旅游重点开发村寨。2008～2020年的江口县旅游产业发展纲要指出，“建立以生态保护为前提，以梵净山为依托，以体验观光、山地度假、生态旅游、户外运动为支撑，以乡村旅游、探险旅游、佛教旅游为补充的，融小城镇建设、生态新农村建设、文化产业于一体的大旅游产业体系，旅游产业将成为江口县的主导产业”。公司在2013年进入寨沙以来，根据该纲要，将寨沙侗寨旅游产品形象定位为“月上寨沙，百户侗寨”，并专门制定《江口县寨沙旅游发展策划》，对寨沙侗寨的空间作了总体规划、控制规划和详细规划。力争在2016年前将寨沙打造成国家3A级景区，并进行规范化经营和管理，提升寨沙民族村寨旅游品牌，把寨沙打造成民族村寨旅游精品示范点。

（三）公司主导村寨旅游形象建构

“旅游形象是在人们心目中对旅游目的地的感知印象，是旅游对外宣传的主题。”[1]“旅游特色形象是一个旅游地脱颖而出、拥有竞争优势的重要条件。”[2]寨沙公司主导寨沙侗寨旅游形象的建构与宣传，融入侗寨民俗文化元素，从榕江县聘请侗族文化原生态表演专职人员来担任培训教师，定期组织村民进行农家乐厨师、服务礼仪、歌

---

❶ 参见孙美璆、李天翼：“西江千户苗寨‘政府主导型’民族村寨旅游开发模式及其成因分析”，载《贵州民族学院学报》2012年第4期。

❷ 参见程金龙：“我国旅游形象研究的回顾与展望”，载《旅游学刊》2004第2期。

舞文娱等培训，重点打造《侗族大歌》《敬酒歌》《芦笙表演》《踩堂舞》等民俗文化节目，迄今，一个集民俗风情、民族风情、自然风情、农家田园风情于一体的寨沙侗寨已基本形成。目前，公司运作的“月上寨沙”大型情景歌舞剧，将自然风光与侗族文化完美结合，已初步形成该地文化旅游产业品牌，在五一、中秋、国庆等旅游黄金周期间表演高达100多场次。

迄今，寨沙侗寨已为第五届贵州省旅游产业发展大会、铜仁市第一届旅游产业发展大会、全国环梵净山自行车挑战赛、全国武陵山经济协作会议等各项国家、省市级大型会议提供了侗族特色食宿服务。寨沙侗寨成功成为环梵净山“金三角”休闲旅游的有效补充，成为展示武陵山侗族村寨民族文化的亮丽舞台。

（四）公司主导旅游管理

自2010年第五届贵州旅游产业大会在梵净山召开以后，寨沙侗寨的旅游管理逐步从政府主导走向了公司主导的方向。其职责主要涉及四个方面：（1）建设主题客栈：引进外地有成功经验、先进理念的酒店管理人员对合作社酒店以及不加入合作社的农户指导建设乡村客栈、餐馆、酒吧，提升整个寨沙品味，更广泛吸引客源。（2）加大环境改造：一是利用寨沙大门改造游客服务中心；二是公共设施美化；三是庭院绿化改造；四是设立侗族美食摊点。（3）组建专职演出队：从房屋出租后的农家和喜欢文艺演出的人群中挑选人员培训成立20人固定演出队，在周五及周末晚固定举办“月上寨沙”篝火晚会。（4）做好宣传营销：一是统一“月上寨沙”品牌；二是充分利用网络媒体订餐订房；三是加强与梵净山、亚木沟等景区及旅行社合作，承接专列游客。

此外，公司成立旅游专业合作社，下设客房管理部、餐饮管理部和游客服务中心。具体人员构成即聘请3名酒店管理专业人才，下设客房管理部：经理2人，员工10人；餐饮管理部：厨师2人，员工

8人；游客服务中心：向导2人，保安2人，工程维修人员2人，共计员工28人，除高级管理人员3人外其他员工以寨沙村民为主（强化培训）。大型团队接待时所有员工统一公司调度。

（五）公司经济运作方式

公司为了自身发展壮大的需求和管理社区居民参与民族村寨建设的目的，示范性带动社区居民通过民族村寨旅游实现增加收入的目标，制定了一系列优惠政策和工作措施。如为打造“月上寨沙”主题客栈乡村旅馆群，公司租用农户12栋房屋，装修客房90间。把现有闲置的小学改造为“知青农场”集体食堂，接纳200人以上大型团队集体用餐，同时具有乡村音乐酒吧功能。从房屋出租后的农家和喜欢文艺演出的人群中挑选人员培训成立20人固定演出队，在每周五及周末晚固定举办“月上寨沙”篝火晚会。具体经济情况包括以下几个方面。

一是建设资金投入共176万元，其中大门游客服务中心（含接待前台、内外装修、办公设施）改造8万元。房屋租金40万元：4栋新房前两年免租金，其余8栋房屋租金40万（所有房屋租用合同期为10年）。新楼装修及旧客栈改造94万元：4栋新房装修费用70万，8栋提级改造合24万元。小学改造为“知青农场”34万元：旧厕改为旅游公厕10万元，7间教室、4间办公室维修11万元，外墙装饰5万元，厨房建设及餐桌、餐具购置5万元，乡村音乐茶座建设3万元。

二是人员工资支出89.6万元。篝火晚会演出队（20人）12万元：年保底工资500（元/月）×20（人）×12（月）=12万元。公司管理人员：村寨公共卫生保洁员2人，音箱播放保管人员1人，协会工作人员3人，停车场工作人员2人，游客服务中心工作人员2人，共10人，每人月工资800元，合9.6万元。合作社员工工资：客房高管2人，人均年工资5万，合10万元，2名厨师人年均工资6万元，合12万元，其余23名员工人均年工资2万元，合46万元，共68万元。

三是客房收入：12栋房屋90间标准间客房，按年入住率35%计算，中档客房收费120元/间计算，可收入152万元，除去损耗、维护、水电费用可收入120万元左右。

四是餐饮收入：根据梵净山旅游的周期和江口暑假旅游人数分析，在做好梵净山景区、亚木沟景区大型营销活动接待的同时，做好政府各部门旅游接待和地接旅行社的团队接待，推出江口侗家特色美食和涮萝卜猪、中华鲟特色餐饮等，力争日接待游客100人，月均接待餐饮客人3000人次左右，全年按9个月计算可达2.7万人次，按人均消费纯利15元计算，纯收入可达40万元。

五是村寨公共卫生管理费，每个经营户年缴纳1000元，可收入约6万元，停车费可收入5万元，合计11万元。

2013年公司收益171万元，除去人工工资外，纯收入82万元。2014年预计纯收入130万元，两年可收回成本，第三年开始盈利。由于公司的运作，解决了接待大型团队难、组织举办月上寨沙主题晚会散、管理环境卫生秩序差等问题。

三、“公司主导型”社区参与模式对社区的积极影响

（一）对社区经济的推动作用

在公司的示范带领下，寨沙侗寨84户已经有68户开办“农家乐”，可实现2000余人同时就餐；84户都可以接待过夜游客，全寨接待床位800余张。此外，寨沙侗寨乡村旅游发展带动了寨沙基础设施建设的加速，使寨沙及周边村寨环境卫生和村容村貌得到明显改善，农民思想观念和文明程度明显提高。同时，寨沙侗寨乡村旅游发展是环梵净山景区吃、住、行、游、购、娱的有效补充，寨沙侗寨成为推动梵净山大旅游产业不断向前发展的有力源泉。

由于公司在村寨建设的过程中投入了大量资金用于基础设施建

设，并有专门用于公共服务和改造的项目，如对群众农家乐和旅馆进行立面改造，对村寨路灯、保洁等进行统一管理。具体到社区每户居民，只需要每年缴纳卫生费10元/人，加入旅游协会的缴纳会员费每年50元/人，每年旅游协会的收益按人头平均分配。所以社区居民的旅游经济收入由这样几块组成。

一是会员参与公司运营管理工作获取的工资收入，公司运营管理工作岗位优先考虑加入旅游协会的会员，经过岗前培训获得上岗资格。由于每个寨沙侗寨的社区居民都有权利加入旅游协会，根据不同年龄不同性别按人力资源需求分配工作，所以每家会员参与的人越多，收入也就越高。

二是乡村客栈和“农家乐”餐饮接待。目前，寨沙侗寨从事农家乐经营的农户有68家，床位800余张，基本具备吃住游一站式的服务接待能力，但是到每年五月至十月酷暑季节和黄金周，游客爆满以至于无法满足所有客人的入住需求，没有开办农家乐的人家也可留客住宿和提供餐饮接待。由于每家客栈地理位置、开办时间长短和卫生条件、配套设施的不同，每家收益也不尽相同，据统计，开办客栈和餐饮两项的人家年均收益为10万元。

三是旅游商品销售。目前寨上共有18户人家进行旅游商品销售，销售商品种类为当地土特产和手工艺品，如梵净山野生藤茶、梵净山原生态蜂蜜、梵净山山野菜、朱砂工艺品、紫袍玉带石工艺品、国画石、根雕、银饰等，每户年均收入为8万元。

四是加入公司化旅游合作社的社区居民年分红收入。每年年底，合作社除去人员员工工资和办公损耗的收入盈余，按会员人头进行分红，由于合作社员工均为社区居民，每项收入和支出明细会员都较为了解，社区居民都纷纷加入会员并增加了对公司化旅游合作社的信任感。目前合作社年人均分红为0.8万元，每家入会的人越多收入越高。

从公司主导社区参与寨沙侗寨旅游运营的情况看，公司在实现带领群众致富的同时，保证寨沙侗寨公司化运行正常，逐步实现整个侗寨一体化管理经营。社区参与旅游发展的模式没有统一的标准，应根据当地社区的实际情况，因地制宜，结合产业结构调整进行开发，主要目的是为了实现当地文化的保护和持续发展。寨沙侗寨由公司主导型的乡村旅游发展模式，使寨沙农民向非农领域转移，加快了脱贫致富的步伐，产业结构得到优化和调整。通过公司运作，寨沙侗寨已经逐渐实现从传统的农业转变为经营现代旅游业的经济发展模式。

（二）对社区民族文化的复兴作用

民族村寨的主要吸引力在于民族传统文化，旅游开发首先应树立“文化至上”观，在对传统文化进行挖掘、保护、传承的基础上做好文化旅游产品开发的文章，真正将民族文化的资源优势转化为经济优势。[1]

在寨沙侗寨的旅游开发中，也不可避免地出现了文化商品化、文化舞台化的问题，但是以“公司主导”为社区参与模式的寨沙侗寨对传统文化的传承与复兴，以及对拓展传统文化的生存空间都产生了更加有效而积极的影响。

一是促进了传统文化的传承与复兴。寨沙侗寨位于武陵山的主峰梵净山脚下，与土家族、苗族等村寨呈“大杂居、小聚居”的状态分布，且受土家族影响较大，汉化程度较高，也融合了如土家族等其他少数民族的文化习俗，特别是青壮年和儿童对本民族文化的了解知之甚少。在开发民族村寨旅游的刺激作用下，许多已被“遗忘”的传统又被激活，村民们对本民族文化的热情高涨，公司特从榕江县请来了侗族歌舞能手、鼓楼修建工匠和制作侗族服饰的能工巧匠们来到寨沙侗寨进行传统知识的培训。在笔者田野调查期间，发现寨沙侗寨的妇女们都制作了自己的传统民族新服饰；很多外出打工的青年人都返回村寨学习传统技艺，如牛腿琴等；就连小学生

---

[1] 参见罗永常：“文化经济背景下的民族村寨旅游开发”，载《思想战线》2006年第4期。

都利用暑假在学习唱侗族大歌。由于社区全民参与旅游，寨沙侗寨在旅游开发的过程中人人都能受益，每个村民也都自觉的参与到保护本村文化中来。为了加强本村文化保护，经过全体村民讨论，2011年村里还制定了《寨沙侗寨村规民约》，对寨容寨貌、民俗景观做出了重点保护的要求和责权奖惩规定。由此我们可以看出，“在对民族文化的开发利用中，人们就既是在延续过去，又是在使过去在现在中得到呈现，是在建立一种制度”。[1]

二是拓展了传统文化的生存空间。文化的保存只有在文化传统与活生生的生活实践相结合中才能实现，在寨沙侗寨发展旅游的个案中我们发现，旅游不仅没有让濒临灭绝的传统文化消失，反而还极大地拓展了民族文化的生存空间。虽然这些文化空间和文化存在是为了旅游参与，为了赚钱，但是却起到了维持文化传统的客观事实，特别是对传统文化的传播起到了重要作用。“民族地区居民是优秀民族文化的创造者和继承者，对民族文化的内涵体会最深。民族传统文化往往通过村寨建筑、构筑物、传统工艺品、服饰、家居、饮食等物化形态的民俗以及生产过程、人生礼仪、岁时节日、信仰、歌舞、游戏等非物化形态的民俗得以全面、系统的展示。民族文化的保护和传承依赖当地居民，民族地区的旅游才能够得到持续发展。”[2]社区居民随着在旅游发展过程中参与程度的提高，将会逐渐认识到良好生态环境和民族传统文化对发展旅游的重要性，也正是在这种过程中，“民族文化中的物质、制度、观念文化才获得了一个能够继续发展的场所”。

---

[1] 参见马炜、陈庆德：《民族文化资本化》，人民出版社2004年版。

[2] 参见李辉、王生鹏：“民族地区社区参与旅游发展现状与对策研究”，载《西北民族研究》2008年第3期。

四、“公司主导型”社区参与模式存在的问题、原因及对策分析

（一）“公司主导型”社区参与模式存在的问题

自寨沙侗寨采用“公司主导型”社区参与模式开发村寨旅游以来，在短短的两年时间推动了经济和文化的繁荣，但是还有一些隐藏在繁荣背后的问题不得不引起我们的关注。

一是村民对“新传统”的文化认同问题。按照贵州省侗族的地域划分，侗族分为南侗和北侗，北部侗族受外来文化影响比南部深，所保存的传统文化比南部少，如鼓楼文化和风雨桥等都基本消失。寨沙侗寨就属于北侗地区，且有着鲜明的“北侗”特色，即“在每个发展阶段，总是以本位文化为基础，大量的吸收、融汇异质文化的精华，其民族文化的实质始终以强大的向心力保证在侗族社会中传承，然后进入一个新境界。”但是，在被贴上了民族旅游村寨的标签后，为了打造所谓的“旅游吸引物”，公司在规划中按照南部侗族著名的文化标志给寨沙侗寨新建了鼓楼、风雨桥，教村民们唱侗族大歌、弹牛腿琴。南部侗族与北部侗族在文化特质上存在明显差异的原因有学者归结为明清时期分化，由自然环境不同、行政区域引导和外来文化的影响等造成。那么，北侗现在回过头来寻回、继承自己失落了的传统文化是对的吗？北部侗族并不是没有文化，而是拥有与南部侗族不同的文化，“讲款艺术、说唱艺术、行歌坐月、侗戏等在南部地区十分盛行，而北部地区却几乎难见。吹芦笙、唱大歌、踩歌堂、祭萨等也主要流行与侗族南部地区。而盛行于侗族北部地区的玩山赶坳、讲诵垒词、表演跳戏、傩戏等在南部地区却不多见”。[1]

如鼓楼在南侗文化中有其聚会议事等重要社会功能，北侗在其

[1] 参见邓敏文：“略论侗族南北文化差异的历史根源”，载《民族论坛》1986年第2期。

历史发展的过程中，这些功能性已被其他场所所替代。南北部侗族的文化现已各成体系，在北侗中人为地介入南侗的文化，教予北部侗族那些失落的传统文化会不会破坏现有的生存空间？寨沙侗寨的“新传统”无疑增加了旅游亮点，但在村民的生活中这些“新传统”只是一个可以吸引游客和增加收入的工具，并不是一个活的文化，很难成为生活的一部分。

二是传统文化的持续性问题。政府在建设新农村和打造民族旅游村寨的过程中，花巨资打造的文化特色无疑是一种政绩工程，一旦这些工程对政府失去了价值，公司和老百姓在旅游经济的投入和产出中不能盈利的时候，谁又来为这些昂贵的修缮维护费用买单？长此以往，文化保护的初衷将会变成文化破坏行为，造成文化凋零的现象。

三是社区参与度的问题。在公司主导的社区参与模式下，村民表面上参与了各种与旅游相关的事项，但是在旅游规划、决策、分配中，都是公司在主导，没有谁在意村民想把自己的村寨建设成什么样子，也没有谁问过村民的传统是什么，这样在公司制定的各种规定下的参与是一种村民被动的参与、表象的参与。

（二）产生“公司主导型”社区参与模式问题的原因

由于侗寨南北分化的历史原因，寨沙侗寨民族旅游村寨开发的过程中出现的几个问题，究其原因主要是以下几个方面。一是对传统文化理解的片面性。由于民族旅游开发主体追求社会效益的主要目的，盲目对小黄、肇兴等侗寨建设模式的生搬硬套，片面理解了传统文化的发展规律，忽视了民族文化的深刻内涵，放弃了文化主体的主观意愿，人为切断和嫁接了两种文化生态链级，破坏了现有的文化生态空间。二是短期目标规划中的功利性。在寨沙侗寨旅游开发的过程中，开发主管部门为了特定任期内呈现开发效果，社区为了争取更多的建设资金，只有由公司主导协调各方利益在短期内达到最优，但是这样的平衡三角一旦一方的利益诉求有变，如政府将资金转向打造其他的政绩工程，公司对利益追求的越来越大强势侵占了文化资源，村民这样一个弱势群体该何去何从，前期建构的传统文化便不能得以持续。三是社区参与发展中的过程性。我国社区参与的模式还处在实践的初级阶段，纵观民族村寨旅游开发的案例，无论是西江的“政府主导型”还是朗德的“工分制”群众自主型，在社区参与环节、参与度的意义与价值上都各有利弊，在现阶段，寨沙侗寨的群众缺少文化自觉，被动参与社区旅游，造成公司为群众代劳、为文化做主的现象。但是寨沙侗寨“公司主导型”在社区参与的发展中积极探索了民族村寨旅游开发的有效方式，为下一步群众更广泛、更深入参与旅游发展建设奠定了基础。

（三）解决“公司主导型”社区参与模式问题的对策

针对寨沙侗寨在社区旅游开发过程中运用“公司主导型”社区参与模式出现的问题，应从以下几个方面注意调整。第一，加强本民族文化的学习，提高村民文化自觉。随着对外交流与区域开放程度的加深，寨沙侗寨也受到“他者”文化的影响，在建构旅游侗寨的过程中，借鉴太多“标签”性的特色，不知不觉地忽略了自身文化的精髓，找不到寨沙旅游侗寨的“特色”所在。加强本民族文化的系统学习，定期开展“民族文化进社区”活动，组织文化部门、科研高校民族学方面的老师进行“侗族历史和变迁”“南侗和北侗的分化和发展”等系列讲座，有助于村民认识自我，提高村民的主人翁意识。通过对本民族文化的自觉与反思，整合村寨文化的历史处境与现实处境，注重民族文化与区域文化的特色，从而找到自身的发展定位，为保护和发展自己的村寨奠定基础。第二，逐步完善村寨自身的造血机制，递减对外来输血的依赖。寨沙侗寨在建设旅游侗寨初期已经由政府及各单位部门帮扶完成了改造建设工程，也在“公司主导型”的社区参与模式下完成了启动运行，目前村寨旅游合作社运转良好，村民“谁参与谁受益”。在目前的大好形势下，村寨旅游合作社应考虑从各项旅游收入中抽取适当比例的资金，储备“寨沙侗寨旅游建设基金”专款，用于未来对旅游村寨公共物品的修缮，主动递减对政府及外来资金的依赖，加强自身造血机制的培养，内化资金运行系统，变“输血”为“造血”。第三，积极发挥村民精英的带头作用，完成村民自治下的“公司主导型”过渡。村民精英即是本民族的文化精英，比普通村民更具有文化意识和现代意识，相对于外来旅游投资者来说，村民精英又有保护自己民族文化的责任和意识、建设家乡的无私奉献精神，会以长期的、发展的眼光来决策村寨的发展，而不是单纯以谋取“最优经济效益”为目的，所以村民精英才是发展旅游特色村寨的最佳带头人。目前，针对“公司主导型”社区参与模式的人员来看，未来可能存在外界力量越来越多控制公司和村民自治公司两方面的博弈。在培养人员方面，应更多提供给村民各种学习资源，逐步培养村民精英作为主要领导，增强村民在决策、分配、参与等各个事项上的话语权，继承“公司主导型”社区参与中良性的运作机制，完成村民自治下“公司主导型”过渡。

五、结　语

对于民族地区而言，要追求经济效益、环境效益和社会效益协调统一和最优化，民族村寨旅游的开发不失为一个发展策略。一个可持续发展的民族村寨旅游项目的开发必须依赖于当地社区居民才能得以实现，如果社区旅游项目的开发只能让部分人受益，特别是损失了当地人的利益，那么必将影响社区本身的发展，而且还会出现“多克西”现象，即一个社区的居民对旅游的态度往往会经历喜欢、淡漠、愤恨、抵抗和排斥几个阶段，最终导致旅游活动的难以持续和推进。“对特色村寨的发展，是对其文化、经济、社会等方面的总体发展，发展能够造成村寨自然生态与文化生态的更好地保护与传承。从这个意义上说，发展的结果促成了保护。”[1]“特色村寨保护与发展的本质内容是村寨传统民族文化的保护与传承。而对村寨传统民族文化保护与发展的主体应该是村寨的主人——村民，保护与发展自己的村寨是他们的责任与义务。”[2]对于民族村寨的旅游社区而言，发展旅游是实现社区发展的手段而非目的，社区的全面可持续发展才是社区的最终发展目标。旅游开发并非只有一种模式，寨沙侗寨的“公司主导型”社区参与模式不失为我国民族村寨旅游开发中社区参与的一个鲜活案例。

---

[1] 参见龙晔生：“文化自觉与特色村寨的保护与发展——以湘西土家族苗族自治州为例”，载《民族论坛》2012年第8期。

[2] 同上。

贵州民族村落文化景观保护与开发对策研究

吴乔明 吴佺新 龙江英 王朝龙

作 者

吴乔明
贵州绿野山地资源保护与开发研究中心研究员
贵州省林业学校高级讲师
贵州省贵阳市

吴佺新
黔东南州文化研究所所长
贵州省凯里市

龙江英
贵阳学院
贵州省贵阳市

王朝龙
贵州省林业学校
贵州省贵阳市

邮 编

550004

556000

550004

550201

一、贵州山地环境与民族村落文化景观

贵州是一个多民族的省份，境内现有49个民族成分，少数民族约占全省总人口的38%，其中有苗、布依、侗、土家、仡佬、彝、水、瑶等世居民族17个，是一个拥有两千多年汉文化、苗瑶族群文化、百越族群文化、氐羌族群文化的汇集区。贵州少数民族分布范围广，呈成片聚居或交错杂居状态。贵州地处云贵高原东部，居长江、珠江两大河流上游的分水岭地带。山地面积占土地面积的87%，丘陵占10%，坝地仅占3%。因此，民间俗语常将贵州自然环境特征概括为“八山一水一分田”。千百年来，贵州各民族人民因对于这一世代赖以生存的自然环境的认识、适应、利用、改造而创造了丰富多彩的各民族文化，因对于这些山地资源的独特利用、开发而形成了多种类型、多种形态的山地经济（生计），也因据古官道/航道聚落、依山（水）就势聚族群呈成片聚居或交错杂居而形成了三里不同俗、十里不同风的富有个性的村落文化景观。

在贵州境内，各民族的分布具有一定的地域性、区域性，各民族有其特有的生存环境与生活方式，特定环境是民族传统文化生成和保持的土壤。如今，散落乡间的民族古村落，除了具有独特而成规模的物质文化遗产（如民居、楼阁、庙宇、祠堂、戏台、桥梁、道路、碑刻、水井、作坊等），也相应地蕴藏着独特而丰富多彩的非物质文化遗产（山水传说、民族史诗、口头文学，建筑技艺与工匠、民俗节庆、民居民俗、村落传统、民间表演、民俗技艺等）。许多古村落还保存了山川林木、鸟兽虫鱼的自然生态环境，一些村落的名木古树堪称活的文物珍宝。这些自然生态加上传统文化，构成了富有特色的民族村落文化景观。村落承载着流动的、鲜活的民族传统文化，是民族传统文化保护、养育、传承的载体，更是民族传统文化在当代创新和发展的平台。简言之，村落是民族文化的“贮存活体”，村落文化是民族文化的“贮存单元”，若干“贮存单元”的叠加就构成了村落文化景观——“活着的文化遗产”。

二、传统建筑与村落文化的关系

由于受自然生态、意识形态、审美情趣、宗教信仰等诸多因素的影响，许多具有共同文化特征的特殊群体——民族，在贵州这片多情而又质朴的热土上，倾心营建不同风格而又彰显民族文化特性的标志性建筑。村落文化景观包含了自然基底、人工环境及乡村的环境观、道德观等，同时具备了物质文化遗产与非物质文化遗产的特质。其中，兼具两种特质的民居建筑（外观）及其技艺（内核），在村落文化景观中占据相当的位置，几乎成为村落文化景观的主角色。事实上，村落建筑正在成为乡村旅游中重要的“文化可进入性”因子。

村落建筑，作为一种文化现象，其外壳是物质性的人工自然物——物质文化形态，其内核是被物化了的人的世界观、价值观、审美观、信仰崇拜等——观念文化形态，其中间结构联系是社会的组织、经济体制、规范章法等——制度文化形态，以及科技知识、生产经验、生产力水平等——智力文化形态。按照文化生态学的观点，这四种文化形态在一定的自然和社会环境中历史地展开，即构成一定的建筑文化模式。作为文化的一部分，村落建筑还必须植根于社会的自然环境的土壤，并与之相适应。村落建筑文化的创造者——作为行为主体的建筑师（包括工匠群体），文化的修养和技艺的习得、传承，以及技艺的操习、实践、传授、偏离、改进甚至创新等过程中，对村落文化景观的发展和演化起到举足轻重的作用。

民族建筑是有形民族文化的重要组成部分，是人们赖以生存的重要物质基础。同时，民族建筑技艺是无形民族文化的有机因子。民族建筑是人们利用自然条件，进行发展的智慧的结晶，具有双重珍贵的文化价值。在全球化的市场背景下，民族建筑不仅仅是家居之所，也是民族艺术的展示，民族建筑成为重要的旅游品牌。民族建筑工艺不仅是获得防雨避寒的工具，也是可持续生计的重要手段，建筑技艺也是民族工匠获得经济收入的重要途径。对民族村落和建筑技艺的保护，不仅是保护了民族传统文化，也意味着促进民族地区生计的可持续发展。

村落文化景观属于文化景观中有生命力的文化景观类型。它产生于传统农耕社会经济、行政以及宗教需要，通过对村寨自然环境与资源的合理利用，形成可持续的土地利用模式和传统生活方式，提高了自然景观的价值。它在现代社会中依然保持一种积极的社会作用，其自身也在不断地演变过程中，展示了历史上其演变发展的过程。每一历史时代各民族群众都按照其文化标准、建筑技艺水平对自然环境资源施加影响，并把它们改变成文化景观，形成独特的地域文化景观标志——村落文化景观。传统民族村落文化的本体和内涵是建立在封闭的自给自足的农业社会和自然经济基础上的，是建立在当时封建家庭和以家庭为生产单位的时代。随着现代社会的发展和进步，民族村落文化的演进和变化不可避免，但向何方向演进和变化，值得深思、探索、研究。这种变，不是“推倒重来”的“变”，而是在先前基础上的“变”。民族村落文化还有许多不变的东西，包括自然环境、生态资源、文化心理、风俗背景，它们往往随时代的变化保留一些有益无害的特征与个性。因此，一方面应该认清它的起始和发展的历史规律；另一方面，要在历史的动态中保护民族传统文化，使之传承和延续，不断发扬光大。

三、民族村落文化发展中面临的主要挑战

（一）集体记忆的消失

由于地处中国西南边陲，独特的贵州民族文化加之得天独厚的自然环境，古村落特色浓郁，星罗棋布。这些历史厚重、造型美观、别具一格的贵州传统民族建筑，构成了一道道无可比拟的自然田园景致。这些以木、石巧妙营建而成的建筑物，除自然因素的破坏外，建设性破坏、政府决策性的失误、政府干扰、社会发展的影响等人为性

的破坏更为致命。近年来，由于经济全球化、工业化和市场化步伐加快，“城乡一体化”进程的提速（包括对“新农村”建设的误读），村民生产、生活方式的改变，都市文化、外来文化的冲击，大型基建项目的实施，政府主导的乡村旅游过度无序开发与急功近利等，使贵州的村落文化正面临严峻的冲击和挑战。例如，村寨民俗、歌舞艺术、节庆、传统民宅等物质文化和非物质文化、村寨的属性特点在极速地衰落、失落，大量农村年轻人离乡外出务工，相当数量的村寨只有些许老人留守，随着时间的推移而今早已满目疮痍、空寨凄凄，村落文化集体记忆正在消失。

（二）对外来文化侵蚀的抵御能力薄弱

历史上，数目众多的小城镇、村落长期作为人类的定居点，保留下来大量的历史遗迹，拥有深厚的文化积淀，成为人类历史文化遗产的集中载体。在我省，传统村落文化为推动社区发展、环境资源利用与保护等方面发挥了重要作用，特别是在少数民族地区，乡土文化知识往往对管理当地资源、构建区域经济模式等方面有特殊功效，因为它更容易被当地人所理解、接受、认同、掌握、应用，也更具有实效性和可操作性。然而，当前经济全球化、社会现代化、市场化日益加快，传统村落文化，特别是少数民族的传统文化逐渐为现代科技文化、都市文化、外来文化所取代。许多少数民族青年或迫于生计，或为追求“时尚”，盲目地相信和崇拜外来的“科技”“都市”文化，而对保护和延续村落传统文化缺乏自信心，表现为年轻人不喜欢穿民族服装、不喜欢住传统的吊脚木楼、不遵守老祖宗传下来的古理规约，等等。另外，由于外来文化的冲击和执行政策的偏颇，社区内部也缺乏必要的机制和措施，对外来文化侵蚀的抵御能力十分薄弱。所以，研究、发现并加以保护传统文化是当前促进少数民族地区经济社会可持续发展，实现人与自然和谐必须加强的工作。

全球化、现代化和市场化是一个融蚀、消解民族文化的过程，在带来机遇的同时却更多地危及文化的多样性，而现代科技推广又带来了本身无法解决的痼疾——在破坏生物多样性的同时也损害了文化的多样性。比如，近年贵州境内正在修建的“贵—广”快速铁路和“厦—榕”高速公路（简称“两高”）均从黔东南苗侗文化核心区穿越而过，在给当地民族社区带来发展机会的同时，也隐藏着破坏当地文化多样性和生物多样性的危机，保护民族村落和传统建筑文化势必成为亟待解决的重要课题。

（三）缺乏对社区发展的专业指导和干预行动

村落的价值主要体现在历史文化、美学艺术、人居和谐、科研教育、游憩体验等多个方面，并普遍具有以村落为主的聚居形态、强烈的地缘性、完整的规划布局和反映传统生活生产真实性等特征。多年来，出于保护文化多样性和生物多样性方面的愿景、需求，贵州省内的文化、社科、旅游、知识产权等部门多次启动了包括古村落文化、建筑技艺等在内的传统文化保护及其相关的研究活动。但是，由于经费、人才的缺乏，加之理念、技术等方面的错位或缺位，在研究、保护古村落文化方面的能力仍然非常薄弱，许多工作仅停留在专家学者的田野调查记录或理论探讨上，而且专家学者与社区互动、促进民族社区自身保护和利用传统文化方面的干预行动研究极少。

近年来，出于民族传统文化展示和农村脱贫致富的强烈愿望，在部分以政府部门和旅游开发商主导的乡村旅游开发中，由于组织建构上的错位，经常会导致低水平重复开发项目的出现，甚至误读误用文化、虚构文化景观、地域文化风情“官俗化”、村落景观规划建设同质化等现象频频发生，为“讨好”旅游者而盲目改变村落的面貌、片面追求经济利益对淳朴民风民俗的侵蚀，已经严重破坏了村落文化景观的“形”与“神”。还有一个倾向是，在政府主导的“新农村建设”中，一些地方曲解了“生产发展、生活宽裕、乡风文明、村容整洁、管理民主”与古村落文化保护的关系，把“新农村建设”简单地误读为“大拆大建”，盲目引进城市经验造成千村一面。片面追求经济利益和文化遗产保护理念、法规的缺失，也是造成村落文化景观破坏的重要原因。另外，在一些地方的生态移民、危房改造等方面也出现了类似的苗头，一些民族村落传统的建筑风貌、淳朴的人文环境等遭到了不同程度的破坏。由于重视商业运作、忽视专业人员指导，许多开发在文化定位、价值取向上都出现不同程度的问题，对民族文化遗产的开发性破坏十分明显。贵州某些古城古镇开发的失败事实已经证明，仅靠当地政府与开发商所进行的商业性开发只能是死路一条。❶

四、保护对策及开发思路

民族村落是贵州省各民族社会历史发展阶段的历史文化遗存，随着众多学者对其调查、研究的深入和宣传，对民族村落的存在意义及价值正在被越来越多的有识之士所认同。在文化全球化、社会现代化、经济市场化日益加快的形势下，如何保护少数民族传统村落文化，如何利用少数民族自己的传统文化来保护当地的历史遗迹、生态环境、道德规范，促进人与环境和谐发展，改变民族地区落后的经济状况，同时促进民族文化主流化，唤起社会对传统文化的认同，使少数民族村落在可持续发展过程中有更多的话语权，仍然是学术界不断探索研究的问题。

（一）整体保护、整体发展

在经济社会高速发展的今天，在经济利益的驱动下，大量具有重要历史文化价值的民族村落，正在经历着时代前进和环境剧变所带来

---

❶ 参见苑利："黔东南古村落保护中常见的几个问题及对策"，载《凯里学院学报》2008年第2期。

的巨大冲击，正在遭受着非科学的规划、过度的旅游开发、生计方式的改变等所带来的严重破坏，民族村落的保护、延存、发展等问题的研究、立法、引导刻不容缓。民族村落的形成、传统建筑技艺的传承与发展有其赖以生存的土壤，民族村落的保护不仅仅是一栋栋单体建筑的保护，而更应是对组成民族村落人居环境、历史文化、传统建筑技艺等各个组成部分的全面保护。特别需要建立起外部专家与社区的互动关系：一方面，挖掘和发现民族地区的村落文化，特别是运用传统文化保护利用自然资源和生态环境、改善人居环境、促进生计发展方面的经验；另一方面，通过项目开发活动的开展，加强社区群众（特别是村落精英群体、文化传承人等）保护及利用自身传统文化以及自我发现问题和协调社区可持续发展的能力，同时提高社区传统文化保护、研究、传承群体（团队）的能力建设。

（二）协调文化保护与经济发展的关系

文化遗产具有双重价值：一是存在价值，包括历史文化、美学艺术、人居和谐、科学教育、游憩体验等价值，它是核心的、主要的价值，这一价值决定了保护第一的原则；二是经济价值，它是存在价值派生的，包括直接的和间接的经济价值。存在价值是源，经济价值是流。存在价值越大，潜在的经济价值也越大，其转化为直接的经济效益也就越大。因此，保护与利用文化遗产是相辅相成的关系，保护是前提，只有保护好才能合理利用，从而实现继承和发展；合理利用有利于保护，但利用的同时不能损害文化遗产。只有完整保护当地文化特色，才能令其具有较高的经济价值和利用价值；只有有特色的文化遗产，才会吸引大量的关注并激发文化自信，文化产业才有可能得到发展。保护得越好，其价值就越大，知名度也就越高，旅游业和其他相关产业也会得到进一步发展。这种良性循环是可持续发展的主要模式之一。

而在另外的情形下，文化和经济可能不是直接的相互决定的关系，而是复杂的强弱对比、相互促进、相互影响的关系。比如在某些阶段或地区，似乎经济的力量更为强大，而另一些阶段或地区，文化似乎占了上风。当农村经济发展模式发生迅速变化时，村落既有文化传统受到冲击，表现出弱势的特征；当迅速的经济增长结束后，又回归到对文化的重新构建，人们依赖传统塑造新的村寨文化，试图留下历史的影子，表现出文化独立于经济的精神价值的生命力。[1]因此，在当今迅速变化的广大农村地区，文化传统与经济的对立很容易引起各界广泛的担忧和关注，应属于正常的现象。民族村落文化景观保护的目的，就是要保护村落文化的精神价值，便于在未来寻找民族文化构建的基因。文化的错位、再认同、再回归、再建构，正是其螺旋式发展的过程经历，各界应予以足够的耐心、宽容和信任。

（三）尊重村落文化景观演进的基本规律

文化的传承应该是多种形式的。可以用现代的工具传承传统的文化：如对传统文化的录音、录影与摄影；也可以用传统的形式表现现代的内容，如控拜苗族的旅游银饰。这些共同构成了文化变迁的完整过程。村落文化遗产的保护既不可能完全是村寨内生的，也不可能是全部外生的。在农村青年人口迅速迁移的条件下，很可能使村落文化传承断裂。那些能在未来的岁月保留在村寨的“文化传统”，是由村寨集体文化记忆决定的。进行村寨文化集体构建，是在当前的社会经济环境下对村寨文化遗产保护模式的新探索，试图使传统农耕文化的价值和民族文化身份认同得到延续。村寨文化的集体认同，促成村寨文化集体行动，才能形成村寨文化的变迁性保护。

现阶段在村落文化保护工作中容易轻视正常的文化变迁规律，只注重静态地保护村落中有形的文化遗产，机械地维持村落中非物质文化遗产的原生态，而忽视了村民内在的追求现代生活的动力，必然会

---

[1] 参见但文红：“苗族村落文化景观保护的思考”，载http：//www.gzwhyc.com 。

影响了村落的发展能力。民族村落文化遗产保护的根本出路，首先是关注制度与精神文化，尊重民族村落群众对文化变迁的集体选择，尊重村落文化景观演进的基本规律，必须由简单的“维持性静态保护”向科学的“发展性动态保护”方向转变。

（四）明确村落文化遗产保护开发中的主导者

一直以来，贵州文化遗产保护开发中的种种怪异现象的发生，无非源自主导角色纷争，或者利益分配不公。谁来担当主导角色，学界也有不同的说法，政府和开发商的主导地位常受责难，专家主导的呼声越来越高。综合考察国内文化遗产产业化的成功案例，其中最为重要的一条经验在于：必须明确在文化遗产产业化过程中，谁为主体的问题。[1]其正确的具体关系应是政府主导、专家指导、开发商运作、村民主体。

一些地区由于强调发展文化遗产旅游产业，常常选择少数具有代表性的村落，将其中易于展示的文化遗产迅速包装成旅游产品，按照旅游目的地要求建设基础设施和消费场所，最大限度吸引游客。专家们认为，这种做法忽视了村落文化景观演进的规律，使村落文化遗产的核心价值迅速消失在现代城市生活方式的冲击下，村民很难建立起自己的文化自信心和自豪感，并导致年轻一代文化认同感缺失，村落文化景观后继无人。失去了村民主体的积极参与，也就失去了村落文化的内核和发展动力，村落文化景观也就真正成了外壳“景观”。

---

❶ 参见何星亮：“民族学界关于非物质文化遗产保护的研究与建议”，载《中国民族报》2008年7月25日第6版。

文献与口述历史

清末天柱侗族文人龙绪昌《兵燹志略》整理研究

龙　迅

作　者
龙　迅
贵州省黎平县烟草商局
电子邮箱：longxun33@163.com
联系手机：13385559629

一、题　记

笔者在编纂天柱《冷水寨志》过程中，从冷水寨上收集了清朝晚期龙绪昌编写的《兵燹志略》，1919年《贵州通志》派天柱张德昭、龙茂园到黔东南各地采访编辑的《兵燹纪实》《兵燹草记》抄本。这些存传于民间的抄本，记载了贵州侗族农民军长达14年之久的反抗清朝民族压迫的活动，是一份十分珍贵而翔实的侗族历史文献资料。现将龙绪昌编写的《兵燹志略》加以点校和注释，初步整理后公开发表，供民族学和民族史研究者们参考。

二、龙绪昌家世生平及其《兵燹志略》编著和流传

（一）龙绪昌的家世与生平

龙绪昌，1831年生于贵州天柱县冷水寨，侗族，清代生员。父亲龙景文。家有薄田80石。1840～1846年在冷水读私塾，1848～1850年在黎平府苗书院读书。1858～1861年在冷水当私塾先生，1864～1870年在滽洞（今剑河南明）当私塾先生，卒于1901年，葬于冷水寨西北一公里处的登脚墓地。龙绪昌亲眼目睹了咸丰、同治年间侗族农民起义军轰轰烈烈的抗清活动，对农民起义军活动有深刻的了解和认识。他一生淡泊名利，执教于乡村，隐居于侗乡。著有《冷水八景》《朗溪》《躬耕》《莲花山》等诗词100余首，有《荒郊》《怀母》《人闻》等散文，搜集民俗故事30余篇，著有《兵燹志略》纪实性志书，抄本流传于世，但他大部分诗作已经失散。

（二）《兵燹志略》编著背景及流传情况

1851～1871年，正是中国太平天国农民军轰轰烈烈的革命时期。为推翻清朝政府统治，贵州天柱姜映芳、龙海宽、陈大禄等在天柱织云、坪坝、冷水等地组织了声势浩大的侗族农民起义，树立“反清复明”旗帜，开展了枪杀官兵、打倒大户、插排分田给农民、耕者有其田的政治武装军事斗争活动。侗族农民起义君在武装革命斗争中，结合太平天国《天朝田亩制度》及废除旧土地所有制，采取系列反清的军事行动。姜映芳、龙海宽率领起农民义军，先后攻打贵州天柱、清江（剑河）、邛水（三穗）、锦屏、黎平、玉屏，湖南沅州、会同、新晃、黔阳、靖州等省州府县城，歼灭清军3000多人。三次攻打天柱，杀死县官2人，清军骖将1人，歼灭官兵2000多人，清军围攻岑朴之战义军伤亡2000千人，三战冷水，歼灭官军1800人，义军伤亡3000多人，摆洞之战歼灭官兵1500多人，皮厦之战，义军、地方团练、官兵，一共伤亡6000多人，清军围剿江口之战，敌我双方伤亡3万多人。

农民起义军反抗清朝的武装革命斗争，直接威胁着清朝政府统治政权。清朝政府多次下旨，派席宝田、龚继昌、苏元春等统兵镇压贵州农民革命。龙绪昌目睹堂弟龙孝才(侗族农民起义军西伯侯兼军师)在平秋与清军战斗中英勇牺牲景况。清军抢杀三寨，三烧冷水，掳掠民女，抢夺财物，迫使农民过着水深火热饥寒交迫的生活。清朝曾国藩派席宝田、李光燎等统兵8万进剿江口屯农民义军根据地，3万农民起义军奋勇抵抗，一场大战，血流成河，义军寡不敌众，惨遭失败，陈大禄被擒。这些英勇地反清战争场面，极大的震撼了龙绪昌的心灵，故立意纂写《兵燹志略》。龙绪昌在《兵燹志略》说“是以我寨，又老歙请予撰，将以往经过之事，一一录记，留给后人。”“此一本，末劫事，目睹手注。可留与，后世人，口读心警。”

以上则是龙绪昌编著《兵燹志略》的动机和整个背景。

《兵燹志略》分卷一《兵燹草记》（4800字）、卷二《兵燹记》

（10 100字）。此书撰写及流传情况：清光绪三年（1877年）龙绪昌编写成籍。民国土年已未（1919年）重修，贵州通志馆派天柱张德昭、龙茂园到冷水采访编辑此本《兵燹志略》，次年，岑朴树潘森照又从龙茂园处取抄，丁卯年（1972年）岑朴潘瑞藻又重抄，1964年冷水龙定中从潘瑞藻处取之再抄，1987年6月黎平龙讯从天柱。冷水寨龙定中处取抄。手抄本至今流传于天柱、锦屏、三穗、剑河、黎平、榕江等地民间。

从《兵燹志略》抄本内容上看，因清朝统治证据所限，作者为了避免“文字狱”，书中叙述，讴清谤民，有多处用贬低侗族农民起义军的词语，如用“贼”“苗”“匪”“苗酋”“龙逆、姜逆、张逆”等类词语称呼侗族起义军的组织机构，时政所限，这是可以理解的。更难能可贵的是，这本《兵燹志略》的内容，无论是从贵州军事文史方面，还是从文学方面，兵燹原生态文化方面，真实地记载了贵州农民起义军反抗清朝统治者的实地历史，是国内一部相当珍贵的历史文献。对其整理研究是具有现实意义的和深远历史价值意义的。

三、《兵燹志略》所见史实年谱

农历1854年（清朝咸丰四年）2月8日（以下均系农历日期）。天柱县冷水寨民众议论都匀独山杨龙喜起义的事情。

一天，杨龙喜闻鸟鸣曰：“杨龙喜，杨龙喜，何不早晚起。”不久，杨以之聚众起义，由台拱下思洲。文官望风先溃，旋由镇远、天柱，复转独山，至清江所。

1855年（咸丰五年）4月18日。侗族农民首领姜应芳（天柱织云人）与龙海宽（天柱县冷水人）等一同在织云关帝庙起义，没收地主潘乙贵资财。事后，与楚军和地方团练战斗于赖洞桥，因寡不敌众，退至梁上、巴野整纪。

10月。清贵州参将韩邗超，招十八队人，每队五十名，分老新乌旗，新老蓝旗，老新黄旗，老新五色，以潘老九（乌义人），张木屯（称韩邗超所委，榕江寨蒿卸屯）、夏天祥（黎平人）、刘登生（八弓游击、皮折人，任都司），姜王顺、朱鸿章（举人）、龙景亮、龙景谋（天柱冷水人）。分统之时，贵州巡抚张宏基（镇远府），吴登甲，讳盗瞒超，战功不报，之后十八队解散。杨龙喜，因而得势。韩邗超战不利，退扎三穗瓦寨，后任清军巡抚，张宏基卸任，韩邗超没法将杨龙喜处死。

1856年（咸丰六年）。侗族农民义军首领姜映芳，为人豪爽，广交各地豪杰，与壮士拈香拜把。时闻杨龙喜势大，遥与杨龙喜接应。并鼓动民众，参加反清组织，对抗清廷。天柱官差捉之，姜则率部，退守偏寨，又与乾兴王张秀眉联合。

1858年（咸丰八年）4月18日。韩邗超委，天柱官兵宗发开，合同北路九寨团练，围剿侗族农民起义军。天柱循上半里兴安、定团等团勇数百人，结集黎平后，分扎剑河南加堡，即日半阴半阳。

4月23日。清军驻玉屏县的曹元兴为清水江下游兵练统领，进剿黔东南侗族农民义军，驻扎清水江柳霁城北。清水江部分侗族义军投诚清军。

4月28日。姜映芳、龙海宽义军辖区的方抬、南加堡、青龙脑等地侗族农民起义军失守。清军复得柳霁城。即日，清军派队练分扎要隘，天柱宗发开部扎抬堡，时掌天柱营，都司刘登星，蒋玉贵（八弓芩松人）天柱营把总，率天柱营军官攻打破黎元坡（天柱石洞地名）。侗族农民军先锋刘彦本、罗应举为首，率兵两千迎战清军地方团练。

1861年（咸丰十一年）。侗族农民起义军首领龙海宽、刘发保、龙玉祥、龙玉岩等在天柱汉寨坝坪，以白莲教活动，头缠黄巾，组织鼓动一万多农民起义。

11月1日。侗族农民义军教首刘发保、龙玉岩，暗约七团人，龙夔堂、刘必恩、陶来太，在天柱冷水大兴庵寺议事，应对清军地方团练。

11月20日。龙海宽、龙玉岩，率军义举，过天柱高渺，约集300

余人农民军，要七团首人，开捐簿议认后，讣卦旋见，会事用餐的酒肉皆，由坝坪搬来。是时，天柱皮厦大地主龙世杰、龙光锡父子，以保家乡为由，招请高坝守洞芩卡之练勇团文三党、张荣恩（剑河小广人）等50余人。练勇团罗邦彦等见侗族农民军龙海宽队伍日渐壮大，密禀天柱县知县徐达邦先事预防。

11月22日。龙海宽等在天柱县九龙山坝坪，确立侗族农民起义军政治纲领："推翻清朝政府。建立大同民主社会"。树立"灭清复明"的旗帜。农民义军有人万之众。

当日，天柱县主闻警，立调武官，吴宗炎（鹧鸪人），皆循礼筹款，招募人，吴带三百人，宗发开带兵百人，随而进，剿坝坪，意思在于中取事。因地方乡练皮厦龙光锡深知坪坝内部情况，特令人执千金贿赂义军内部人员，进行策反，受内应。

同治之年（1862年1月13日）。清军天柱武装分兵三路，吴宗炎、宗由左右进，龙光锡中路进，暗袭坪坝义军根据地。义军在无防御的情况下，被斩首数十人。义军首领刘发保、龙玉祥、龙玉岩在战斗中牺牲。

龙海宽在黎平、锦屏等县开展活动起义。姜映芳由苗寨反下，扎营顺洞，到天柱九龙山（石洞镇）。龙海宽向姜映芳汇报坪坝被清兵武装暗袭损失情况。于是两人决定，次日出兵石榴坡。

1月15日。侗族农民军姜映芳、龙海宽攻克天柱，县城被义军打成一片焦土。

事后，农民义军以为驻顺洞不利，移驻清属、高拐、五老山。计谋袭天柱汉寨一带。

同治二年（1863年）。姜映芳带领农民义军分别驻扎在剑河南明、天柱九龙山一带。三寨（冷水、皮厦、汉寨）首人，设团堵御按四甲、岑朴、登完、各寨、守御、八仙卡、皮厦。黄桥等都堵御黎元坡。冷水、高渺守御引蒿坡。

3月17、18日。姜映芳听取龙海宽建议，由高拐、五老山，率义军部队破黎元坡，入黄桥，遇龙光锡接战不利，由小路退守，路经冷水寨。见寨寂然，恐天柱调团补营，连夜转移五老山。

3月20日。姜映芳率侗族义军打败天柱兵练1000多人，事后，义军进扎汉寨营盘，威胁天柱。县主谢绍曾闻警，即会团营主。

4月1日。天柱知县亲到皮厦，查知农民义军的不足，定计于2日，剿灭冷水，将兵丁密布冷水各要道，称一网打尽义军。时天大雾，莫辨东西。不久，冷水知情者逃匿殆尽，被杀者，仅老弱数人。是时，侗族农民义军驻在高拐、五老山。闻到冷水被官军烧寨，当即出兵救应。

4月3日。龙海宽率军驻扎冷水高云雾，农民义军万数，枪刀耀日。龙光锡带所招之乡练义丁60多人，分两路攻打农民义军。文三党带义丁出大路，遇农民义军于冷水寨盘街，力战良久，身受数伤，部下义兵死就9个，似执不退。龙光锡部兵，十有九伤，节节溃退。义军枪锋掉击，转战于羊峡，龙光锡被枪杀于山河一带。团练义丁无主，纷纷四散，侗族农民军乘势追赶。

4月4日。侗族农民军进扎汉寨，设立黎元坡两卡。冷水寨、汉寨民众全部归顺义军。惟岑朴一带的潘宏义，捐资筑垒，招请义勇，姜恩荣（凯寨人）清江协中衡官多人，昼夜坚守，屡次攻不下，谴使招之，潘宏义大怒，斩其来者。姜映芳率军智攻汉寨。

4月7日。大章党羽，攻打芩朴。三日内，侗族农民军损失2000人受到挫折。

4月11日。姜映芳、龙海宽率农民军在冷水作战，亲自督兵催战，自寅至午，义军越势越盛，越战越勇。大开棚门。清军统领刚庆淡等，分头与农民军交锋，苦战良久，刚身被数枪，力尽遇害。刚庆淡图出，与姜恩荣、潘宏灵、潘宏伦等，尚存残兵三十余名，复杀入团，夺义尸。刚身被杀数枪，落马阵亡。清军死伤2000多人，只剩姜恩荣、潘宏灵、潘宏伦等残兵三十余名。

龙海宽等农民军，也不敢穷追，即日退守梦熬。冷水寨归检亡者，男女计200余名，绝灭者17烟户。义尸于良髓山上，人多吊挽，惜不备载。于是，黔南王、乐寨、杨柱勋，见姜映芳、龙海宽等农民义军势盛，具表示迎接。义军故新扎乐寨，会乾兴王张秀眉，也到乐寨，三支农民义军联合作战。

4月23日。龙海宽、姜映芳率领侗族农民军攻破天柱，文官谢沼曾、武官富朱隆、阿棠（满洲旗人）离城逃走。

事后，定平王姜映芳率定胜王龙海宽，由天柱县城统率侗族农民义军出东门，护渡墓、渡马一带，绕道出兰田、转邦洞。一同与西北侯吴应春并举，再经织云、款场，攻破邛水、青溪、玉屏、址江各县，在玉屏与官兵会战，杀死黔楚官兵3000有余，乘胜攻护沅、黔、晃，会同各县，所得辎重无数，载往贵州。后赵麻子，扎入弓、奉旨镇压义军。

姜映芳、龙海宽两义军，不怕赵麻子弹压，继续抗清，即转扎天柱汉寨坪坝。

4月28日。侗族农民义军将根据地改号为九龙山（面积50平方公里，今石洞、水洞），修盖宫殿。宫殿对联："畿奠金汤双凤岭，星辉银汉九龙山"。举行隆重封赐侯王将帅仪式，并发布《奉天伐暴灭清复明统领义师定平王姜封王侯》文告曰："龙海宽为龙胜王兼元帅；杨通甲为盘古王；周家粮为文德王；杨树勋为黔南王；陈大禄为乾兴王；熊老旺为东伯侯；龙景亮为南伯侯；吴应春为北伯侯；龙孝才为西伯侯；杨日焕为王府总国师。"

平定王姜映芳，统率东南西北侯元帅；封熊老旺为东伯侯（后属曹元兴部下战于恩属凉地寨人）； 龙景亮为南伯侯（谢寨人）；西伯侯系陈大禄；北伯侯吴应春；定胜王兼元帅龙海宽，分驻冷水，设上中下三屯。

姜映芳、龙海宽义军，继续实施"灭清复明"政治纲领，打倒清朝政府，打倒大户，插排分田给农民，得到穷人群众的大力支持。为此，黔东南农民义军名声威震清廷。当然，也遭到清朝政府的猛烈反击。

5月。湘南边界黎平府，知府赵宏基出粮饷等，委任天柱杨清芬，为兵统带，招募黔兵二千余。

5月17日。杨清芳率官兵进剿农民义军根据地冷水。兵抵摆洞。龙海宽等正在下达一带活动未归，得知官兵将要侵袭冷水义军根据地，故连夜赶回。

5月18日。姜映芳、龙海宽，黎明时刻，分两路，由冷水的芩脚、芩穷坡，奋勇杀入营内，杨清芬措手不及，抛弃枪械辎重无数。由此侗族农民义军声势越来越大，继续鼓动农民打倒大户，将各粮田，插排分种。

赵都督、周总镇（名红印）、戈戎等，奉清朝皇帝圣旨带楚兵，进剿黔东南农民起义军，恢复天柱县城，驻军润松讣头堡一带，意在剿除和清灭农民义军。

6月11日。侗族农民义军陈大禄、吴海清等。星夜进入天柱清军军营中，偷出马队10多匹。以致触怒清军。

8月18日。清军调队进攻九龙山侗族农民义军根据地，义军大队迎战，被官兵马队冲散。陈大禄、吴应春敌不住清军而逃。姜映芳带一小妾 ，逃经引高渺蒿坡头，足痛难行，哭坐路旁。姜映芳恐人所得，知其行踪，立将小妾赐死，逃至清属苗寨。未几，被为人所擒，囚解铜仁正法。

时杨清芬自摆洞兵败后，栖身黎平俯，至是闻官兵进剿汉寨，召集民兵，进扎平秋。龙海宽派兵摧战，芬兵复败，龙海宽尚在得意，及闻九龙山根据地已破，即逃入黎平尚重，旋为桃开盖所擒，正法于黎平，转首天柱。

8月25日。姜映芳、龙海宽牺牲后，义军推选陈大禄为义军首领，驻军剑河江口屯。清军大举清剿黔东南侗族农民义军根据地 ，清兵至天柱冷水高云雾，意在剿灭冷水。冷水首士陈昌运禀报镇府知府赖道宪说：冷水乡亲实属无奈，只好应顺义军，得以保家，赖道宪批准，得以解脱。

后8月5日。大军返旆，方时乾官（云南人）。时天柱一清如水，奈大兵之后，饥馑荐臻，灾疫流行。

同治三年（1864年）。甲子，侗族农民义军，得胜王潘之本，

（商人）驻安南加堡，与天柱杨渡溪、龙大章有贸易交往，在南加堡、客场、抽原金，收得厘金，归义军，并卖田招兵。

5月10日。侗族农民军首领陈大禄率领农民军攻破天柱。方县长多方保守，率以寡不敌众，城破衣冠坐，兵吏强掖之，被义军枪杀于东门外，一仆从死其旁。

6月30日。义军首领陈大禄，拥兵不战。曹元兴惧将来不免罪责，即带心服数人，潜奔便水，陈大禄等拥中作乱，先拔凯寨，塘王坡为业，形偷暗护，无所不至，摘李六高二王齐杨业，有李复宗、李子金、李子银、杨二牛、杨秀荣，以数人，皆为曹部下人，后均归农民义军根据地江口屯。

1865年（同治四年）2月。陈大禄农民义军会合宝大王、宝二王侗族农民军，约4000人。

2月25日，陈大禄屯兵皮厦，勒令各寨出粮若干，投诚，即免烧杀。各寨首人，齐集冷水大兴庵会议。照粮摊派，选调各寨子壮丁约2000有余，公举冷水龙玉普，为乡兵统带，攻打侗族农民军。

4月27日。当日丑时分，冷水龙玉普统带乡兵距皮厦里许，有高渺王开恩，年少颇有胆略，自愿率所部11人，独当一队。从傍爽攻，依计而行，侗族农民兵大乱，夺路而逃，被杀者无数，夺得战马六匹，生擒九十余人。殊冷水岑胜禄奋勇独追，被贼回手枪毙。皮厦之战义军，地方团练，官兵一共伤亡6000多人。

5月。杨昌江奉皇帝圣旨清剿黔东南侗族农民义军，侗族义军将领曹元兴于便水，被杨传令斩之。时调黄自海镇抚天柱，随带义勇营扎北门。紫云上又命戈道台，周总镇分扎东南以防不测。是年侗族农民义军等，因二月内，被三寨乡兵杀败。侗族农民军陈大禄收拾部下，迁居江口屯，决计复仇。

6月24日。侗族农民军用暗袭计，沟通村寨内应，同时，各寨发火，男女死伤甚众。事后，各寨子男女复聚，经营草舍，菜蕨充饥。

同治五年（1866年）。时侗族农民军根据地江口屯，分上下两屯，四方民众归之，有义军1.2万人。

同治七年（1868年）。清楚军席宝田，奉旨征剿农民义军。称先打石阡、天应、金竹园、分号的农民义军。时两军阵对战，胜负未分。席帅一侄中枪落马。官军奋勇接战，张秀眉失利，损失义军千余。

11月8日。席宝田率清军由沅州进攻邛水、灭赖洞，破寨头，复台拱。席命龚继昌、李光燎，分一军由天柱进进剿侗族农民军根据地江口屯，义军大战清军，斩首跌洞，死尸枕藉，河水皆赤。未几，陈大禄见官进攻棚门，自知不免，挥刀杀出，当者辄靡，副哨官潘继光（松柏洞人），举枪轰之，中弹倒地，被擒囚解京杀害。

从贵州深山老林飞出去的金凤凰

——南开大学侗语研究专家石林教授访谈录

谭厚锋

时　间

2010年12月17日

地　点

贵阳市花溪区松涛路30栋2单元10号

作　者

谭厚锋

贵州民族大学　民族科学研究院　研究员

编者按：石林教授是国内侗台语研究泰斗级专家邢公畹教授的弟子，从事侗语教学和研究30多年，积累了丰富的治学经验和研究成果。他的治学经历和方法能够给从事学术研究的青年人带来有益的启发和指导。此文以对话访谈的方式一探石林教授的生平，分享他的研究历程和硕果。

石林，1944年出生于贵州省锦屏县高坝侗族村寨。1968年毕业于中央民族大学（原中央民族学院）。由于当时正值“文革”时期，贵州各地的革命委员会尚未成立，分到贵州的全国大学毕业生暂时不能分配，所以他和来自全国各地的几百名大学生，从1968年9月起就到昆字602部队农场劳动锻炼，一直干到1970年3月。当时，正值毛主席“知识青年到农村去接受贫下中农的再教育很有必要”伟大号召的提出，石林被分配到贵州省黔东南苗族侗族自治州黎平县孟彦中学，担任语文教师（1970年春～1979年夏）。1979年考取南开大学邢公畹先生的汉语侗傣语比较专业硕士研究生，成为改革开放后邢公畹先生的第一个研究生。受邢公畹先生的特别关照，研究生毕业后邢先生点名把他留在身边工作，这是邢先生唯一留在其身边工作的学生。石林先后任南开大学中文系讲师（1984年）、副教授（1988年）、教授（1997年）。邢公畹先生于1995年还让石林老师接任他苦心经营几十年的南开大学边疆人文研究所（后改名为侗台语研究所）所长之职。石林老师于1998年4月1日至2000年3月31日在日本横滨神奈川大学外国语学部教授中文。在石林老师赴日讲学期间，侗台语研究所被撤销。对此，石老师觉得非常对不起邢先生对他的栽培和信任，此后石林老师无心留恋南开，热衷于到处讲学。石老师先后到过日本的神奈川大学，我国的贵州大学、吉首大学、漳州师范大学和贵州民族学院等高校从事语言学方面的教学与研究工作。

2010年12月17日下午，贵州民族学院民族科学研究院副研究员谭厚锋到贵阳市花溪区松涛路30栋2单元10号石林老师租住的宿舍，对他进行了长达3个多小时的访谈。下面为访谈内容，石林简称“石”，谭厚锋简称“谭”。

谭：石老师，很高兴能够和您聊聊。您作为当代著名的侗语研究专家，非常高兴能够邀请到您做学术访谈。您早年参加过民族语言调查，亲身经历了反右斗争，大跃进、“文化大革命”、党的十一届三中的胜利召开等。我想请您谈谈在这个过程中，您自己的学术道路、心路历程的变化，以及与整个大的学科背景之间的关联。首先请您谈谈小时候上学前获取侗族语言知识的经历。

石：我出生于贵州省黔东南苗族侗族自治州锦屏县九寨地区的一个名叫高坝的侗族村寨。高坝村处于锦屏、天柱、剑河三县的交汇处，四周几十公里内都是侗族聚居区。高坝村人要翻两座大山，得走80余里路才能到锦屏县城。我家祖辈都是侗族，但是我的外公是湖南宝庆人，到高坝做小买卖，后来就在高坝成家立业。我外公也会说侗话，但说得不地道。虽然外公是汉族，但是外婆是侗族，所以，我母亲能够听懂一些汉话，但是不会说，只会说侗话。侗话是我的母语，直到小学毕业我的汉语还很“夹侗”，但汉语书面水平已不错，《水浒》《三国演义》及很多现当代的小说我都能够看懂了。后来到县城读初中后，我的汉语口语水平就已经过关了，侗语母语没有的送气声母、塞擦音声母我都运用自如，这在侗族同学中是少见的。这说明我从小就有学习语言的天赋，因此，从小学、中学到大学我的语文、写作成绩在班上都是拔尖的。但是对于母语我从未丢过，小学、中学班上都有侗族同学，大学也有侗族同学，大伙聚在一起常常讲母语侗话。大学期间到广西三江搞“四清”住在侗族老乡家里一年半，学会了南侗话，大学毕业后，又到黎平县农村侗族地区当了9年的中学老师，常常侗语不离口。1979年到南开大学读研究生后，因为自己是搞侗台语言研究的，常到侗族地区去做田野调查，当然更离不开侗语。虽然，我离开家乡已经几十年了，但是仍然能够讲一口流利的侗话，家乡人都感到惊奇。我就跟大家说：“我是靠侗语混饭吃的，不但能够说家乡侗语，别地的侗语也会说。如果不会侗话，我在外面就没法活了。”

谭：每个人走上治学之路的方式方法都不尽相同，有的人很早就找到了治学的目标，有的人在一个偶然的机会就跨进了学术的大门，还有的要经历多年的探索，多次的挫折，才能找到正确的前进方向，您是什么时候走上侗语研究之路的？

石：中央民族大学民语系是中国民族语言学家的摇篮。1976年以前，是一切以阶级斗争为纲的年代。1963年我高中毕业，我家是富裕中农，我父亲为了躲避被“抓壮丁”曾当了几个月的“保长”，按理，那时我是不能上大学的。但若我不能参加高考，锦屏中学当年的高中毕业生能上大学的就极少。因此，学校隐瞒了我的家庭情况，使我幸运地考上了中央民族大学的民语系，也是当年锦屏考上大学的两个学生之一，为我将来走上民语研究之路打下了基础。因此，至今我仍然十分感谢我当年的校长和老师。大学毕业，正赶上毛主席“知识青年到农村去接受贫下中农的再教育很有必要”伟大号召之时，使我们的民族语言研究之梦未能实现，我因之到黎平去当了农村中学教师。

1978年改革开放后，幸运之神又再一次落到了我的身上。我是一个爱读书看报的人，当我从《光明日报》上看到南开大学要招收汉语侗傣语比较专业研究生的消息后，我决定报考。经过半年多的认真复习，通过考试，我被南开大学录取了，成为国内侗台语研究泰斗级专家邢公畹教授的弟子，也是黎平县150余名考生中被录取的两名研究生之一。研究生毕业后，在几位同学中，邢先生又把我留下来，后来又让我担任南开大学侗傣语研究所所长，从此我就走上了侗台语研究之路。

谭：关于侗语南北部方言土语的划分问题，您曾提出了新的划分依据，请谈谈您提出这个问题的意义。

石：一种语言方言土语的划分是本族人和外族人对该语言正确认识的需要，它对民族语的教育以及对民族历史文化的研究都有密切的关系。

侗语南北方言的形成与地理环境的阻隔密不可分。侗语南北方言间横亘着一条汉族苗族的分布带，把侗族同胞分在南北各一方，互相间长期没有语言、文化和经济方面的交流，久而久之，互相间的侗语就无法交流，这是合情合理的。20世纪50年代把侗语分为南北方言是对的，但是把最北端的镇远报京侗语和最南端的融水侗语划为南部方言第三土语是毫无根据的，是错误的。同时其划分方言的三条标准中有两条也是错误的。

后来根据我多年的调查研究，对侗语的方言土语重新进行了划分：北侗分为五个土语，原来的三个土语加上报京、启蒙两个土语；南侗仍为三个土语，但是第三土语不包含镇远报京。2003年我们与世界少数民族语文研究院（SIL）合作对侗语方言土语间的沟通度（理解度/听懂率）进行了调查，其结果与我以前对侗语方言土语的划分完全吻合。但有的人至今仍然沿用20世纪50年代的划分结果，可能他们认为那是参与调查者与侗族各地代表一致认可的结果，不好推翻。人类对事物的认知是在不断纠正和完善之中，何况那时对侗语进行调查的人大部分文化素质、语言学素质都是比较低的，再加上没有语言调查的经验，错漏是难免的。

谭：据了解，您退休已快10年，在这几年中，您被贵州大学、吉首大学和贵州民族学院等高等院校特聘请为教授。从做人和做学问的角度来看，您在这些大学工作期间所得到的最大感受是什么？

石：退休后我先后受聘到贵州大学西南语言文化研究所、吉首大学人类学与民族学研究所和贵州民族学院民族文化学院与文学院任教授。我十分感谢这些学校，使我能够继续进行我喜爱的民族语言教学与研究工作。

一位美国学者说过，没有科学研究的大学不是好的大学，没有科学研究的大学教师不是好的大学教师。但是大学教师若没有教学，就失去与学生“解惑授业”和与学生身心交流的机会，心里就会没有踏实感。吉首大学是一所风景优美的大学，栋栋楼房掩映在绿树修竹中，一年四季鸟语不绝于耳。吉首大学为教师提供的生活和科研条件都比较理想，但是由于教学工作很少，使我不能和学生身心交流，使我也有一种不充实感。在贵州民族学院我有比较多的教学工作，在课堂上我和学生共同探讨感兴趣的问题，课后和节假日我和学生一起聚餐旅游田野调查，其乐融融，感到十分充实。

谭：20世纪的中国少数民族语言研究，李方桂先生是这方面的开拓者，请您具体谈谈李方桂先生对民族语言学的贡献，有哪些特征。

石：“中国人在世界语言学界居于领导地位的有赵元任、李方桂两先生。他们都是中央研究院第一届院士，历史语言研究所的研究员。”这是华裔著名语言学家丁邦新对李方桂先生的评价。傅斯年先生说赵元任是“汉语语言学之父”，后周法高又说李方桂“是非汉语语言学之父”。这样的学术荣誉是当之无愧的，也是海内外语言学界所公认的。李方桂先生在美国留学期间，国际现代最著名的三位语言学家萨丕尔（Edward Sapir）、布龙菲尔德（Leonard Bloomfield）、密西根柏克（Carl Darling Buck）都是他的恩师。李方桂先后在著名的中央研究院历史语言研究所、耶鲁大学、哈佛大学、华盛顿大学和夏威夷大学担任过教学与研究工作。他曾任美国语言学会副会长，《美国语言学学报》和《中国语言学报（U.S.A.）》的副主编，1977年还荣获“美国语言学会荣誉讲座”（这是美国语言学界的最高荣誉）。在西南联大时，李方桂先生带的研究生有邢公畹、张琨、马学良，后来他们都分别成了国内侗台语、苗瑶语、藏缅语研究的大师级学者。李方桂先生在海内外直接、间接的学生还有丁声树、傅懋勣、吴宗济、严学窘、王均、周达甫、林焘、董同和、周法高、丁邦新、郑锦全、李壬癸、龚煌城、何大安等。这些学者都是现当代中国著名的语言学家。

李方桂先生在中国少数民族语言研究方面的卓著成就主要表现在两个方面。第一是为中国的民族语言研究培养了众多的杰出人才。现在中国搞民族语言研究的无不是李方桂先生及其学生的学生，致使中国民族语言研究得以薪火相传，永继不断，他不愧为中国民族语言研究的祖师爷。第二是李方桂先生开创了中国民族语言研究之先河，他的民族语调查研究成果成为民族语言研究的经典和范本，《龙州土语》《莫话记略》《武鸣土语》《羊黄话记略》《上古音研究》《台语比较手册》《唐蕃会盟碑记略》等影响了海内外一代又一代学人，成为民族语言研究学者们必读的经典论著。李方桂先生逝世后，他的家人又设立李方桂语言学奖学金，继续奖掖学有所成的青年语言学人。

谭：20世纪的侗傣语研究，邢公畹先生是这方面的奠基者，您与他有密切的关系，请谈谈您对邢先生的侗傣语研究的看法。

石：邢公畹先生大学毕业后以优异的成绩获得美国洛氏基金资助，考入中央研究院史语所读研究生，后因抗日战争爆发未能入学。后来史语所迁到昆明后，邢公畹先生才得以继续读研，导师就是李方桂先生。邢公畹先生一生的为人和做学问深受李方桂先生的影响。李方桂先生的语言学研究秉承美国人类学、语言学的传统，十分重视语言的田野调查；其语言田野调查，从不预先拟定词汇和语句调查大纲，结合当地本民族的生产生活及自然环境实际进行词汇调查，语法材料也从所调查的鲜活的长篇材料中提取。那时，李方桂先生和邢公畹先生他们献身语言学的敬业精神很值得我们后代学人尊敬和学习。抗日战争时期物资匮乏，生活极为艰难，地处偏僻的民族地区尤甚。李先生带马学良先生到云南路南调查彝语住在老乡低矮的小阁楼上，每天委身进出，楼下的炊烟常使他们睁不开眼。而每天所吃的只有粗茶淡饭和干蚕豆，没有盐巴和蔬菜，在这样的环境中一工作就是两三个月。邢公畹先生当时只身去云南沅江和新平调查傣语一去就是半年。有一次因语言不通，被当地彝族误认为是汉奸要将他杀害，后经西南联大和云南省政府交涉才得以营救。后来李先生又带邢先生和张琨先生到贵州定番（惠水）搞田野调查。李先生和张先生在县城附近的姚哨调查羊黄话，而邢先生一个人到远羊寨去调查仲家话，李先生不放心邢公畹先生，到那里去看他。由于当时条件所限，邢先生只得用粗饭和无盐辣酸菜招待李先生，苍蝇在饭桌上飞来飞去，他们坦然地津津有味地吃着。调查结束回到昆明，他们的头上和身上的衣服全沾染上了虱子，甚而把家人都沾染上了。1980年10~12月邢公畹先生带我、张旭、李钊祥、董为光四个研究生到广西三江程阳调查侗语。林溪村以长桌宴宴请我们，家家拿来未煎炒的酸鱼酸肉和糯米饭糯米酒，摆满了二三十张桌子，老百姓十分热情，场景感人。但是我的那三个同学分别是在北京、上海、武汉大城市长大的，看到苍蝇在饭桌上轮番轰炸，他们三人就不停地用手去驱赶，邢先生看到后以眼光狠狠地制止了他们的不礼貌行为。

在三江搞侗语调查时，邢公畹先生带我们白天进行紧张地记音，晚上还要整理当天的记音，排同音字，第二天又把所排的同音字向发音人核对。记音结束后也要排总的同音字，向发音人核对。邢先生说这是李方桂先生传下来的做法，虽然烦琐耗时，但这是保证记音质量最可靠的方法。1982年秋邢先生把我留下来后，我又受邢先生的委派到云南新平漠沙坝调查傣雅语，我也是按照邢先生的方法去调查。凡是按照此方法去调查记音就很少有记音上的错误。后来我和其他单位的人去调查傣语、羊黄语和仫佬语时，他们一般不搞同音字排比复查，结果错漏很多，其出版的羊黄语和仫佬语专著就有很多记音上的错误。邢公畹先生的《三江侗语》和《红河上游傣雅语》的初稿都是由我帮助邢先生编写的，这两本书的记音基本上没有什么错误，质量是可靠的。

邢先生几十年如一日，心无旁骛，笔耕不辍，与时俱进，在语言理论、汉语语法、古汉语研究等方面都取得了语言学界公认的成就，特别在侗台语比较研究方面更是取得了世人公认的成就，成为继李方桂先生之后侗台语研究的泰斗级专家。邢先生的《汉台语构词法的一个比较研究——大名冠小名（1949）》《论调类在汉台语比较研究上的重要性（1962）》《汉台语比较研究中的深层对应（1993）》《汉台语比较手册（1999）》分别是那个年代语言学界振聋发聩的论著，引领和影响着当时国内语言学界的研究。

我十分感谢恩师邢公畹对我的关心和厚爱。我是先生唯一留在他身边工作的研究生。先生退休后又让我接替他的南开大学侗台语研究所所长的工作。2000年3月末我从日本神奈川大学讲学回到南开大学后发现1941年成立于昆明西南联大的侗台语研究所被撤销了！我极度痛心，觉得十分对不起先生，先生苦心经营几十年的研究所竟然在我的手中被撤销了！

谭：曾经听说过，您大学毕业12年后荣幸地考上了南开大学邢公畹先生的研究生。许多人对您的治学经历感兴趣，说到您的治学经历自然要说到您和中央民族大学与南开大学，请谈谈您的治学经历以及和中央民族大学与南开大学的关系。在此，请谈谈您在研究生期间所受到的学术训练。

石：中央民族大学是国内外著名的培养中国民族学和民族语言学家的摇篮。1963年9月我有幸考入中央民族大学民语系。民语系有马学良、于道泉等著名的民族语言学教授，但是可惜的是我们未能亲聆他们奥妙的言传身教，而南方一些民族语教师由于大都未受过系统的大学教育，不少人只受过初中甚至小学教育，当时因为民族语教育的急需而仓促从教。因此，在校期间我们只学会了民族文字，语言学的基础知识和语言调查研究的基本理论方法均未得到很好的教学。南开大学为国内外知名的大学，是一所研究型的大学，南开大学中文系有邢公畹、张清常、刘叔新、宋玉柱等知名的语言学教授。在南开，我们受到了良好的古代汉语、现代汉语、语言学理论、汉藏语、侗台语、语言调查研究的理论方法等系统而深入的教育，为我们今后进行语言教学和研究打下了全面而深厚的基础。

南开大学有良好的学风，其学生大都是全国各省市的拔尖生，他们的学习十分勤奋和自觉。课余时间教室总是坐满了在埋头静静看书的学生。这种良好的学习状态从未受到社会上各种风浪的影响。南开学生的基础知识和基本功都比较扎实，70%以上的学生都考上研究生或出国留学。

谭：选题是研究的第一步，选题是否恰当，关系到研究成果的最终成败。有的说研究要选大问题，容易引起社会的关注，有的说研究要选小问题容易做的深刻透彻，您怎么看待这个问题?

石：想成为一个学者我觉得尽早确定自己的专业方向至为关键。定专业方向就意味着给自己定下了奋斗目标和施加压力，也让自己有了前进的动力。选题的确是学术研究的第一步，选题也难也不难。如果我们有深厚的语言学功底，加上积累了丰富的研究资料，不是无题可选而是有做不完的选题。

我觉得选题不能以大小论成败。如果一本鸿篇巨著无新资料的发现，无新理论，新方法，等于一堆废纸，毫无学术价值。如果一篇数千字的论文，对某一问题剖析得十分透彻，挖掘出了它内在的结构规律，让世人第一次看到了它庐山的真面目。这种以小见大的论文，是作者深厚功底的体现。一些著名语言学家，往往以两三篇论文就奠定了他在学术界的重要地位。像丁声树先生他的论著的确很少，但在中国语言学界却有崇高的地位，李方桂先生就很推崇丁声树先生。

谭：请您具体谈谈30年来您曾经取得的学术研究成果（包括已经出版的专著、论文，取得国际、国家级、省部级等资助的各类科研项目）。其中您最满意的研究成果有哪些？

石：我先后承担主持过国家级社科基金课题2项，国家教委博士点课题4项，天津市课题1项，国外合作项目2项。我非常感谢课题甲方对我的信任和资助，这些课题都是与侗语的调查研究有关的。这些资助使我的语言田野调查足迹遍及湘、黔、桂、鄂的每一个侗语方言土语点，积累了宝贵的侗语资料，让我的侗语研究能够得心应手、左右逢源，对侗语的认识也才比较全面、深刻。我出版过专著4部，发表论文60余篇。在这些论著中，比较有影响、也是我比较满意的有：《侗语声调的共时表现和历时演变》《汉藏语系语言入声韵尾的发展演变》《汉藏语系语言鼻音韵尾的发展演变》《侗语的复辅音声母考》《壮侗语族民歌的共同韵律特征》《侗语的形态学特征》《侗语方言土语的划分应作适当调整》和《草苗的婚姻圈和阶层婚》等。

谭：目前，您正在主持研究国家社会课题“与侗语有关的三个湖南土话：那溪话、本地话和草苗话”，可以说，这是现代民族语言学的一个重要问题。有的人说学术研究要与现实社会保持一定的距离，有的人说学术研究要与现实社会的需要相结合，您如何理解这个问题？

石：目前国外语言学家特别推崇“参考语法”（reference grammar）的理论和做法。提倡对某一语言进行详尽地观察、描写、分析，然后将该语言的音系、词汇、词类、句法等全面、深入而系统地呈现给读者，特别强调语料的真实性、穷尽性、丰富性，从而为语言的历史比较、语言的类型学研究，人类语言学、普通语言学等研究提供充足而可靠的依据。因此，如果不对某一语言进行长期深入细致地调查研究是不能够对一种语言的语音、词汇、语法有全面、深入、科学的认识的。我从2005年春至2010年春先后9次对湘、黔、桂交界的三省坡地区的草苗的三个支系60苗、40苗和花苗的语言文化进行了艰苦地调查，从而揭开了草苗的内部支系、婚姻内幕和语言不南不北侗语的现象及原因。

谭：您从事侗语教学和研究已经有30多年了，积累了丰富的治学经验。您的治学经历是我们青年人学习的一笔宝贵财富，您的治学方法能够给我们青年人从事学术研究带来有益的启发和指导。所以，请您简单给我们青年人讲几条经验。

石：我从一个懵懂无知贫穷落后山区的侗家农民儿子，成长为一个在国内外有点知名度的侗语研究学者，首先我要感谢生我养我的父母，父母的养育之恩是我永生难以忘怀的。当我在中青年时想报效父母之恩，但自己又没有很大的能力报效，而当我有能力报效时，父母又离我远去。每当想到此，觉得大自然法则如此残忍无情！而如我们的父母在世时，能够对他们多一点关爱，多提供好一点的生存环境，让他们多活几年，在他们离开人世时我们作为儿孙也好受一点，心灵上也多一点慰藉。

虽然从事侗语研究已经有几十年了，经验谈不上，只有一些感受供年轻人参考。首先，我觉得应坚定不移地热爱自己的专业。虽然我们的专业很冷门，不被社会和政府部门所重视，有时甚至被冷落歧视，但是我们所从事的研究是关系本民族生死存亡的大事。如果我们自己不研究，不为本民族的利益呐喊，谁来为自己的民族呐喊争取呢？

其次，打好语言学的雄厚基础。语言理论的经典论著一定要反复研读，领悟其精髓，作为我们今后研究的理论指导。

再次，研究要与时俱进，关注当代最新的语言理论和方法。《中国语文》《民族语文》《方言》《当代语言学》四大语言学刊物，一定每期必读。这几本刊物既是中国当代语言学研究成果的集大成者，也是国际当代语言理论与方法运用的体现。这四大专业的语言学刊物，我从入门至今期期必读，从中受益匪浅，爱不释手。

最后，语言的田野调查，是我们民族语言学者应掌握的最基本技能和方法，也是搜集、研究资料最基本的可靠手段。在进行田野调查时，要有敏锐的洞察力，很多有价值的东西往往在无意中被我们获取。通过田野调查，使我们对民情国情有更深的了解。通过田野调查，使我们交到很多底层的民间朋友，使我们更热爱民族同胞更热爱自己的民语专业。

三十年与病魔抗争 守护『民族记忆』

潘大副

关键词
王凤刚 不治之症 民族文化 贾

作 者
潘大副

王凤刚因患上不治之症，身子瘫痪，双手无力，当年医生断定他少则活3～5年，多则活25年，可如今他却活了近30年。凭着对苗族民间口传文化的热爱，他以常人难以想象的顽强意志与病魔抗争，搜集整理出两万行堪称苗族百科全书并获得国家非物质遗产殊荣的《贾》和三万余行苗歌，是贵州省丹寨县苗族民间文化的守护者。

一、挚爱深情

从丹寨县城往南六公里，有一处坐落在云贵高原东南端半山窝里的静谧村寨，这就是名叫高排的水族村，64岁的王凤刚老人就出生在这里。

多年来，这里的人们世代农耕，说着苗族的语言，唱着苗族优美动人的歌，口传着苗族无穷无尽的神话故事。

小时候的王凤刚，像苗族村寨里的其他小孩一样，常常围在火塘边，听老人讲述苗族远古的神话故事。无数个漆黑的夜晚，他就这样依在母亲的怀里，枕着那引人入胜的神话故事，酣然入梦。

1963年，王凤刚考入中央民族学院，学了整整四年的民语系苗族语言文学专业。1971年王凤刚被调到丹寨县革委政治部宣传组（宣传部）工作。虽然未能实现做一名专业苗族文化工作者的愿望，但他却割舍不了对苗族文化的热爱。工作之余，对当地苗族民间文学的搜集整理成了他的爱好。

有一次，县委宣传部到五一村举办通讯员培训班。他的堂外祖父吴玉金当时是被当作“牛鬼蛇神”来批斗管制的。王凤刚想知道巫事与苗族文化有什么关系，顶着被人误解的压力找到老人摆谈。

老人告诉他，《贾》是苗族文化中最重要的东西，许多巫事和巫词与《贾》有着密切的渊源关系，《贾》口传了从开天辟地到迁徙、历史、习俗、婚姻、祭祀等大事；懂《贾》的才能当理老，当寨老，当巫师。那以后，王凤刚知道了《贾》是苗族文化的重要宝藏，不能让它失传，而要把它传承下去。

那是20世纪70年代，王凤刚利用星期天到台辰村去了解民间文学，他听说有个贾师，王凤刚就去拜访他。王凤刚把老人当作苗族文化的老师，向他请教《贾》的知识。王凤刚的诚恳让老人很感动，老人跟他讲了很多《贾》的内容。等王凤刚再次去找老人时，人们指着老人空空的房子说他前几天去世了。看到人去楼空，王凤刚无限悲痛。老人的去世，给王凤刚很大的震动。他感觉在社会变革中苗族文化很脆弱，《贾》这个苗族文化瑰宝在慢慢地失落，老歌师、老贾师一旦去世，它就断代了。

随着改革开放的来临，人们的思想开始从文化禁锢中走出来，县里逐步恢复并重视传统的文化娱乐活动。县委宣传部还请来歌师、贾师座谈。

不久，县里推荐吴玉金和陈金才两位歌手参加了黔东南州民间文学工作会议。随后，王凤刚和陈若尘等用一个多月时间记录了陈金才的材料，写成《陈金才歌选》，总计1000多行，16开纸整整100页，而且苗汉对照，开创了贵州省民间文学资料集科学版本的先例。陈金才到北京参加全国少数民族民间诗人歌手会议，受到了党和国家领导人的接见，《诗刊》编辑部还选刊了他的民歌。

从此，王凤刚踏上了寻访苗族文化遗存的征途，踏遍了丹寨的山山水水，当时全县139个大队，他走了110多个。一到寨子他就打听谁的歌多、谁的故事多。晚上径直找上门去，点上蜡烛，跟老歌师们摆谈，边谈边听边记，蜡烛用完了就打手电筒记。

凭着对苗族文化的热爱，王凤刚不断地创出业绩。1980～1984年，王凤刚参与了《丹寨县苗族民间文学资料》《陈金才歌选》《民间文学三套（故事、歌谣、谚语）集成》等搜集整理工作，共撰写神话、民歌等40多万字。

二、医学无情的审判

1982年，王凤刚走路时发觉脚很累，走几里路就像走了几十里。起初，他认为是风湿，由于工作忙，不把它放在心上，便随便找些草药应付。1983年，他感到病情越来越严重，走路越来越费力。在单位领导和县领导的催促下，他才放下手中的工作，到黔东南州医院去检查。由于条件限制，当时州医院不能查出是什么病。时任丹寨县委书记的杨秀清将全县仅有的一部吉普车派出，专程送他到贵州省人民医院检查治疗。不久，杨秀清书记到省里开会，专程到医院去看他，以县委的名义对医院的领导说，一定要查出病，不管到哪里治疗，花多少钱，县里都想法解决他的医疗经费！

经过贵州省人民医院的认真会诊，终于查出了病因——肌萎缩侧索硬化症！结果出来的那天，神经科主任王医师把他叫到办公室，用很亲切的语气说："叫你到我的办公室来，因为你是共产党员，我相信你能承受这个事实，医书在这里，你自己看吧！"王医师指着办公桌上的《神经内科学》让他自己看。

"肌萎缩侧索硬化症这种病目前不能治愈，只能控制，病程发后，快的3年至5年就死了，最长的25年。"看到书上的阐述，王凤刚心凉透了。当时县领导认为只要是病，就能够治好，王凤刚也认为住院治疗也许能够好转，就决定在省医院住院治疗。刚开始时，感觉好像有些好转，王凤刚打心底高兴。他早上接受治疗，下午有时间就拿出录音机，边放录音带，边记录整理和翻译苗歌，仅在省人民医院治疗期间，就整理和翻译苗歌1000余行。然而10天过去，病情又恢复原样。在省医院治疗了一个月（一个疗程），由于对治疗效果失望，他出院了。在县领导的建议下，王凤刚又转到贵阳医学院附属医院治疗一个疗程，也不见好转。从贵阳医学院附属医院出来，杨秀清书记又联系凯里的一家中医院，再到那里去治疗一个月，仍然不见好，王凤刚只好回丹寨。

1989年，时任县委书记的刘启云听到一个消息，说是上海有一个医疗组在贵阳，他们有一种新的中医疗法，可以治一些风湿和瘫痪病痛。当时丹寨县财政十分困难，连职工工资都发不起，刘启云却要求财政挤出钱来，立即派车专程送王凤刚去治疗。此时王凤刚已经瘫痪，没有人扶就走不动，需要一个人去护理。谁去呢？其他人不方便，刘启云就派王凤刚在县医院工作的大儿子去陪护。治疗刚开始时，有点效果，10天过后又恢复原样。刘启云叫去贵阳开会的同志带钱去支付，鼓励王凤刚再到贵阳医学院附属医院去检查，看是否有新的疗法。复查结果仍然是肌萎缩侧索硬化症，治疗近一个月依旧没有好转。

回来后，王凤刚被县领导多次为治疗自己的病操劳而深深感动："我只是一个普普通通的干部，默默地在自己的岗位上工作，没有做出什么惊天动地的业绩，而县领导却为自己付出那么多的心血，县里多么的困难，有时连职工的工资都发不起，还挤钱给我治病，我又为国家做了些什么？"

后来县领导再叫他去治，他说："谢谢领导的关心，不要再浪费时间和国家的钱了，我要静下心来好好地工作，用有限的生命把工作做好，才能对得起国家。"

三、迎战死神创奇迹

病痛中的王凤刚，凭着坚强的生命意志，写就了人生的辉煌！在他搜集的五万行苗族文化口传经典中，就有两万行的苗族百科全书手稿《贾》，是国务院批准的国家非物质文化遗产。

苗族世代口传的《贾》，由许许多多相对独立和完整的部分组成，包罗远古神话，古代叙事诗，古代与近代社会历史事件和理词巫词等，内容涉及远古至近代人类创世活动，苗族西迁黔东南经过及迁居中所建立的鼓社组织、婚制与婚俗沿革、各种社会经济婚姻道德案件判例、原始宗教与巫术等等。有《贾理根源》《浑河黑水》《水淹树绝》《葫芦兄妹》《跋山涉水》《寨落鼓社》《开亲结戚》《婚合姻离》《解怨释仇》《禳鬼祈神》等十二首（篇）。老贾师告诉他："《贾》是苗族文化的最权威'经典'，苗族祖先通过《贾》来解释人类与自然的一切现象，阐述最基本的人生道理与自然观，树立评判是非的依据和法则。"在研究中，王凤刚发现《贾》是丹寨县境内苗族民间文学中具有重要地位和深远影响的一种诗歌体文学形式，具有文学、历史、宗教祭祀、习惯法等各方面功能。《贾》为五言叙述体，间有三言、四言、六言至十多言句，能诵能唱，其突出的艺术特点是押调、对偶、排比、拟人，想象丰富，哲理性强。当代许多民俗事象和歌谣故事，都可以从《贾》中找到渊源或出典。

在搜集《贾》的岁月里，王凤刚常常把堂外祖父吴玉金叫到家里，用录音机一句一句地录吴玉金的《贾》。《贾》里面有很多古音僻语，不懂之处他就请老人解说，为此花了很多时间。当时录音磁带全是进口的，一盒就是7元钱，王凤刚50元一个月的工资，除了生活就是买磁带、买电池。后来没有钱了，他只好向父母恳求，两老把责任山上的两棵松树卖掉，换得100多元钱。买了磁带，王凤刚高兴地跑到展良村，把陈金才请来录制《贾》。老人看到王凤刚对《贾》和歌如此喜爱，非常高兴，说："树老翻根，瓜老蒂落，你喜欢，我就来给你讲，这是我们苗族祖先传下来的东西，很有用的。"老人这次在他家一住就是9天，后来又两次主动到王凤刚家给他录《贾》，一共住了半个多月。

1987年，王凤刚的病情越来越严重，他要求辞去县党史办主任的职务。从领导岗位上下来后，他把工作之外的精力全部倾注在苗族民间文化的搜集整理上。他通过亲戚朋友把贾师请到家里对着录音机录音，按下录音键后他就撑着到办公室去上班，估计磁带录完了又赶回来换上磁带，再赶回办公室。晚上再认真细致地听贾师们念《贾》、解《贾》。身体好些时，他陪贾师们抿几口酒，身体不适就由家人陪贾师吃饭。除吴玉义金、陈金才外，丹寨县内余应忠、余育忠、金育毓、杨应安等10多个贾师都被他请到家里来唱《贾》、念《贾》、解《贾》。

王凤刚是家里的独子，因爱人没有工作，再加上身患疾病，常常引发并发症，治病和一家八口人的生活全部靠他每个月的工资，生活十分清贫。很多的时候花钱买用于民间文化搜集整理的他毫不犹豫，买生活上的用品他却舍不得。此外，为便于掌握国家民族文化工作和动态信息，他每年还咬紧牙关挤出100元钱订阅报纸杂志。

他的爱人永远不会忘记：他参加工作后一直穿着解放胶鞋，10年后才穿上第一双皮鞋，而且是那种5元钱一双的猪皮皮鞋。工作了20

年后才穿上毛线衣。

他的儿子永远也不会忘记：父亲一辈子给他们唯一而又最多的玩具就是从录音机里取出的数不尽的旧电池。

而王凤刚自己却不会记得：他用坏了三个录音机和一支录音笔，以及那数不清的磁带和被家人误当作废纸卖掉的一沓一尺多高的古歌手稿。

退休后，王凤刚全身心投入到《贾》的记录整理中来。不能久坐，他在书桌旁坐两个钟头，累了就让家人把他抱到床上，于是他又打开录音机聆听录音，听清并理解了录音机中《贾》的含义后，又让家人把他抱到桌旁，费力地抬起那只因身子生病而无力的唯一能动右手，费力地书写。每天五六次，天天如此，周而复始……

功夫不负有心人，坚强意志创奇迹。25年的生命极限，最终被王凤刚坦然的生命观和不懈的追求改写，他创造了生命的奇迹。不治之症让王凤刚的身子瘫痪，却压不垮他坚强的意志，他在病床上完成了手稿2万行的《贾》和3万多行的苗族经典歌曲的搜集整理。

2006年，丹寨县委、县人民政府给他送去了一台电脑和一部激光打印机。刚接触电脑时，他什么也不懂，他叫儿子买书给他自学，每次上电脑，他都费力地抬起那只唯一能活动的右手，半天才触摸到键盘打出一个字。就是靠这只手，王凤刚掌握了电脑的国际音标、中文、苗文的录入和电子排版，完成了2万行《贾》的苗汉对照和注释的录入，并为《贾》写出序文……

『千五』侗款探寻

王锡年

作　者
王锡年
地　址
贵州省凯里市
邮　编
556000

编者按：“千五”款是侗族古老的款区，由于时间久远，现在很多人已经不知道此款的范围。此款还包括了附近与侗族杂居的苗寨、汉寨，作者通过对吴汉华老人的访谈，让读者大致了解此款的基本历史脉络。

口述人：吴汉华（80岁），黎平县口江乡

侗款是社会需求历史发展的产物，大约在原始氏族社会晚期，社会生产力有了进一步发展，生产资料的占有领域也进一步扩大，社会上纷争事件日益增多，群体（氏族）之间的矛盾也日益频繁。这时，侗族社会内部产生了一种带有军事联盟性质的、以地域为纽带的民间社会组织形式。这些民间组织邀集各村寨头人“彼此相结，歃血誓约、缓急为援”，侗语称为“款”，以处理氏族和村寨内外重大事务。

款的组织有大款和小款。小款由几个或十几个邻近的村寨组成，大款由几十个或几百个小款联合组成，地域扩大到方圆数百里。大小款均有款首，款首一般由款众推选德高望重、办事公正的长者或寨老担任。款首不脱离生产，误工报酬由款众民主评定付给，并接受款众监督，不允许滥用权力牟取私利。每个款区都有一个款首集众议事的款坪、款场或款坳，它们是聚众合款制定款约、发布款规、处理违反款事的地方。

黎平西部地区茅贡、地扪等一些侗寨史称“千三”；西南方口江、坑洞一些侗苗寨称“千五”，并建立侗款组织。“千五”地区以侗族为主，亦有苗、汉族。地域包括弄果寨（侗）、已约寨（苗、汉）、天堂寨（苗、汉）、脱库寨（侗）、归洼寨（苗）、吕岑寨（侗）、吕孖寨（侗）、领转寨（苗）、已屯寨（苗）、平应寨（苗）等28个侗苗寨，面积160多平方公里，人口2万多人。

“千五”侗款始建设于明末，以口洞和坑洞两个侗寨为主，以后逐步发展到周边的双溪、银朝、德垴等数十个侗苗村寨。

口洞寨族民（现为口江）原居住在平过斗牛场，后全寨搬迁至河上游现乡政府所在地。坑洞寨族民原居住在口洞寨平过牛场河对面棉花地处，当时只有几十户人家，后来迁徙至宰高寨河上游的“班短”居住。期间一族民喂养的一只母鹅引领一窝小鹅逆河觅食到坑洞，坑洞这地方是一片原始森林地带，无田无地，两山之间是一片杂草丛生

的长冲，一条小溪穿过，地势平坦，族民寻鹅来到坑洞，见此地环境优美，于是全寨族民从旧址平过搬迁到坑洞。族民们在此开山造田种地、伐木盖新屋、建鼓楼，日出而作，日落而归，过着平静的生活，寨子不断扩大，由原来几十户发展到几百户的大寨子。

“千五”侗款建款时在原址对面立一块建款纪念石碑，此碑至今完整无损，碑文依稀显现。“千五”侗款建立后，在德塪寨前栽下一株杉树作纪念，此树至今长到二人合围，高约60米。民间相传，此树有灵性，人们逢年过节都到树下烧纸上香，将古杉视为图腾加以保护。德塪寨建立学堂，传说有一位名叫吴维星的族民在此任教，一次吴维星无意在古杉旁小便，几天后患上了精神病，神志不清，后经人指点，吴维星家人杀一头猪敬供古杉树，并请德塪族众进餐。不久吴维星病情才渐渐好转。

“千五”侗款建立后，有许多传说。传说之一：已约寨一款民在朝坪江河下游建设一座“鱼梁”（竹子编）置于河中涌水滩融口处，以捕捉被河水冲入鱼梁的鱼。一天，一只虎崽跌入河中，被水冲入鱼梁，虎崽生命垂危，母虎守在河岸，欲救虎崽，却不敢下水。此刻，已约款民韦绍当见此情形，将虎崽救起，送到守在河岸的母虎身边，虎崽获救。绍当目送母虎引领虎崽走上山，虔诚地抽出随身佩带的直柴刀在一块大石上刻两条扛，一条标为“千三”款域，一条为“千五”款域，自言自语道：我们是“千五”款民，以后你们虎类觅食，不要伤害“千五”款民。说来有些神奇，新中国成立后50年代初，黎平发生虎患，死伤许多人，然而“千五”款民却无一人被虎伤害。

“千五”侗款地界划分为：由岑千寨坡头起，经双溪、孖向、岑棒、上扒秘、柳洞寨、翻兰扒坡头到朝平江寨头，过朝滴洞河口，再上岭到归梅、弄果到已约寨，过天堂、归洼、领转、已屯寨，翻过觅洞、高求、回到岑千寨为止，形成一个长方形走向，总面积160平方公里。

“千五”侗款以建鼓楼为款首活动场所，共建设大小鼓楼6

座。其中坑洞3座，坑洞3座鼓楼分别建在平寨、已寨。过去土匪叛乱，杨培华匪部攻打坑洞，将平寨鼓楼一把火烧毁，因此平寨至今无鼓楼。

“千五”侗款建立后，各小款均推选出款首。已约寨款首二人：韦绍堂、吴绍当（均为苗族）；平应寨款首1人（苗），江寨款首吴正光（清朝时期），任款首为吴少先、吴相正（均为侗族）。

侗款在长期的侗族社会实践中，显现出它几个独特之点：一是群众性。它的立法、司法都是通过村寨群众商定和明誓实施的，可以说是群众的公约。如严禁放火烧山、封山育林的款约，是由群众每户一人参加制定的对犯者处罚条例。谁纵火烧了禁山，则由款组织令纵火者牵一头猪来杀，将肉煮熟，叫款肉，然后散发给款众各户，以期达到引以为戒、惩前毖后的教育作用。二是严肃性。侗款所制定的各种法规，都是经过参与合款的款众们庄严宣誓的盟约，在执行中相当严格，首头人犯规，也依法惩处。三是无徒刑，这是与侗族社会没有形成国家有关。侗款无各级行政机关，不设官职，没有监狱，没有军警，也就不可能和不需要徒刑的处罚。社会发展到21世纪，人们的行为有了各种新的法律规范，但在侗族村寨，侗款仍潜移默化地起作用，约束人们的某些行为，对法律法规起辅助作用。